Wandergenuss
Kaiserstuhl und Markgräflerland

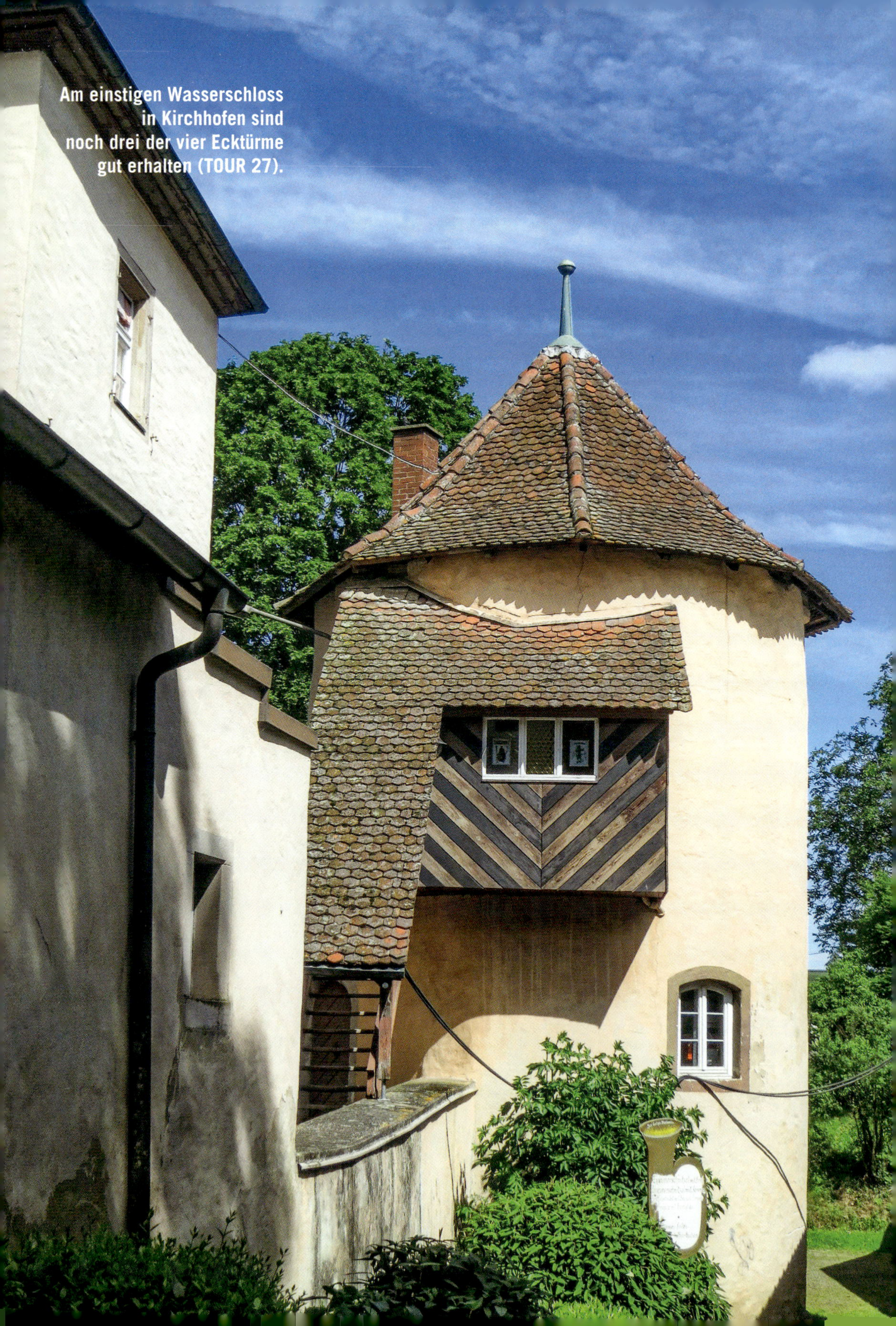

Am einstigen Wasserschloss in Kirchhofen sind noch drei der vier Ecktürme gut erhalten (TOUR 27).

Rainer D. Kröll

Wandergenuss
KAISERSTUHL
UND MARKGRÄFLERLAND

36 spannende Natur- und Kultur-erlebnisse auf aussichtsreichen Wegen

BRUCKMANN

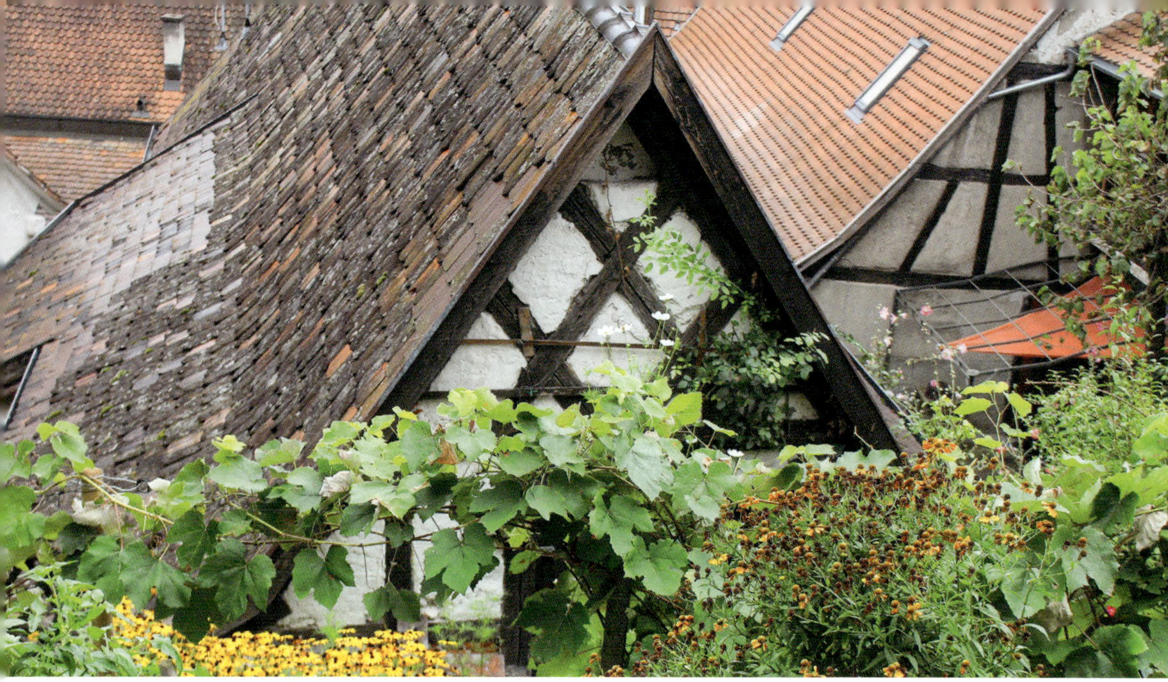

Fachwerkidylle in Istein (Tour 34)

Inhalt

In der tief eingeschnittenen Eichgasse in Bickensohl geht es aufwärts (TOUR 14).

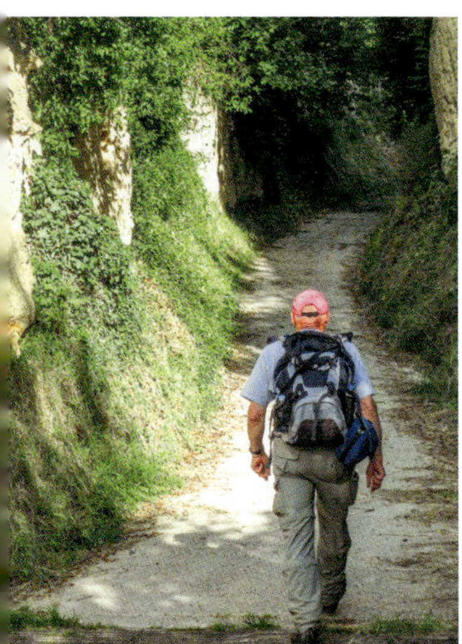

GENUSS AUF SCHRITT UND TRITT

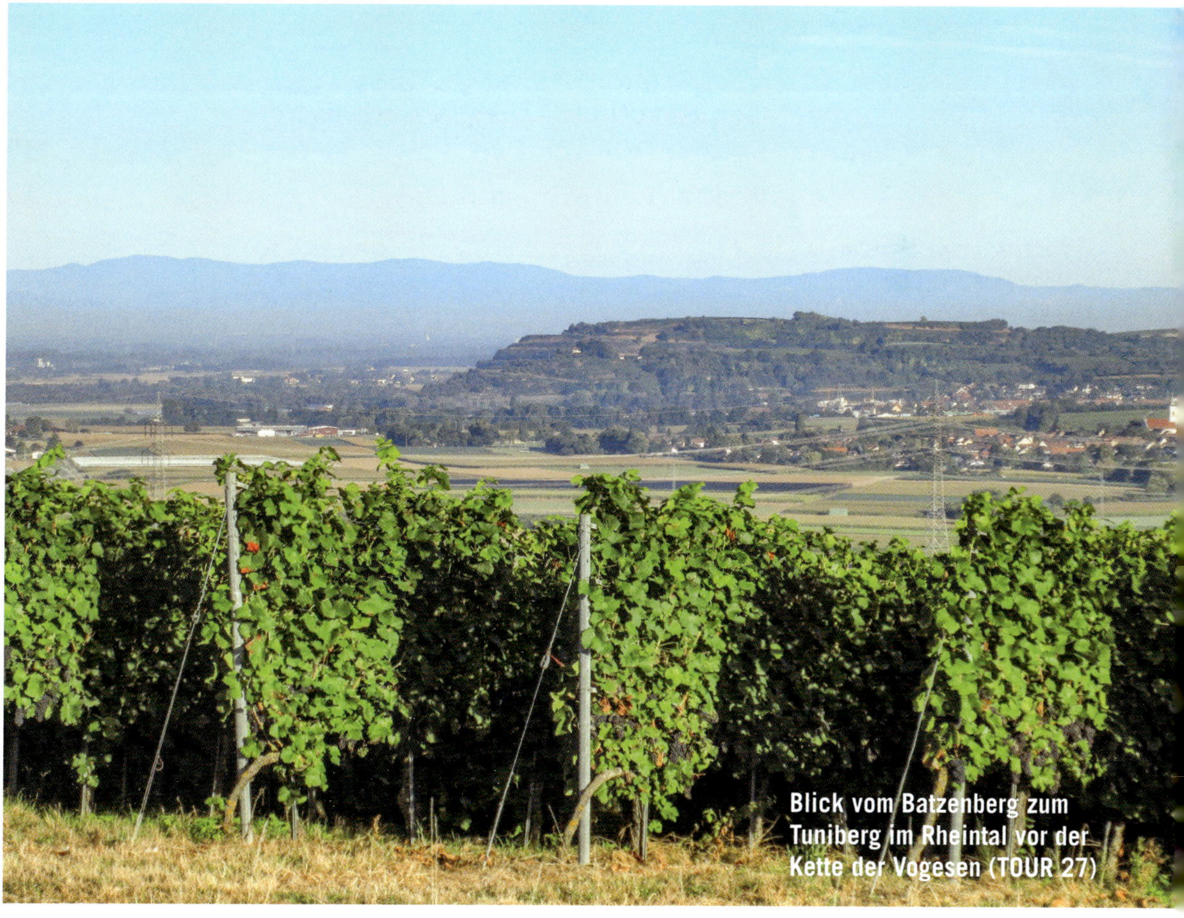

Blick vom Batzenberg zum Tuniberg im Rheintal vor der Kette der Vogesen (TOUR 27)

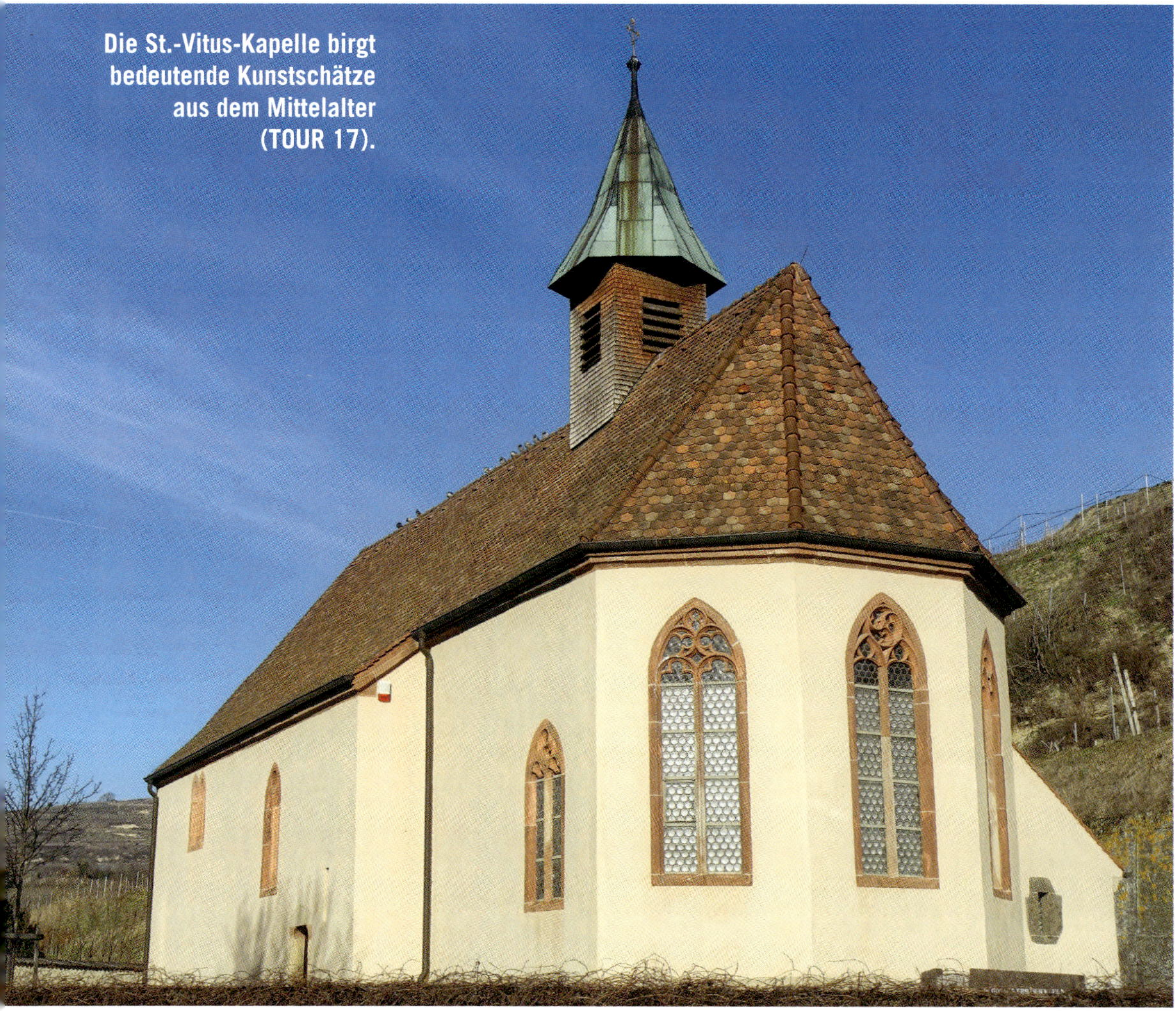

Die St.-Vitus-Kapelle birgt bedeutende Kunstschätze aus dem Mittelalter (TOUR 17).

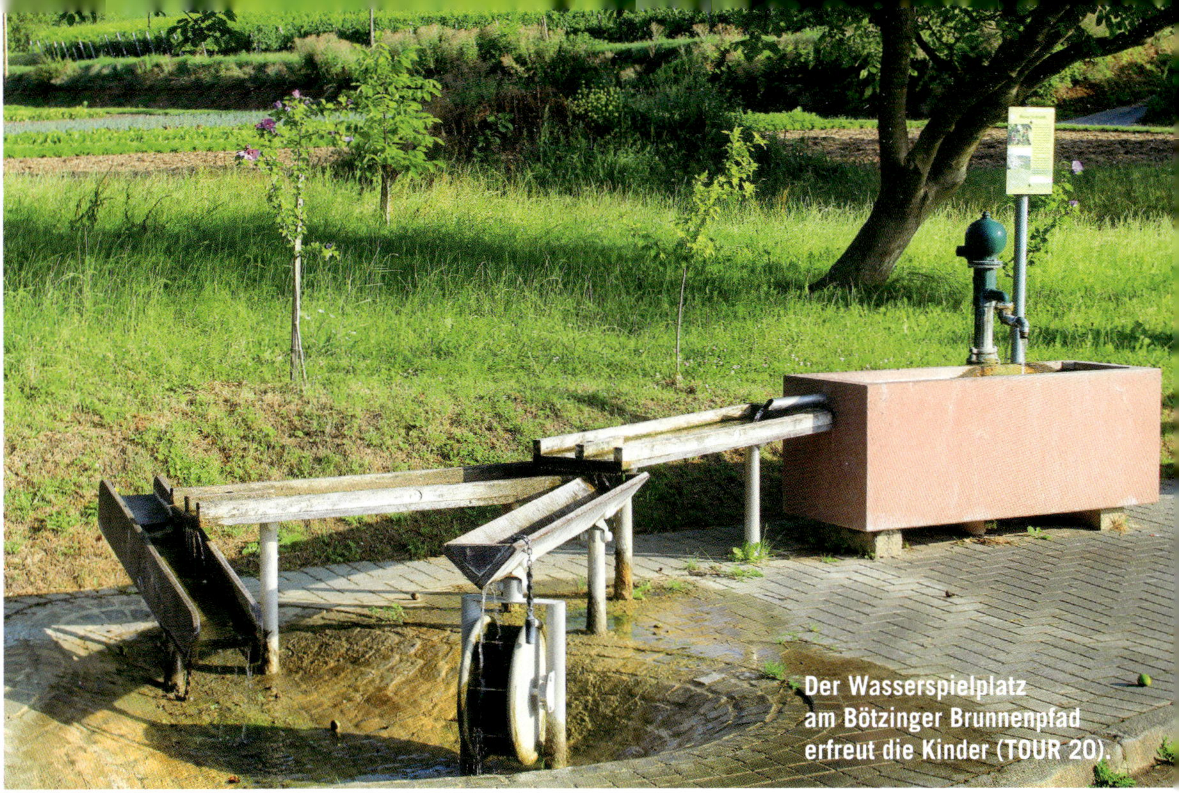

Der Wasserspielplatz am Bötzinger Brunnenpfad erfreut die Kinder (TOUR 20).

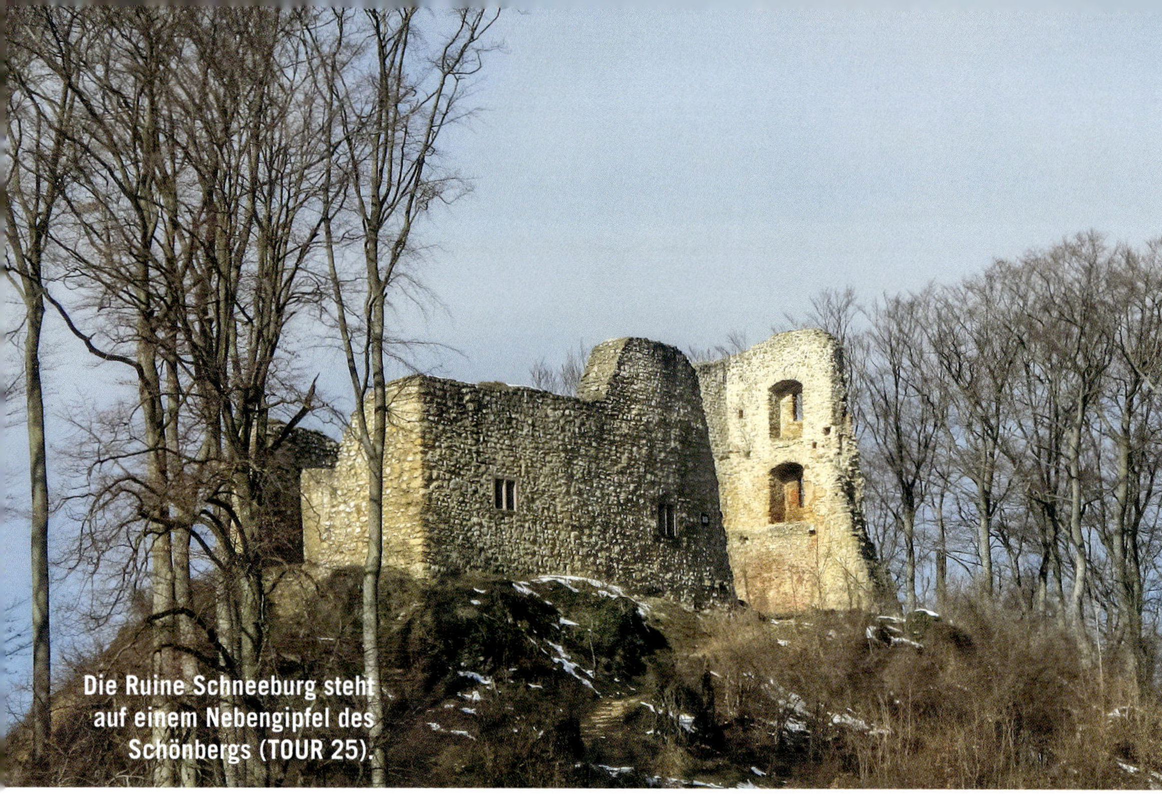

Die Ruine Schneeburg steht auf einem Nebengipfel des Schönbergs (TOUR 25).

Die Fahrt mit der Dampflok der Museumseisenbahn im Kandertal ist ein beliebtes Vergnügen (TOUR 36).

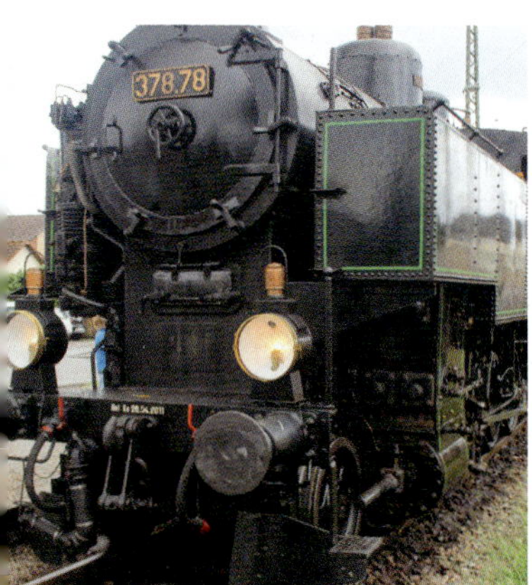

Touren im Breisgau und Markgräflerland 104

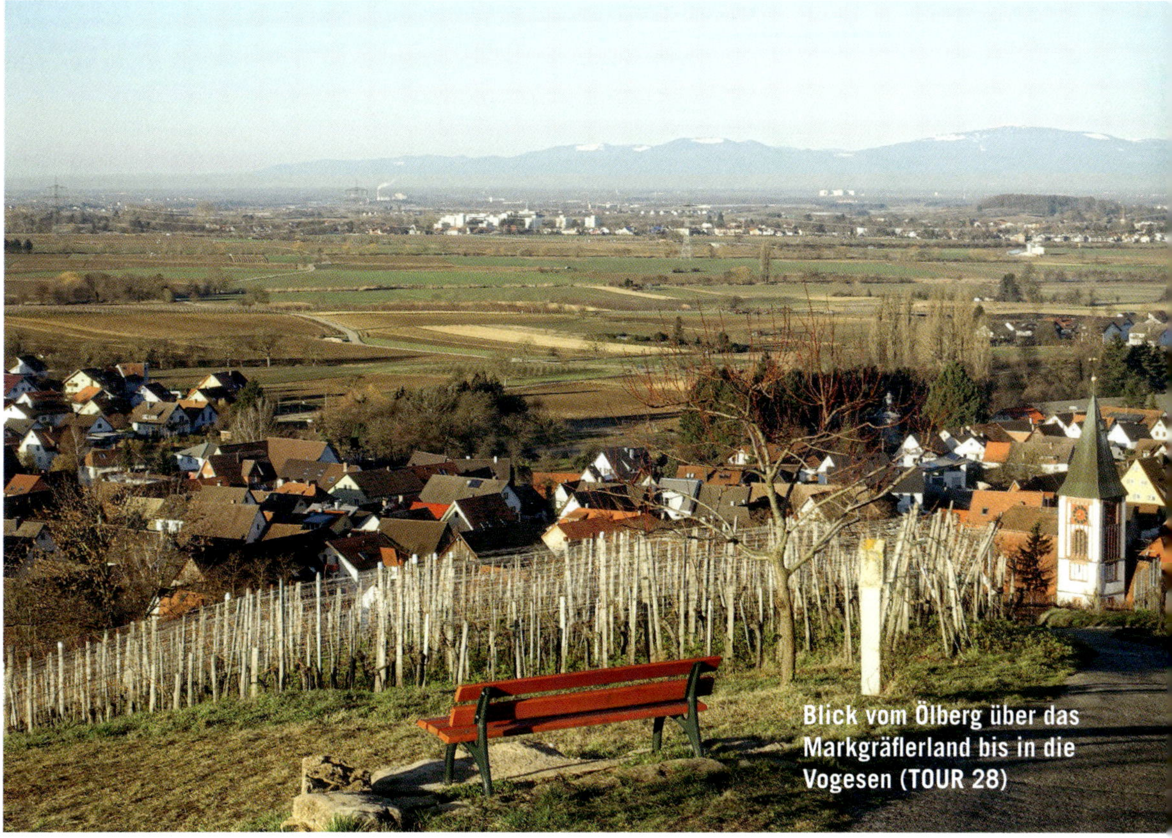

Blick vom Ölberg über das Markgräflerland bis in die Vogesen (TOUR 28)

Genussvoll unterwegs vom Kaiserstuhl bis zum Markgräflerland

Vom Kaiserstuhl bis zum Markgräflerland erstreckt sich der Paradiesgarten Süddeutschlands. Schon Goethe sprach von einer »lieblichen Heimat«. Johann Peter Hebel, der bekannteste Markgräfler, benannte sein Geburtsland als »Paradieslein« und »Mustergärtlein«. Die Schriftstellerin Dorothea Schlegel schrieb über das »gesegnetste Land der Welt«. Woher diese Begeisterung?

Die Burgundische Pforte zwischen Vogesen und Jura lässt mediterrane Luft in das Rheintal strömen. Dieses milde Klima macht den Oberrheingraben zur wärmsten Gegend Deutschlands. Das Frühlingserwachen der Natur setzt hier früher ein als anderswo. Wenn im Schwarzwald und in den Vogesen noch der Winter herrscht, zeigen sich am Oberrhein schon die ersten Blumen. Bereits die Römer nutzten das milde Klima für den Weinbau. Heute ist die Gegend von kleinen Städtle und Dörfern geprägt, vom Weinbau und vom Rhein mit seinem abwechslungsreichen Auwald. Der Kaiserstuhl im Breisgau und das Markgräflerland gehören zu den reizvollsten Landschaften Europas. Die Gegend hat etwas Heiteres und Entspanntes und lässt die Zeit langsamer vergehen. Jahrhundertealte Kultur und Tradition und die gute badische Küche bestimmen die Abläufe. Hier lässt es sich gut leben und gut Urlaub machen.

Blick vom Badberg auf Oberbergen im Kaiserstuhl (TOUR 18)

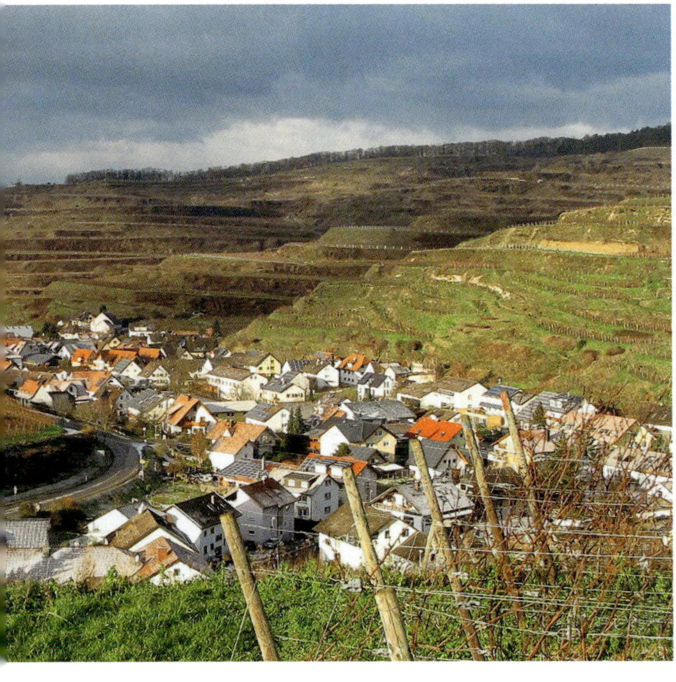

Nach der Veröffentlichung der Bücher »Zeit zum Wandern Kaiserstuhl und Markgräflerland« und »Vergessene Pfa-

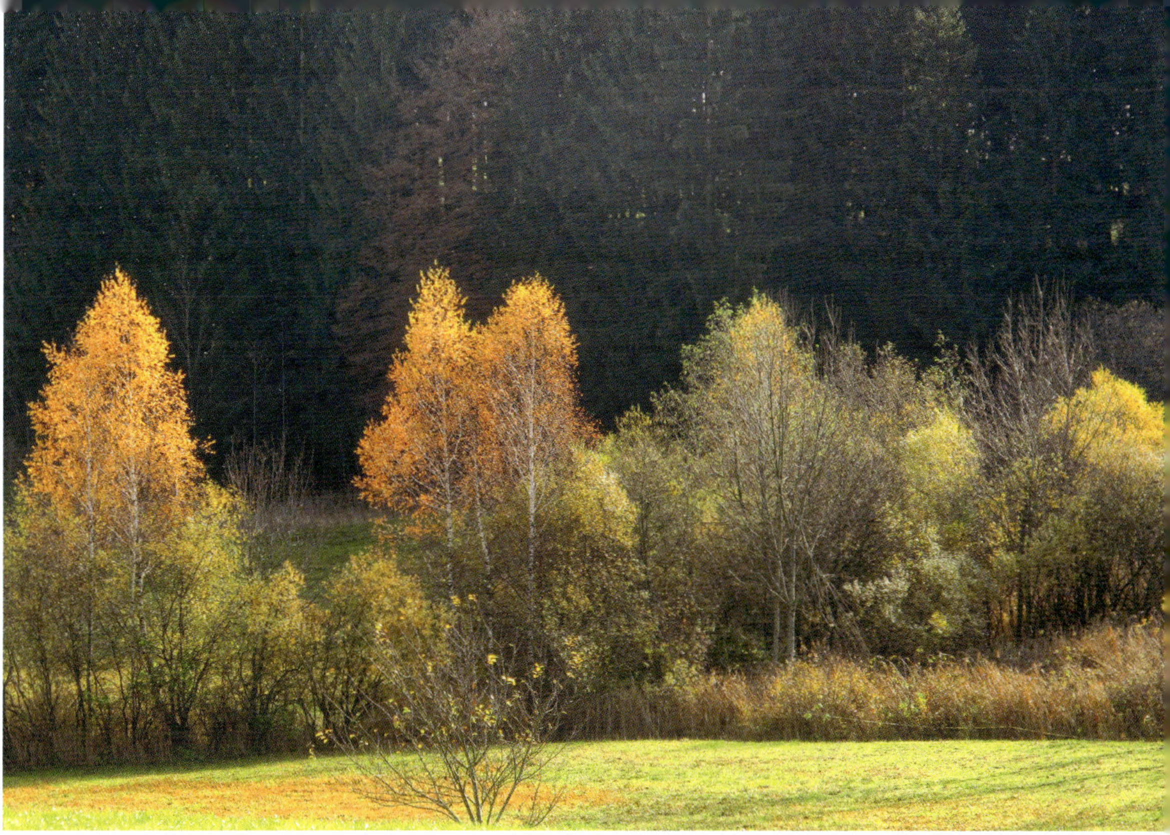

Der Herbst ist die beste Wanderzeit wie hier am Hauptkamm des Kaiserstuhls (TOUR 18).

de Kaiserstuhl und Markgräflerland« war ich sehr erfreut, das Buch »Wandergenuss Kaiserstuhl und Markgräflerland« verwirklichen zu können. Die Recherche vor Ort an den ersten beiden Büchern dauerte sechs Monate, während deren ich im Kaiserstuhl und Markgräflerland gelebt habe. Davor hatte ich schon einmal drei Jahre im Breisgau gelebt. Dieses neue Buch brachte mich nun zurück zu Freunden, herrlichen Orten, wunderbaren Landschaften, weiten Aussichten, guten Restaurants und Weingütern.

Das Thema »Wandergenuss ....« erlaubte mir auch eine neue Entdeckungsreise unter anderen Gesichtspunkten. Mit der Fertigstellung dieses Buches habe ich nun über 100 schöne Wanderungen im Kaiserstuhl und im Markgräflerland hinter mir. Ein wirklich großer Überblick. Die Destination ist nicht unendlich, so gibt es in diesem Buch Wanderungen, die schon in meinen anderen Büchern erschienen sind. Aber die Touren in diesem Buch mit dem Schwerpunkt Genusswandern wurden in diesem Sinne total überarbeitet, verkürzt und auch alle neu begangen. So leuchten sie in neuem Gewand. Der Genuss, auf diesen Pfaden unterwegs zu sein, liegt im Entdecken von Geheimnissen der Natur, der Landschaft und der Kultur. Mit diesem Thema des Wandergenusses bin ich aber auch zum Entdecker der Wege zu Genüssen geworden. So habe auch ich für das Thema Genusswandern Neues entdeckt oder Bekanntes wiedergesehen, aber unter dem Aspekt Vergnügen neu erlebt. Wenn Sie sich an einigen der beschriebenen Routen mit Genusserlebnis erfreuen, bin ich zufrieden.

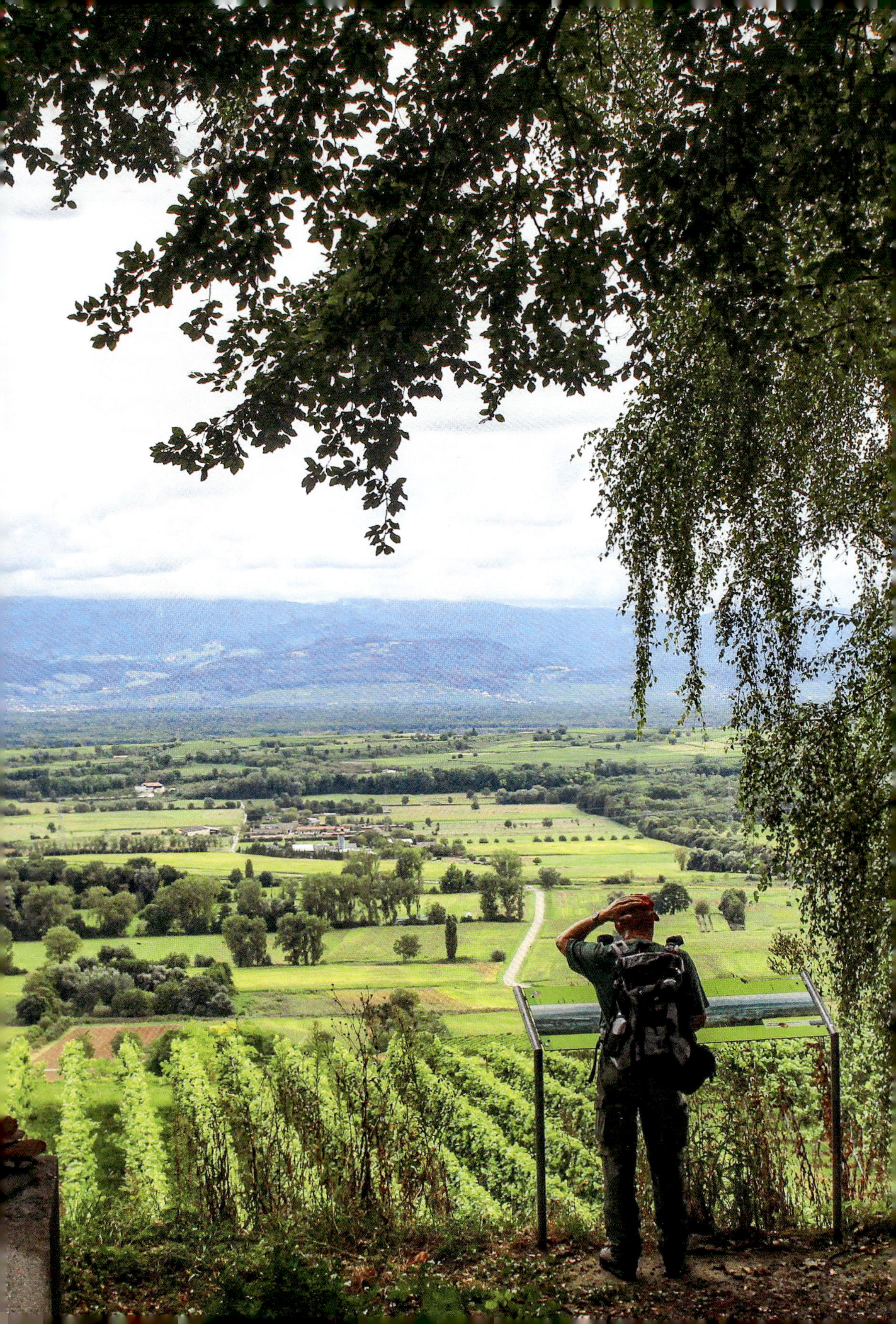

Praktische Informationen

Reisen im Kaiserstuhl und Markgräflerland

Die Anreisemöglichkeiten sind bei den einzelnen Wanderungen beschrieben. Mit dem eigenen Auto kommt man überall am bequemsten hin. Fast jedes Dorf ist aber auch mit öffentlichen Verkehrsmitteln erreichbar. Aktuelle Fahrplanauskunft zu den Bahnen der DB, SWEG, Kaiserstuhlbahn und Busse: www.db.de, www.bahn.de, www.sweg.de, www.3-loewentakt.de, www.suedbadenbus.de, www.efa-bw.de und www.rvf.de für die Stadtlinien Freiburg. Der nostalgische Museumszug Rebenbummler ist unter www.rebenbummler.de beschrieben und der Museumszug der Kandertalbahn unter www.kandertalbahn.de.
Mit der kostenlosen Konus-Gästekarte fährt man in der Region zwischen Basel und Karlsruhe und im Schwarzwald überall gratis Bus und Regionalbahn. Des Weiteren gibt es damit Rabatte in Bädern und Museen. Die Konus-Gästekarte erhält der Gast vom Vermieter seiner Ferienunterkunft (www.konus-schwarzwald.info).

Linke Seite: Blick vom Wasenweiler Panoramaweg in den Schwarzwald (TOUR 17)

Die Touren

Das kompakte Vulkangebirge Kaiserstuhl und Tuniberg, der Weinberg Freiburgs, liegen im sonnenverwöhnten Breisgau. Die Wanderungen bieten Aussichtspunkte, Wege, die von der Erosion in den Löß gegraben wurden, historische und kunsthistorische Fixpunkte, Pfade durch die Weinberge und selige Weindörfer mit Einkehrmöglichkeiten in die zahlreichen Straußenwirtschaften und Winzerschenken.
Mit dem Markgräflerland ist der Landstrich von Freiburg nach Süden gemeint, obwohl es keine klar definierte Grenze gibt. Die Wanderungen bieten auch hier Aussichtspunkte, historische und kunsthistorische Fixpunkte, Pfade durch die Weinberge und Weindörfer mit Einkehrmöglichkeiten in Straußenwirtschaften, Gasthäuser und Winzerschenken.

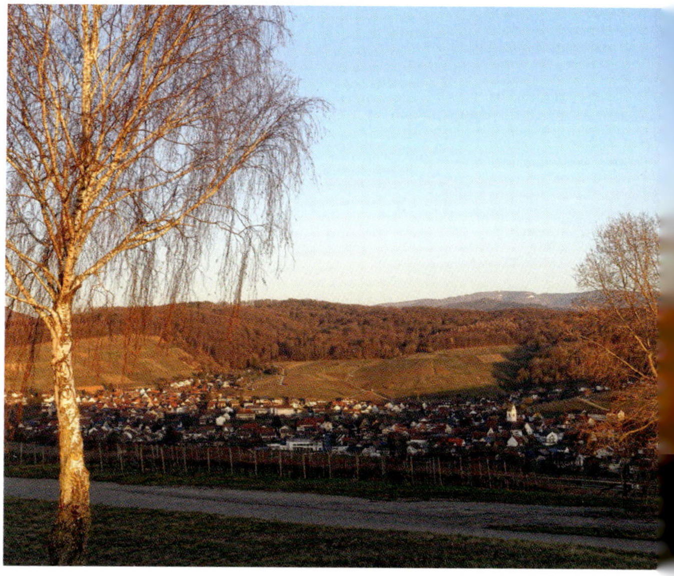

Der Weinort Pfaffenweiler liegt am Fuß des Batzenbergs, im Schneckental (TOUR 27).

Die Wandergebiete sind in zwei Gruppen gefasst und in einer Reihenfolge nummeriert, wie eines der Gebiete in etwa im Zusammenhang bereist werden kann. Die Wanderungen sind eher kurz gewählt, um Zeit für die genussvollen Dinge neben dem ausgeschilderten Weg zu lassen. Die Genusstouren sind in vier Kategorien unterteilt, jeweils mit einem Schwerpunkt bei »Aussicht«, »Ruhe und Natur«, »Kultur am Wegrand« oder »Einkehr«. Hierzu findet sich bei jeder der 36 Touren ein Tippkasten mit dem entsprechenden Symbol.

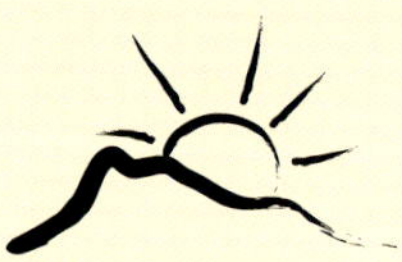
Aussicht

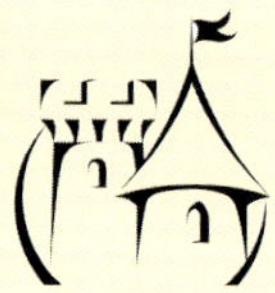
Kultur am Wegrand

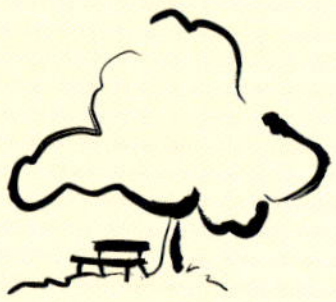
Ruhe und Natur

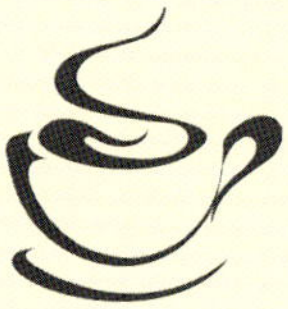
Einkehr

Beste Jahreszeit und Tageszeit

Natürlich ist ein Urlaub im Kaiserstuhl und im Markgräflerland in den Sommermonaten am besten, wobei es für Wanderungen auch mal zu heiß sein kann. Aber herrlich ist auch der Herbst mit seinen unvergleichlichen Farben, und das Wetter kann stabiler sein als im Sommer. Wer Blumen und blühende Kirschbäume liebt, wird sich am zeitigen Frühling oder am Frühsommer orientieren. Die meisten Wanderungen können bei günstigem Wetter auch im Winter ein Genuss sein. Für die einzelnen Touren ist angegeben, ob der Weg in Sonne oder Schatten verläuft und mit welchem Belag auf den Wegen zu rechnen ist.
Eine frühe Startzeit bringt oftmals eine ruhige Tour, stilles Wanderglück und die schönsten Fotos. Etwas Besonderes ist an den Aussichtspunkten der Sonnenuntergang.

Wetter

Der Wanderer muss sich eigenverantwortlich zur Wetterlage informieren. Für die aktuellen Wetteraussichten benutzt man am besten einen der Wetterbericht-Anbieter, die örtlichen Wetterstationen (z. B. Ihringen) oder örtliche Webcams im Internet (z. B. www.wetteronline.de/wetter/freiburg).

Beste Erfahrungen bringen die örtlichen Wetterstationen in ihrer kleinräumigen Vorhersage (wetterstationen.meteomedia.de/map=Baden-Wuerttemberg, nach der Auswahl des Orts den orangen Button »4-Tage Prognose« drücken).

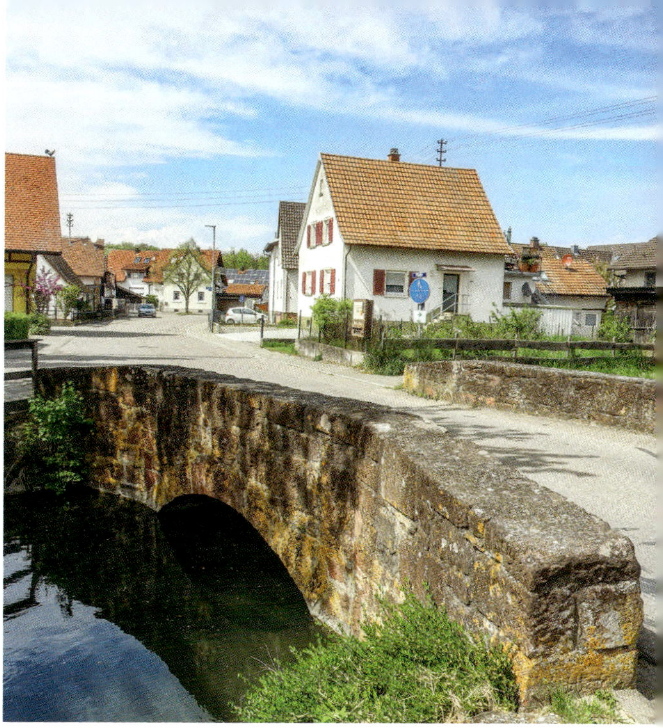

Die historische Sandsteinbrücke überspannt den Mühlbach in Weisweil (TOUR 1).

Ausrüstung

Feste Wanderschuhe oder Trekkingstiefel mit griffigen Sohlen sind Voraussetzung für sicheres Wandern, weil sie die Fußgelenke stützen. Turnschuhe sind auch wegen der Sohlen nicht geeignet. Wichtig ist ein Sonnen- und Regenschutz, wobei ein stabiler Regenschirm gute Dienste leistet, solange kein Wind mit im Spiel ist. Eine Regenjacke ist unverzichtbar, führt jedoch im Gegensatz zum Regenschirm selbst in modernster Ausführung bei entsprechender Wärme oft zu starkem Schwitzen. Zur Ausrüstung gehören eine schnelltrocknende Wanderfunktionshose, Badekleidung, ein Handtuch, ein guter Rucksack gefüllt mit Notproviant, ausreichend Flüssigkeit, ein Wechselshirt, eine Notfallapotheke und ein Mobiltelefon für einen Notruf. Sinnvoll ist auch ein Zeckenabwehrmittel. Oft wird ein Kälteschutz vernachlässigt, besonders wenn beim Aufbruch zur Wanderung schönes Wetter am Himmel steht. Was aber, wenn sich einer der Wanderer während der Tour verletzt und am Boden gelagert werden muss? Wenn dann noch Nässe dazukommt, wird es schnell gefährlich.

Anforderungen

Orientierung in den Himmelsrichtungen und die Fähigkeit, Karten zu interpretieren, sind Voraussetzungen. Nach der international gültigen Wegeklassifizierung »leicht«, »mittel« und »schwer«, enthält dieses Wanderbuch nur leichte Touren mit der Farbe Blau.

Anforderungen

● **Leicht:** einfache Wanderung auf guten Wegen und Pfaden ohne ausgesetzte Stellen, die aber auch ohne Markierung sein können. Orientierungssinn und Trittsicherheit werden benötigt.

● **Mittel:** mittelschwere Bergtour, die gute Kondition, Trittsicherheit, Schwindelfreiheit und Orientierungssinn erfordert. Ausgesetzte Passagen auch mit Seilversicherungen möglich. Alpine Erfahrung ist nötig.

● **Schwer:** anspruchsvolle Bergtour mit hoher Anforderung an die Kondition, Schwindelfreiheit und Trittsicherheit. Enthält ausgesetzte Passagen und leichtere Klettereien am Fels. Ein gutes Orientierungsvermögen ist unbedingt geboten. Ausgeprägte alpine Erfahrung wird vorausgesetzt.

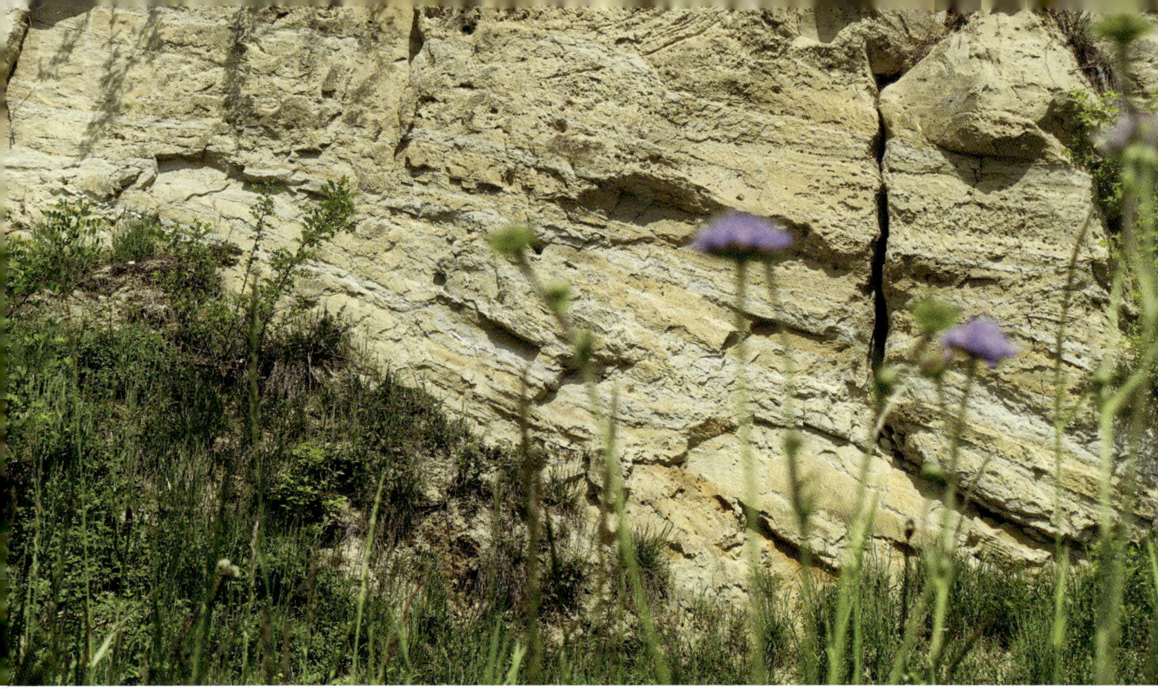

An der Molasse-abbruchkante des Läufelbergs bei Fischingen (TOUR 35)

Sicherheit und Gefahren

Die persönliche Leistungsfähigkeit kann besonders bei Hitze falsch eingeschätzt werden. Ein aufziehendes Gewitter mahnt zur Vorsicht. Umkehren oder abkürzen der Wanderung sind keine Zeichen von Schwäche, sondern Klugheit. Es geht um Wandergenuss, nicht um Höchstleistung.
Ein Mobiltelefon ist Teil der Sicherheitsausrüstung.
Notruf: 112
Polizei: 110
Notrufsignal: optisch oder akustisch 6 Signale hintereinander mit zehn Sekunden Abstand

Gehzeiten, Richtungsangaben, Höhenmeter und GPS-Daten

Die Gehzeiten sind reine Zeiten unterwegs ohne Pausen. Sie wurden in eigener Erfahrung subjektiv ermittelt, denn die angegebenen Zeiten auf den Wegweisern sind sehr unterschiedlich. Auf orografische Bezeichnungen wurde zugunsten der Allgemeinverständlichkeit verzichtet. Abzweige und Richtungswechsel sind im Text trotz Wegweiser beschrieben, denn diese können auch einmal fehlen.
Die Höhenangaben entstammen zuallererst den Karten, denn diese haben Geografen gezeichnet, dann erst dem ständig justierten Höhenmesser und zuletzt den Beschilderungen in der Natur. Bei den Angaben des Höhenmessers sind aber immer Ungenauigkeiten möglich, weil diese wegen der Veränderung des Luftdrucks durch Wetterwechsel variabel sind. Die an-

gegebenen GPS-Daten sind vor Ort in freier Natur erhoben, unterliegen jedoch manchmal nicht geringen Messabweichungen durch die Umgebungs- und Umweltbedingungen.

Wegmarkierungen und Wegweiser

Alle Wege in der Wanderregion sind mit Wegweisern und Markierungen sehr gut erschlossen. Historische Themenwege wie Bettlerpfad und Wiiwegli haben eigene Markierungen. Wenn vorhanden, sind in den Wegbeschreibungen die Markierungen der Wanderwege angegeben. Verschiedenartig geschriebene Ortsnamen sind vorrangig den Karten entnommen, dann erst der Beschilderung in der Landschaft. Alle anderen Wanderwege außer den Themenwegen hat der Schwarzwaldverein leider nur mit der gelben Raute ausgeschildert, was schon mal Verwechslungen einbringt.

Flora und Fauna

In der sonnenreichsten Landschaft Deutschlands wachsen viele Orchideenarten. Pflanzen wie Diptam oder Flaumeiche sind eigentlich nur in den wärmeren Regionen Europas zu finden. Die bis zu 40 cm lange Smaragdeidechse und die Gottesanbeterin sind sonst nur im Mittelmeerraum beheimatet. 728 Arten von Großschmetterlingen und 1300 Käferarten leben hier. Geschützte Pflanzen sind in allen ihren Teilen geschützt und sollten auch nicht zertreten werden. Wir müssen daher auf den Wegen bleiben, dürfen keine »Abkürzer« benutzen und keine weglose Wildnis betreten. Auch wenn an einigen Stellen zum Beispiel Küchenschellen in großen Mengen wachsen, bleibt dies insgesamt doch eine bedrohte Pflanzenart. Nichts berechtigt dazu, eine der geschützten Blumen zu pflücken, selbst wenn noch so viele an einem Platz wachsen. Wildtiere benötigen ihre Ruhezonen, auch daher sollten wir weglose Wildnis meiden.

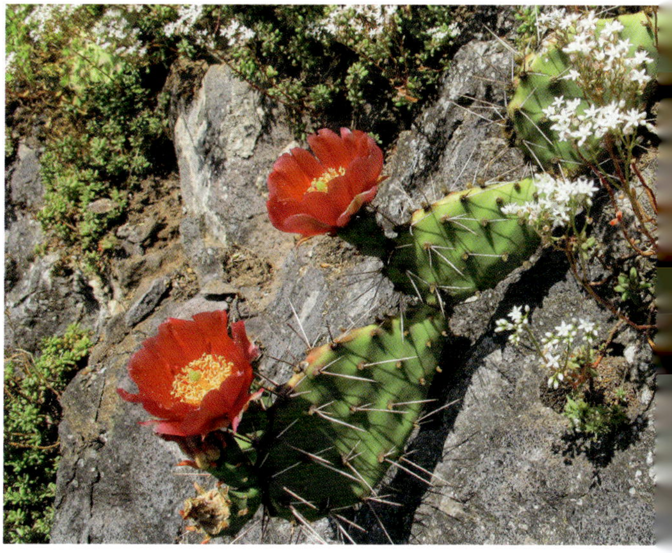

In den Vulkanfelsen am Winklerberg bei Ihringen gedeihen Wildkakteen (TOUR 15).

Entstehung der Landschaft

Vor fünfunddreißig Millionen Jahren entstand der Oberrheingraben als Bruchzone der Erdkruste, die mit der Auffaltung der Alpen zusammenhing. Durch die Sedimente des Rheins wurde der Graben wieder aufgefüllt. An den Rändern hoben sich der Schwarzwald und die Vogesen heraus. Der Kaiserstuhl ist eine Erhebung vulkanischen Ursprungs, die mit einer Lössschicht abgedeckt wurde.

Lange Geschichte kurz erzählt

Am Oberrhein gibt es archäologische Zeugnisse des Ackerbaus und der Viehzucht aus der Zeit des Neolithikums (6. Jahrtausend v. Chr.).
Die Römer errichteten um 83 n. Chr. in der Region die Provinz Obergermanien und prägten bis über das 3. Jahrhundert hinaus die Kultur der einheimischen keltisch-germanischen Bevölkerung.
Bereits um das Jahr 1100 gab es am Schauinsland bei Freiburg Bergbau.
Der Dreißigjährige Krieg reduzierte im 17. Jahrhundert die Bevölkerung um 75 Prozent.
Anfang des 19. Jahrhunderts führten Hungersnöte zu einer Massenauswanderung von 6000 Menschen.
1806 bis 1871 war das Großherzogtum Baden ein souveräner Staat.
1848/1849 wurden Aufständische in der Badischen Revolution unter preußischem Kommando niedergeworfen.
Das Großherzogtum Baden verlor 1871 mit dem Beitritt zum neu gegründeten Deutschen Kaiserreich seine Souveränität.

Regionale Küche und Badische Weine

Eine Wanderung im Kaiserstuhl oder Markgräflerland zur Zeit der Spargelernte ist ein Gang ins Paradies. Die bekannt gute badische Küche ist eine Verknüpfung verschiedener Gerichte der benachbarten Küchen aus dem Elsass, aus Schwaben und aus der Schweiz, wobei es in Baden oft eigene Namen für die Kreationen gibt.
Baden ist mit 16 000 Hektar Rebfläche und einem Durchschnittsmostertrag von über einer Million Hektoliter das drittgrößte Weinbaugebiet Deutschlands. Für Weißweine werden die Rebsorten Weißburgunder, Grauburgunder, Müller-Thurgau, Gutedel, Riesling, Silvaner und andere angebaut. Rotweine werden aus Spätburgunder, Regent, Schwarzriesling und Dornfelder ausgebaut. Der Kaiserstuhl und ebenso das Markgräflerland sind bekannt für ihre Spezialitäten.

Interessante Internetadressen

www.schwarzwald-tourismus.info
Darstellung der schönsten Regionen Schwarzwald, Kaiserstuhl und Markgräflerland in der Rheinebene
www.kaiserstuhl.eu
Reiseführer der Ortschaften und Natur in der Kaiserstuhlregion
www.naturgarten-kaiserstuhl.de
Natur- und Landschaftsbeschreibung Kaiserstuhl
www.kaiserstuhl.com
Orte und Urlaub mit Unternehmungen und Übernachtungsmöglichkeiten im Kaiserstuhl
www.markgraefler-land.com
Orte und Unterkünfte im Markgräflerland
www.badische-weinstrasse.de
Genießen und Erleben an der Badischen Weinstraße

Eine Auswahl an Einkehrmöglichkeiten in Restaurants, Winzerschenken und Straußenwirtschaften sind bei den Wanderungen angeführt. Die Öffnungszeiten sind jedoch für die Folgejahre nicht verlässlich anzugeben. Erkundigen Sie sich daher selbst anhand der angegebenen Telefonnummern oder Internetadressen.

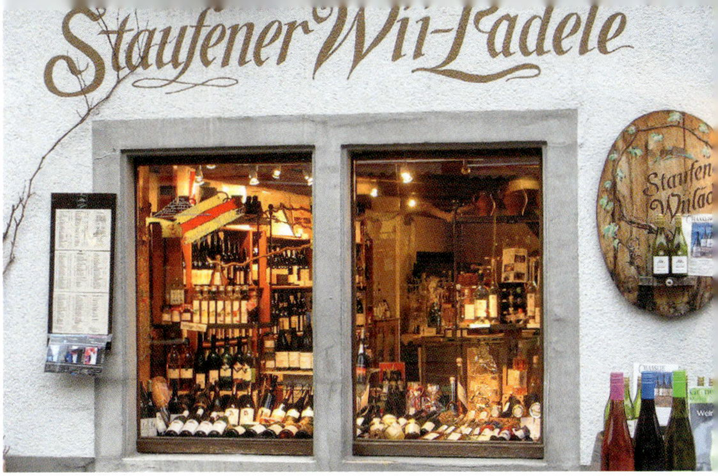

In der Staufener Hauptstraße stehen ansehnliche Läden (TOUR 29).

Oberrheinischer Museumspass

Der Museums-PASS-Musées ist die Eintrittskarte für rund 320 Museen, Schlösser und Gärten in Deutschland, Frankreich und in der Schweiz. Ab dem ersten Museumsbesuch hat der Gast mit diesem Ausweis ein Jahr lang freien Eintritt in die Dauer- und Sonderausstellungen der Mitgliedsmuseen. Der Jahrespass kostet 108 € (www.museumspass.com).

Karten

Die zur Recherche verwendeten Wanderkarten im Maßstab 1:25 000 sind in den Wanderungen angegeben (www.kompass.de). Ausgezeichnete Karten bietet auch das Landesamt für Geoinformation und Landesentwicklung Baden-Württemberg (LGL) in verschiedenen Maßstäben (www.lgl-bw.de).

Blick vom Badberg auf Altvogtsburg (TOUR 18)

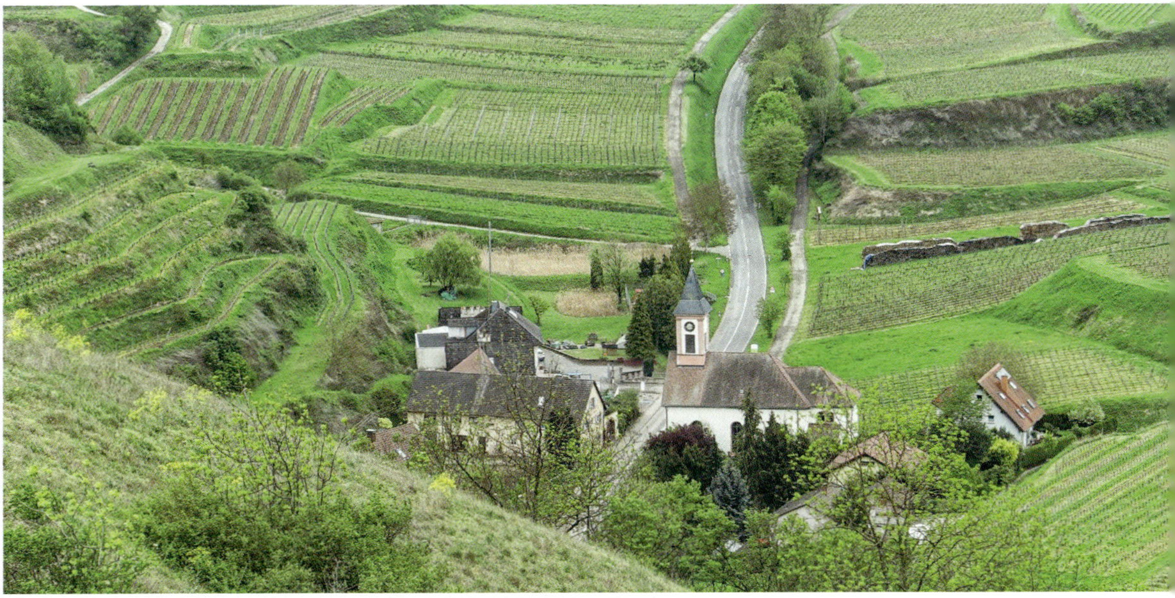

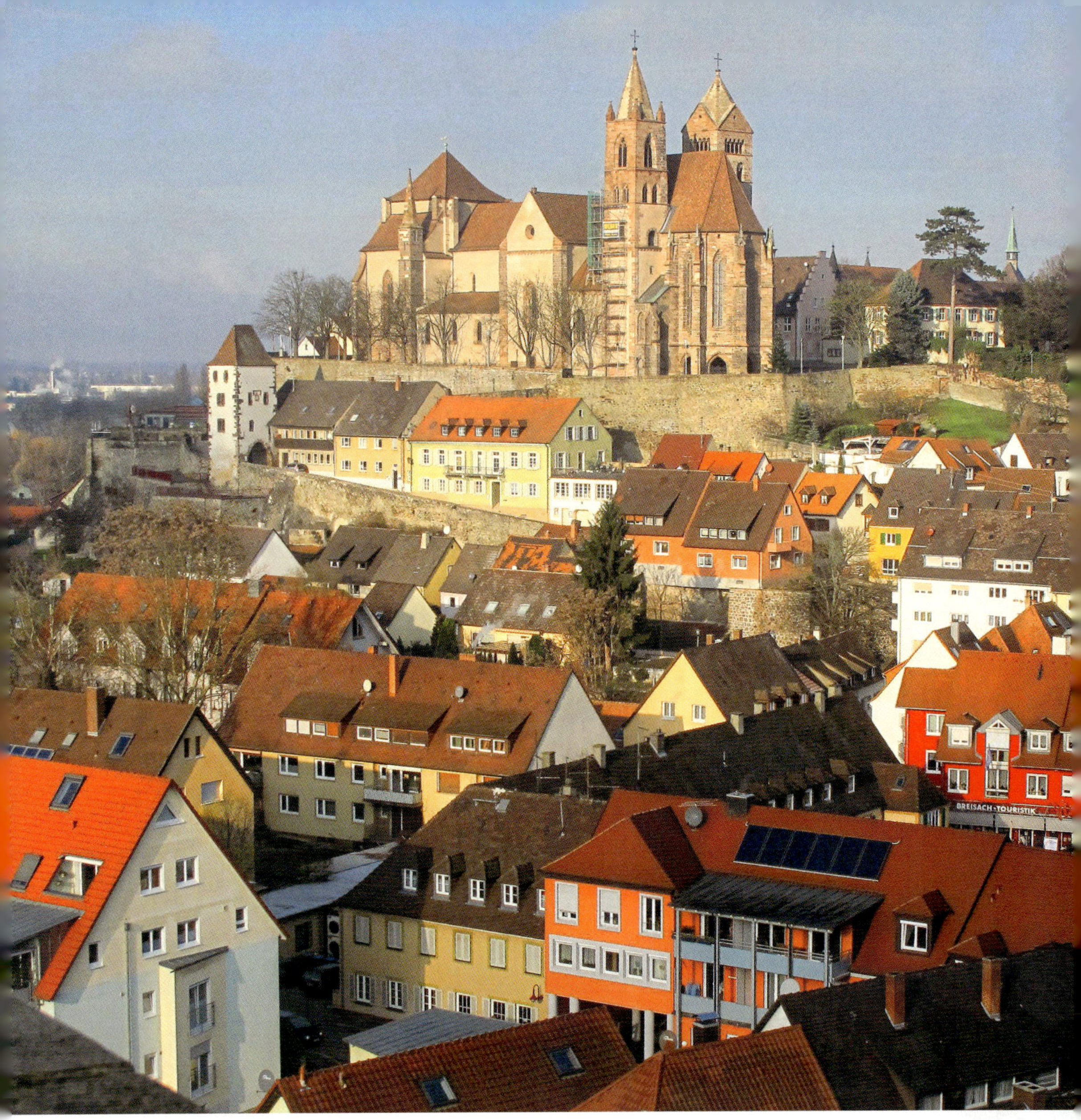
BREISACH-TOURISTIK

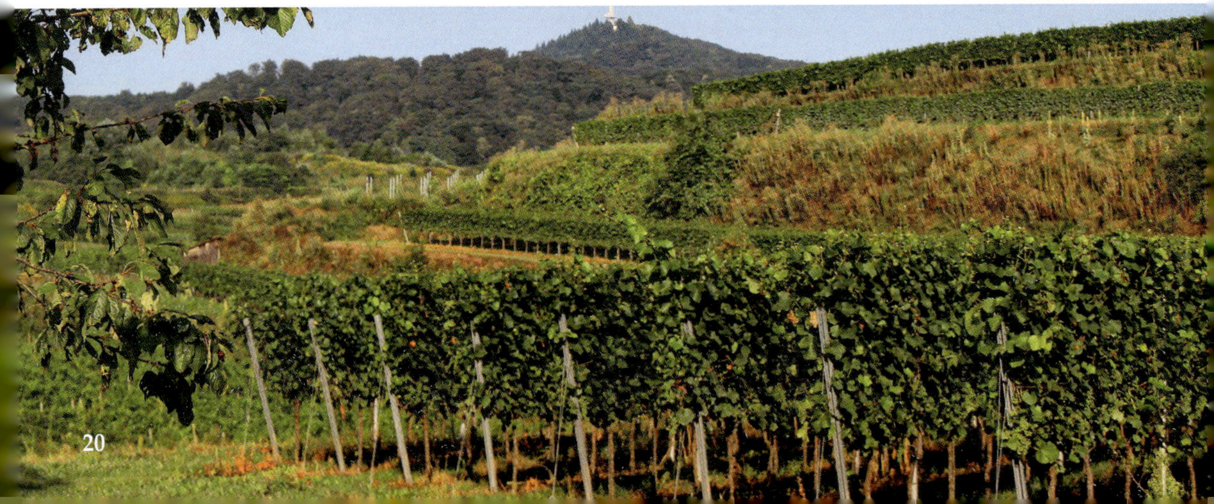

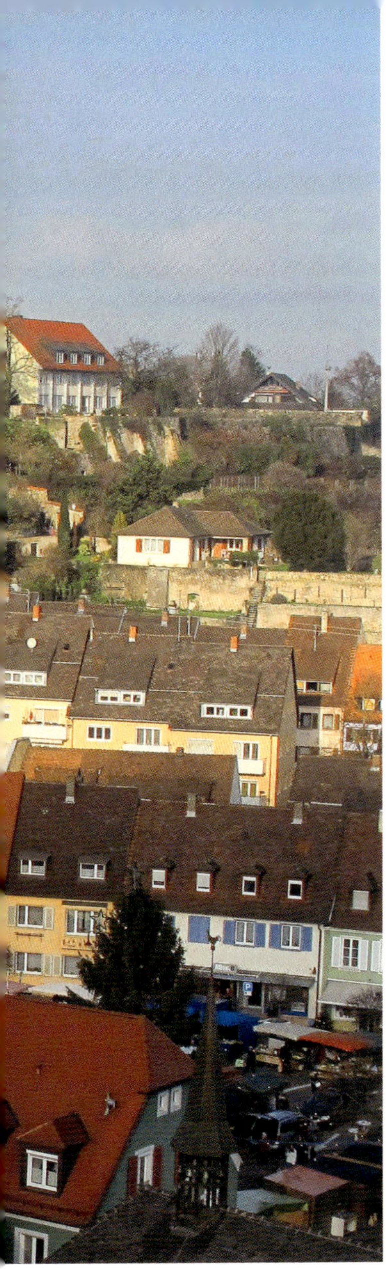

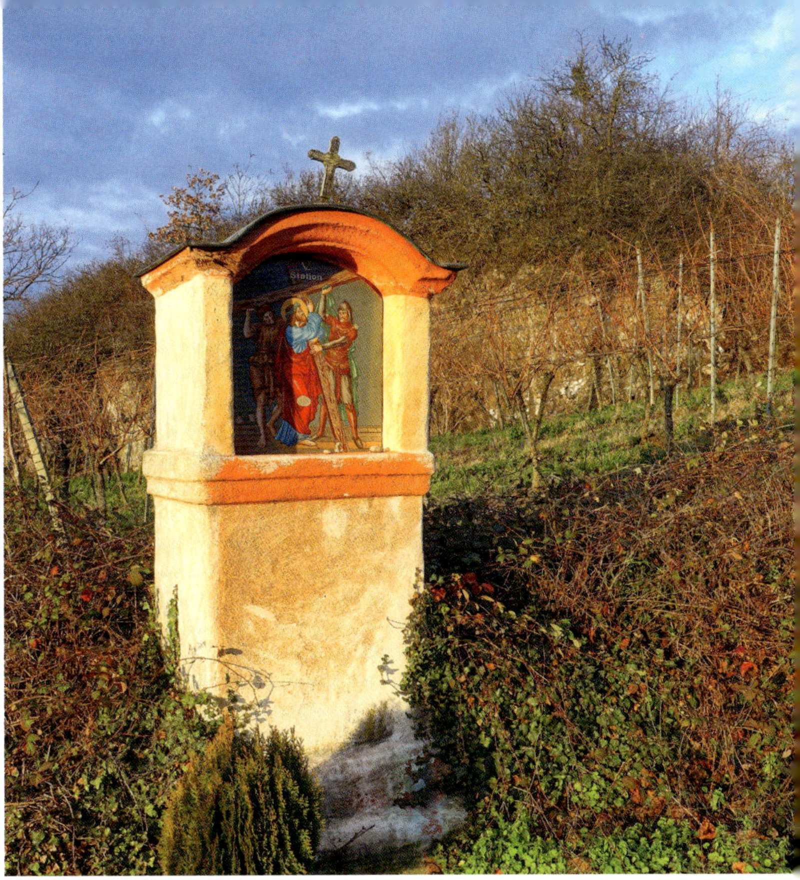

Touren am Kaiserstuhl und Tuniberg

Oben links: Blick vom Eckartsberg über die Stadt Breisach auf den Münsterberg (TOUR 12). Oben rechts: Kreuzwegstationen auf dem Weg zur Kapelle auf dem Lützelberg (TOUR 3). Unten rechts: Auch Schelingen im Kaiserstuhl besitzt eine klassizistische Weinbrenner-Kirche (TOUR 18). Unten links: In den Bötzinger Weinbergen mit Blick auf den Totenkopf (TOUR 20).

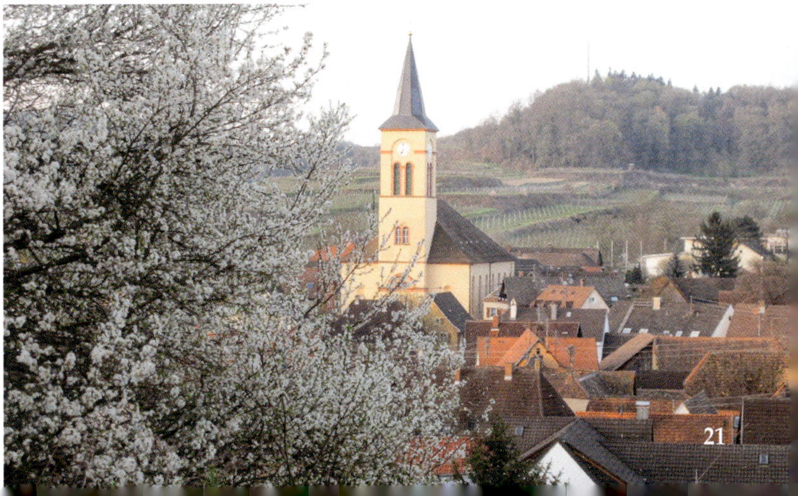

1

Im Weisweiler Urwald am Rhein

Sonnenuntergang am Amazonas

Leicht 2:20 Std. 20 Hm 7,6 km

Besonderer Genuss: Kultur am Wegrand

Tourencharakter
Leichte, vorwiegend schattige Tour, größtenteils auf befestigten Wegen durch Wälder und Ortsgebiet

Ausgangs-/Endpunkt
Parkplatz Großkopfweg an der Rheinstraße in Weisweil
GPS N48°12'15.4" E07°39'39.0"

Anfahrt
Auto Von Norden: A5 Ausfahrt 58 Herbolzheim und L111 über Rheinhausen nach Weisweil, oder von Süden: A5 Ausfahrt 59 Riegel und L113 über Forchheim nach Weisweil
Bus Mit der Linie 7200 von Herbolzheim nach Weisweil (www.bahn.de)

Gehzeiten
Parkplatz Großkopfweg – Bäckerei Speck 0:25 Std. – Sandsteinbrücke 0:10 Std. – Hochwasserdamm 0:25 Std. – Kiosk Rheinblick 0:55 Std. – Parkplatz Großkopfweg 0:25 Std.

Einkehr in Weisweil
Kiosk Rheinblick, Stauwehr Rheinau, Tel. 0160/93826383 (März bis Oktober)
Landgasthof Baumgärtner, Sternenstraße 2, Tel. 07646/347

Karten
Kompass 883, 1:25000

Touristinformation
Rathaus Weisweil, Hinterdorfstraße 14, 79367 Weisweil, Tel. 07646/91020, www.weisweil.de

Weisweil liegt nicht mehr wirklich im Kaiserstuhl, aber der badische Urwald ist hier ruhiger, ursprünglicher, einsamer und erinnert mit etwas Fantasie an den südamerikanischen Amazonas.

Zur Bäckerei Speck Vom Parkplatz am Ⓐ **Großkopfweg** starten wir auf der Weisweiler Skulpturenstraße nach Südwesten in Richtung Weisweil. Nach der Überquerung des Mühlbachs gehen wir vor der ❶ **Bäckerei Speck** auf der Mühlbachstraße links.

Zur Sandsteinbrücke Nach dem Haus Nr. 40 wandern wir an eine Kreuzung nach links in Richtung Gewerbegebiet Köpfle. Gleich nach der historischen ❷ **Sandsteinbrücke** wenden wir uns nach rechts auf den Gehweg.

Zum Hochwasserdamm Entlang des Mühlbachs erreichen wir vor der Firma Schanzlin eine Straße, auf der wir nach links spazieren. Nach 70 Metern gelangen wir rechts auf dem Forstweg in das Naturschutzgebiet Rheinauewälder und Taubergießen – ein noch ursprünglicher Auwald mit großer Artenvielfalt, einer reichen Vogelwelt, mit zahlreichen Altrheinarmen und Gießen. Gießen sind grundwassergespeiste Quellflüsse. Wir befinden uns in einem der letzten Urwälder Deutschlands.

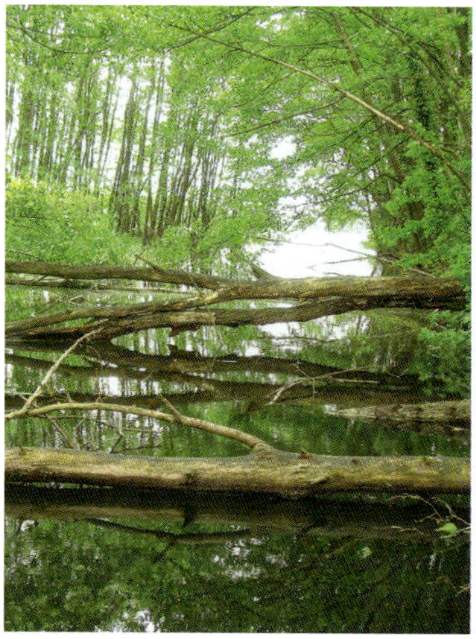

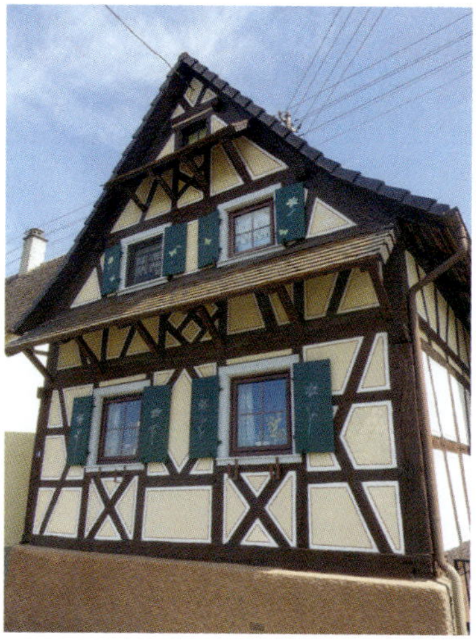

Links: Hier kommt echte Urwaldatmosphäre auf.

Rechts: Typisches Fachwerkhaus am Mühlbach in Weisweil

An einer Kreuzung mit einer Bank um eine Linde gehen wir links über die Gießen mit dem Namen Flut. An der folgenden Weggabel wandern wir rechts, queren den ❸ **Hochwasserdamm** und eine weitere Gießen.

Zum Kiosk Rheinblick An einer Weggabel gehen wir rechts und über einen Altrheinarm mit dem Namen Hansenkehle. An einer Kreuzung wandern wir auf dem Balzersweg geradeaus und an einer Gabelung links an einem Wehr über einen Altrheinarm. Wir bleiben links und wenden uns am Rhein links flussaufwärts. Das gegenüberliegende Ufer ist eine lange Insel auf französischer Seite, die für zehn Kilometer die Schifffahrtstraße Le Grand Canal vom Rhein trennt. Schließlich glitzert auf der linken Seite ein Badesee mit guter Wasserqualität durch die Botanik. Der Zugang zu den Liegewiesen ist kurz vor dem Stauwehr Rheinau. Auf dem Damm steht der ❹ **Kiosk Rheinblick**. Herrlich ist es hier bei Sonnenuntergang. Der Rhein hat durch die Staustufe eine Breite von 600 Metern, was gerne von Wassersportlern genutzt wird.

Zum Parkplatz am Großkopfweg Auf dem Rheindamm setzen wir unseren Weg flussaufwärts fort. Am zweiten Steg des Sportboothafens steigen wir links vom Damm hinunter und wandern in Richtung Weisweil auf der Skulpturenstraße zurück zum Parkplatz am Ⓔ **Großkopfweg**.

Museum mit Hochgenuss

Auf über 500 m² zeigt das Hofmuseum Weisweil Raritäten aus der Landwirtschaft, Viehzucht, Imkerei, Brennerei und Haushaltsgegenstände früherer Zeiten. Die Exponate haben Geschichte, wie etwa der Hebammenkoffer, mit dem die Geburtshelferin aus Weisweil 2000 Kinder zur Welt gebracht hat. Das Beste am Museum ist der Hofladen im Innenhof. Zum Sortiment gehören 15 verschiedene Brotsorten sowie andere leckere Backwaren. Noch besser ist das MuseumsCafé. Es ist bekannt für seine Torten, Flammkuchen, Quiche Lorraine und andere warme Speisen. Wegen der Beliebtheit ist eine Reservierung erforderlich. (MuseumsCafé & Hofladen Zeisset, Oberhausener Straße 11, 79367 Weisweil, Tel. 07646/259, www.hofladen-zeisset.de).

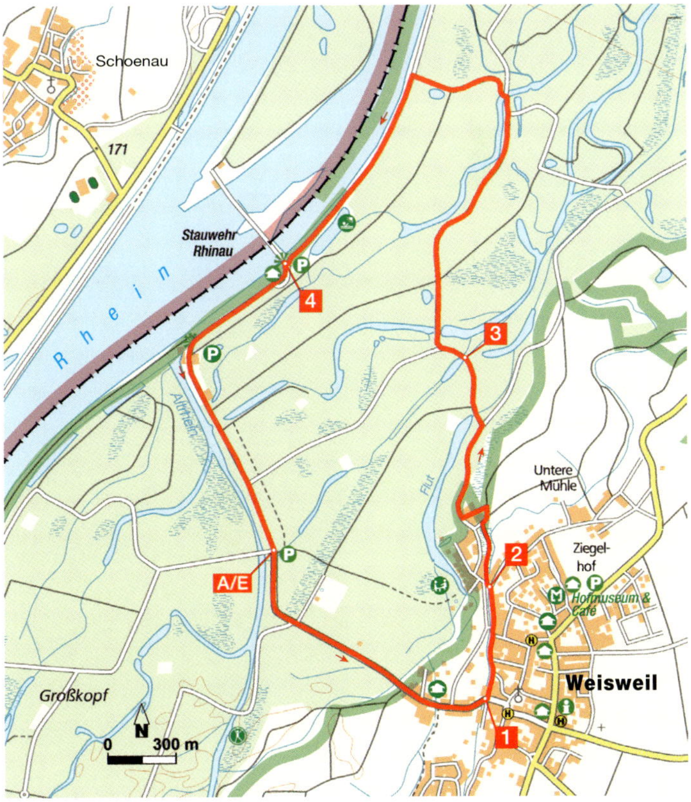

2

Von Wyhl nach Venezuela

Auf dem Rheinaue-Naturpfad

Leicht | 1:30 Std. | 20 Hm | 5,2 km

Besonderer Genuss: Ruhe und Natur

Tourencharakter
Leichte, meist schattige Tour größtenteils auf markierten Naturwegen durch Auwälder, Wiesen, Felder und Ortsgebiet

Ausgangs-/Endpunkt
Parkplatz Mühlbach an der Rheinstraße in Wyhl
GPS N48°10'29.6" E07°38'11.5"

Anfahrt
Auto Auf der A5 Ausfahrt 59 Riegel und auf der L113 über Endingen nach Wyhl
Bus Mit der Linie 105 von Emmendingen nach Wyhl (www.bahn.de)

Gehzeiten
Parkplatz am Mühlbach – Hollikopfweg 0:25 Std. – Denkmal 0:10 Std. – Grillplatz 0:10 Std. – Rheindamm 0:15 Std. – Grillplatz 0:15 Std. – Wyhler Mühle 0:35 Std. – Parkplatz am Mühlbach 0:20 Std.

Einkehr in Wyhl
Landgasthaus Hotel Alt Wyhl, Adlergasse 23, Tel. 07642/7591384
Bäckerei Café Heitzmann, Endinger Straße 38, Tel. 07642/7164, www.baeckerei-heitzmann.de
Thai Restaurant Sukhothai, Hauptstraße 39, Tel. 07642/924574, www.sukhothai-wyhl.de

Karten
Kompass 883, 1:25000

Touristinformation
Hauptstraße 9, 79369 Wyhl, Tel. 07642/68940, www.wyhl.de

Hinweis
Nicht bei Nässe oder nach Regen gehen, die Erdwege sind dann sumpfig.

Der Rheinauewald ist mit seinem Artenreichtum einmalig in Europa. Die Wanderung zeigt glitzernde Altwasserarme des Rheins, kalte Gießen und eine interessante Vogelwelt. Hier im Urwald war die Anlegestelle für die Emigranten, die nach Venezuela fuhren.

Zum Hollikopfweg Vom Ⓐ **Parkplatz** am Mühlbach und Waldrand starten wir an der Informationstafel für den Naturlehrpfad auf breitem Fahrweg entlang des Hochwasserdamms nach Südwesten in Richtung Sasbach. Schon nach 80 Metern verlassen wir den Fahrweg vor einer Starkstromleitung auf einem kleinen Pfad nach rechts zum Seerosenloch, einem idyllischen Teich, vor dem wir nach links weitergehen. 20 Meter nach dem Gewässer stoßen wir auf einen Forstweg und folgen diesem nach rechts in den Auwald hinein.
Alte Stieleichen mit ihren breiten Kronen stechen aus dem Waldgefüge hervor. Eindrucksvolle Silberpappeln mit silbrig-grauem

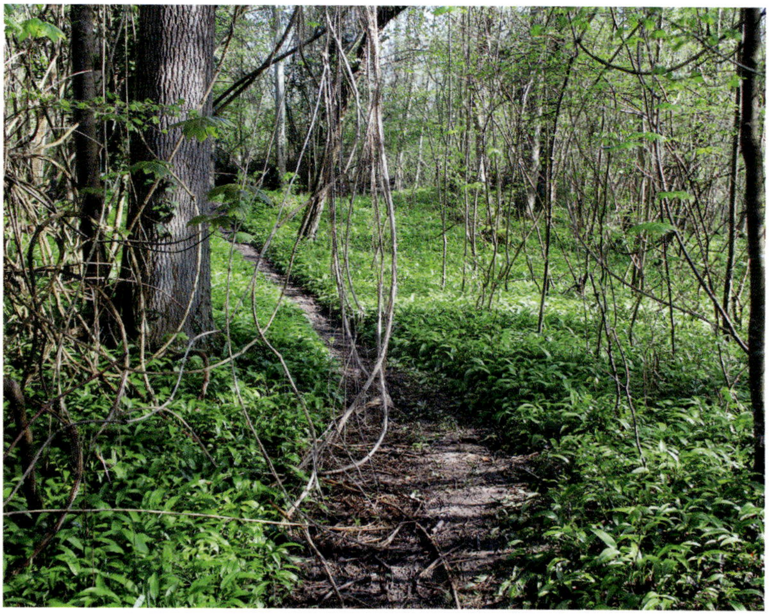

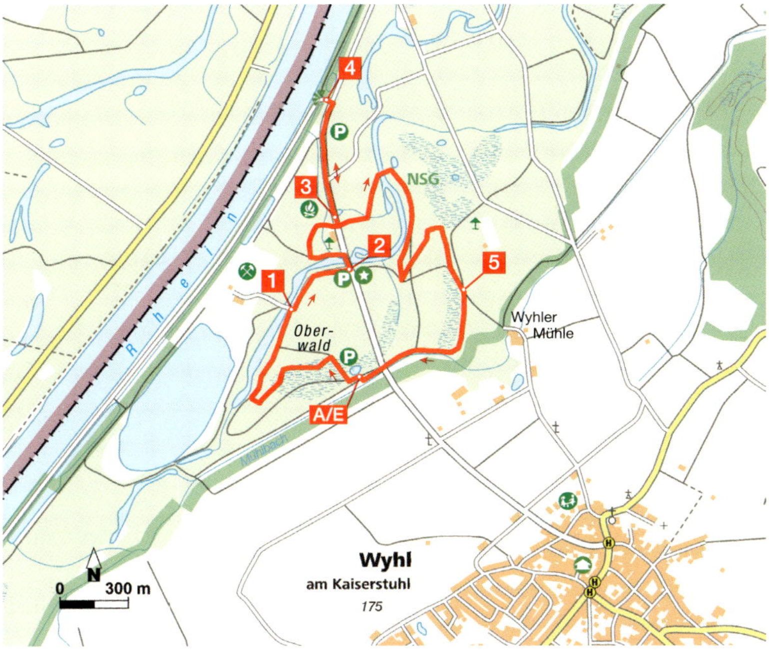

Stamm und unterseitig mehlig-weißen Blättern dominieren als typische Baumart des Auwalds. Die vielen Arten der Strauch- und Krautschicht lassen den Rückschluss auf beste Nährstoffversorgung des seit Jahrtausenden angeschwemmten Bodens zu. Mit armdickem Efeu und Waldreben umschlungene Bäume lassen Urwaldatmosphäre entstehen. Allerdings gibt es seit der Kanalisierung des Rheins keine Überschwemmungen mehr, die für eine echte Weichholzaue nötig sind. So ist auch stellenweise der Übergang zu einer Hartholzaue mit den beteiligten Ahornarten zu sehen.

Nach 100 Metern biegen wir vor einer Linkskurve nach links in einen kleinen Pfad und bleiben den häufigen Schildern des Naturlehrpfads treu. Es gibt aber auch geschichtliche Hinweise wie zum Beispiel einen Schützengraben aus dem Jahr 1944, den Wyhler Frauen und Kinder graben mussten. 20 Meter nach dem Schützengraben gehen wir an der T-Kreuzung rechts und folgen dem Pfad am Altrhein entlang. Der Weg quert kurz vor einer Straßenbrücke über das Gewässer den Fahrweg mit dem Namen **1 Hollikopfweg** an der Schranke nach links versetzt in den kleinen Pfad hinein.

Linke Seite: Im Wyhler Urwald wächst die Waldrebe *(Clematis vitalba)* in dicken Lianen an den Bäumen hinauf.

Im Frühjahr ist der Boden des Auwalds dicht mit Bärlauch bewachsen.

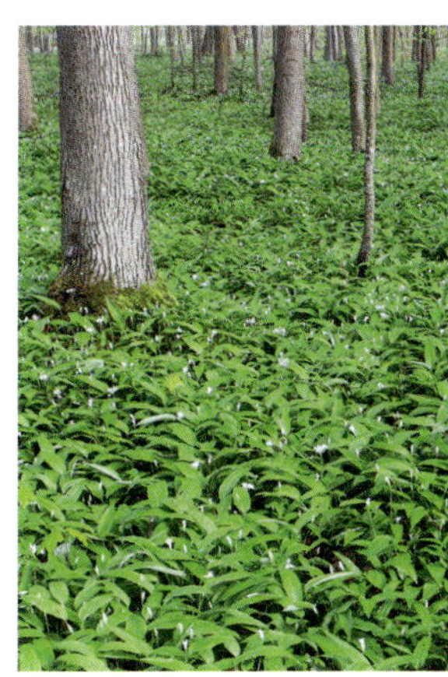

Zum Denkmal Bald endet der kleine Fußweg an der Asphaltstraße, an der eindrucksvolle Maserpappeln stehen. Wenn deren Holz aufgeschnitten wird, zeigen sich im Bereich der knolligen Wucherungen schöne Maserungen im Holz.

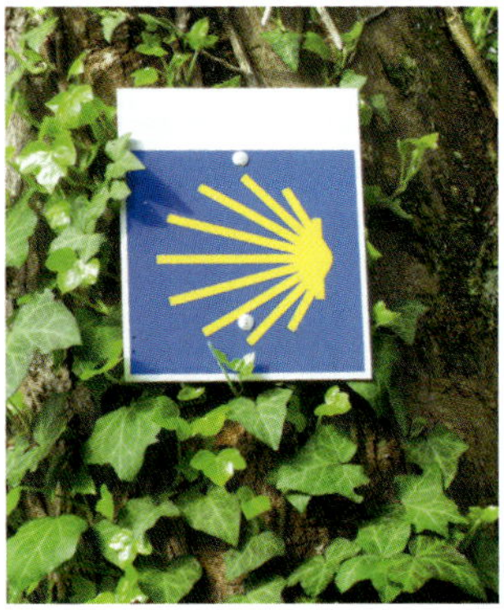

Der Jakobsweg führt auch durch den Wyhler Auwald.

Auf der Asphaltstraße schlendern wir 100 Meter nach rechts bis zur Brücke über den Altrhein. Vor der Brücke steht rechts ein 2 **Denkmal**, denn hier gab es eine Anlegestelle, von der Kaiserstühler Auswanderer 1842 nach Venezuela einschifften. Das von ihnen dort gegründete Dorf Colonia Tovar besteht noch heute.

Zum Grillplatz Auf der Brücke queren wir den Altrhein und laufen gleich danach links am Wasser entlang. Der Fahrweg verlässt nach 100 Metern in einer Rechtskurve das Fließgewässer. Nach 80 Metern folgen wir vor einer dicken Maserpappel dem Wegweiser für den Naturlehrpfad nun auf einem kleinen Fußweg nach rechts. Hier steht der dunkelgrüne Winterschachtelhalm am Waldboden. Er setzt auch im Winter deutliche Akzente. Bärlauch erfüllt mit seinem Duft die Wälder im Frühjahr. Ein hölzerner Steg bringt uns über einen kleinen Seitenarm des Altrheins, und dann stehen wir auf dem großen 3 **Grillplatz** mit Picknicktischen.

Zum Rheindamm Der Rhein ist nicht weit, so machen wir einen Abstecher auf der Asphaltstraße nach links zu den Rastbänken direkt am Fluss und verlassen hiermit vorerst den Naturlehrpfad. Die Straße ist zugleich der Jakobsweg, der am Rhein entlang nach Santiago de Compostela verläuft. Vor dem Rheindamm steht am Waldrand rechts ein Fels mit dem eingemeißelten alemannischen Spruch »Nai hämmer gsait«. Ein selbstbewusstes Zeugnis für den erfolgreichen Widerstand der Wyhler gegen ein hier in den 1970er-Jahren geplantes Atomkraftwerk. Den wunderbaren Rheinauewald und den Eisvogel gäbe es hier beinahe nicht mehr. Die Asphaltstraße endet auf dem 4 **Rheindamm**. Neben den allgegenwärtigen Schwänen sind hier auch andere Vögel zu beobachten. Im Winter erregt oft ein Schwarm von lustigen Seidenschwänzen die Aufmerksamkeit. Die wunderschönen Vögel sind hier nur Wintergäste, wenn es in ihrem Brutgebiet in Skandinavien nur ein kleines Nahrungsangebot an Beeren der Eberesche gibt. Das winzige Wintergoldhähnchen fällt durch seine

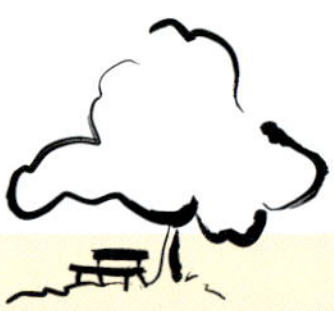

Gießen oder Altrheinarme?

Die Unterscheidung von Altrheinarmen und Gießen ist oft mit einem Blick auf die Karte zu erkennen. Die Gießen sind glasklare nährstoffarme Fließgewässer in den Rheinauen, die nur vom Grundwasser gespeist werden. Das nördlich des Kaiserstuhls befindliche Naturschutzgebiet Taubergießen weist mit dem Wortteil »taub« aus der Fischersprache auf Nährstoffarmut hin. An den Gießen haben sich Tiere und Pflanzen zu einer Symbiose zusammengefunden, die es in Europa kaum mehr gibt. Hier kann man den schillernden Eisvogel entdecken, denn da gibt es Steilufer, in die der Vogel seine Bruthöhle gräbt. Das Elternpaar versorgt bis zu vier Bruten im Jahr. Der Eisvogel ist ein »fliegender Edelstein«. Auch der gelbe Pirol und die unscheinbare, aber nicht zu überhörende Nachtigall sind hier zu Hause, da beide gerne in Gewässernähe brüten.

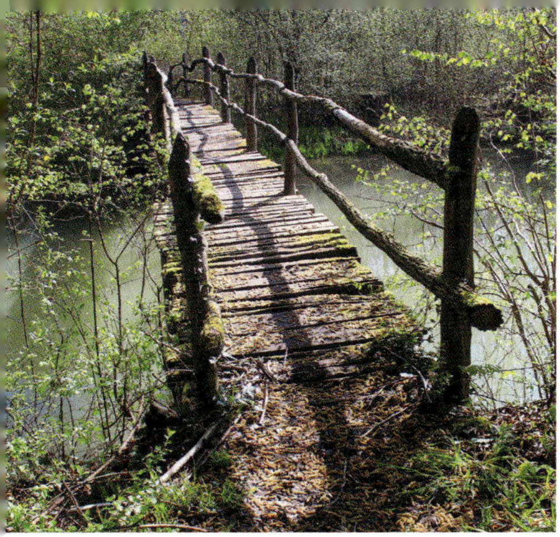

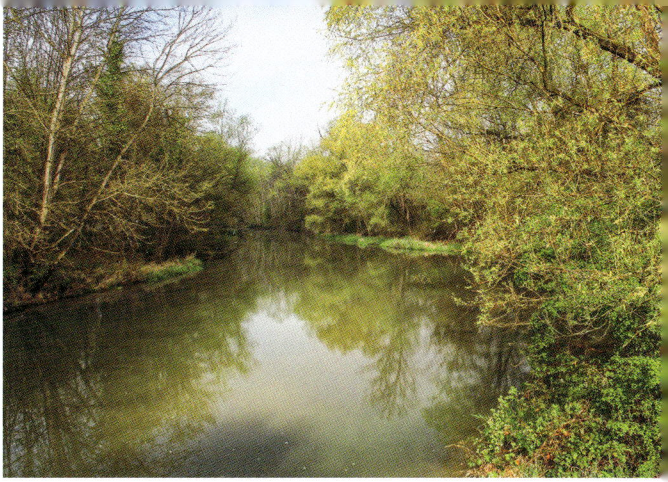

Links: Urtümliche Stege überspannen die Altrheinarme.

Rechts: Manche Altrheinarme haben sich zu stillen Seen verbreitert.

wispernde Stimme in sehr hoher Tonlage auf. Die Tafelenten mit ihrem braunen Kopf geben sich behäbig. Auch der vorbeiziehende Schiffsverkehr lässt keine Langeweile aufkommen.

Zum Grillplatz Nach der Pause müssen wir auf der Asphaltstraße zum großen 3 **Grillplatz** zurückwandern.

Zur Hirschkäfer-Brutburg Jetzt gehen wir an der Informationstafel nach links weiter auf dem ausgeschilderten Naturlehrpfad. Ein Holzsteg führt über einen Seitenarm des Altrheins. An einer T-Kreuzung nach einer Eichenanpflanzung müssen wir rechts, und es geht wieder auf einem Steg über einen Arm des Altrheins. An einer Weggabelung wenden wir uns nach rechts entlang des Gewässers. Schließlich stößt der Naturlehrpfad auf einen Fahrweg, dem wir nach links bis zum schon sichtbaren Hochwasserdamm folgen. Am Damm wenden wir uns nach rechts und steigen nach 50 Metern geradeaus auf die Dammkrone. Auf der anderen Seite des Damms steht eine künstlich angelegte 5 **Hirschkäfer-Brutburg**. Geradeaus würde es auf dem Forstweg zur Wyhler Mühle gehen, an deren Standort schon 1809 die erste Mühle gebaut wurde.

Zum Parkplatz am Mühlbach Wir bleiben jetzt aber auf dem Hochwasserdamm, dessen Verlauf direkt zum E **Parkplatz am Mühlbach** zurückführt.

Genuss vom Bauernhof

Wer Wert auf regionale Erzeugnisse, Frische und Qualität legt, ist in Strudels Hofladen richtig. Der Spargel- und Gemüseanbau, die Obstanlagen und die eigene Brennerei bilden den Haupterwerbszweig des zertifizierten landwirtschaftlichen Familienbetriebs mit Anbauflächen rund um Wyhl. Im Angebot steht eine große Vielfalt an frischem Obst und Gemüse meist aus Eigenanbau, Wurst- und Milchprodukten, Eiern, Käse, Bauernbrot, Marmeladen und hauseigenen Fruchtsäften, fruchtigen Likören und prämierten Edelbränden aus der eigenen Brennerei. Gute Weine der Winzergenossenschaft Sasbach runden das Sortiment ab (Strudels Hofladen, 79369 Wyhl, Sasbacher Straße 39, Tel. 07642/84 44, www.strudels-hofladen.de).

3

Zum strategisch wichtigen Limberg

Geologie und Burgen auf dem Vulkan

Leicht 2:20 Std. 110 Hm 6,9 km

Besonderer Genuss: Einkehr

Tourencharakter
Leichte, vorwiegend sonnige Tour, größtenteils auf befestigten Wegen durch Weinberge und Auwälder

Ausgangs-/Endpunkt
Parkplatz am Friedhof in der Straße Am Damm in Sasbach am Kaiserstuhl
GPS N48°08'24.9" E07°36'46.4"

Anfahrt
Auto Auf der A5 Ausfahrt 59 Riegel und auf der L113 und L104 über Endingen nach Sasbach am Kaiserstuhl
Bahn Von Endingen oder von Breisach nach Sasbach am Kaiserstuhl (www.bahn.de)

Gehzeiten
Parkplatz am Friedhof – Lützelbergkapelle 0:20 Std. – Keltischer Wall 0:25 Std. – Aussichtspavillon 0:15 Std. – Keltischer Wall 0:15 Std. – Ruine Limburg 0:10 Std. – Badesee Sasbach 0:40 Std. – Parkplatz am Friedhof 0:15 Std.

Einkehr in Sasbach
Restaurant Bürgerstube, Hauptstraße 48, Tel. 07642/3367, www.buergerstube-sasbach.de
Gasthaus Biergarten Zur Limburg, Am Rhein 2, Tel. 07642/3393, www.gasthaus-zur-limburg.de

Karten
Kompass 883, 1:25 000

Touristinformation
Hauptstraße 15, 79361 Sasbach am Kaiserstuhl, Tel. 07642/91010, www.sasbach-online.de

Von Sasbach am Rhein führen die Wege über die Lützelbergkapelle zum geschichtsträchtigen Limberg, mit steinzeitlichen, keltischen, römischen und mittelalterlichen Besiedelungsspuren und Burganlagen. Der Limburgit ist eine geologische Besonderheit.

Zur Lützelbergkapelle Vom Parkplatz am Sasbacher **A Friedhof** in der Straße Am Damm starten wir nach Norden entlang der Marckolsheimer Straße (L117). Nach 200 Metern biegen wir rechts in die Limburgstraße ein. Dann nehmen wir links die Straße Im Weingarten unter die Sohlen. Unsere Markierung ist die Muschel des Jakobswegs und die des wissenschaftlichen Lehrpfads Limberg. Nach 50 Metern halten wir uns wieder rechts und gehen nun auf einem kleinen Weg entlang der über 250 Jahre alten Kreuzwegstationen nach oben. Die Bilder sind auf emaillierten Blechplatten gebrannt. An einer Bank bietet der Blick zurück eine schöne Aussicht über Sasbach und den Kai-

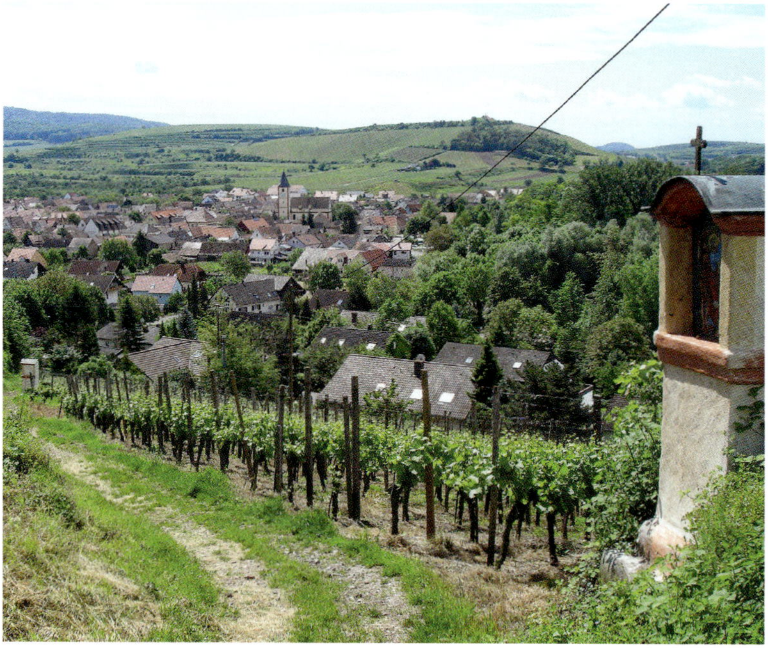

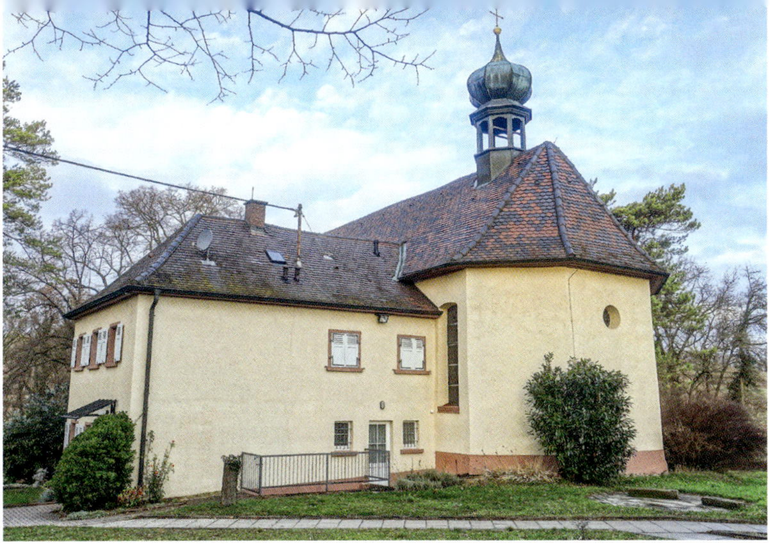

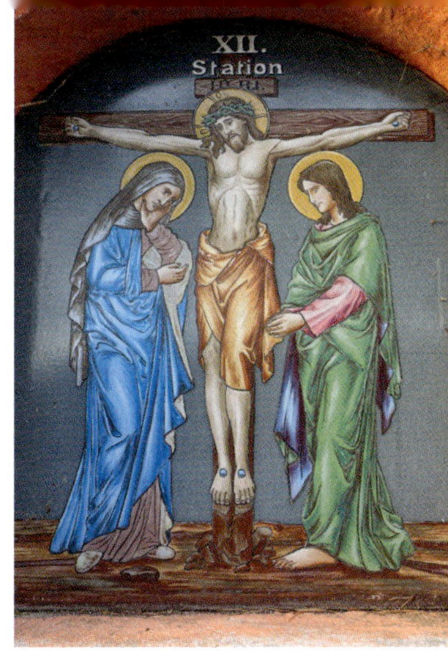

Links: Die jetzige Lützelbergkapelle stammt aus dem Jahr 1752.

Rechts: Die Kreuzwegstationen sind eine Besonderheit aus emaillierten Blechplatten.

serstuhl. Der Weg leitet über den Lavastrom der Hochfläche des Lützelbergs zur Wallfahrtsstätte **1** Lützelbergkapelle aus dem 18. Jahrhundert.

Zum Keltischen Wall Auf der Nordwestseite der Wallfahrtskirche steuert an der 150 Jahre alten Winterlinde eine Treppe in die Rebflächen hinunter. Das anzupeilende Ziel ist die Mauer im Gegenhang mit der großen Schrift der Weinlage Rote Halde. Vor dieser Mauer läuft der Weinbergweg nach rechts aufwärts am Breisgaublick mit Orientierungstafel vorbei. An der später für uns wieder wichtigen Kreuzung Keltenwald ist links weiter

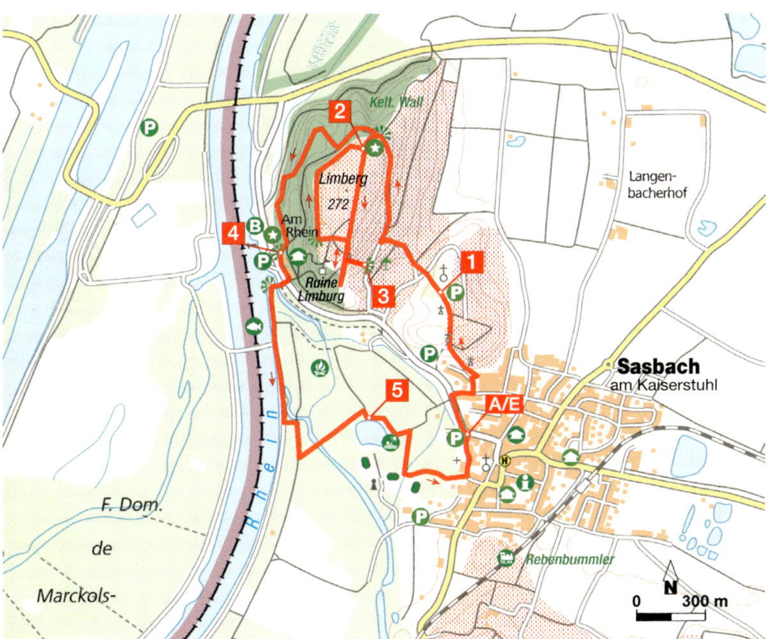

Linke Seite: Vom Lützelberg aus sind Sasbach und der Kaiserstuhl gut zu überblicken.

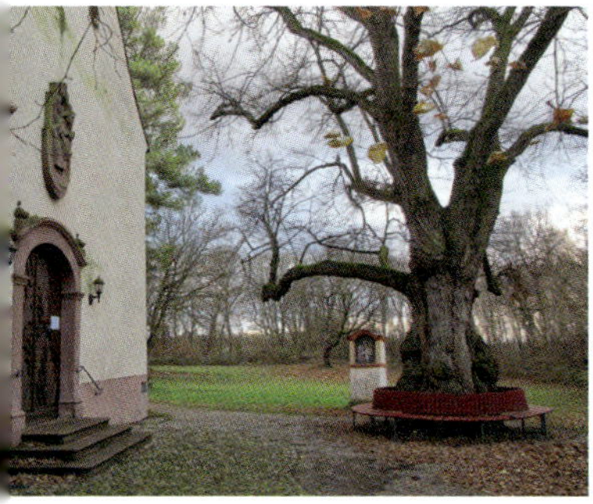

Vor der Lützelbergkapelle steht eine 150 Jahre alte Winterlinde.

oben ein 2 Keltischer Wall zu erkennen. Informationstafeln erläutern die zu allen Zeiten strategisch wichtige Lage des Limbergs. Es gibt auch Siedlungsreste aus der Jungsteinzeit, und zur Zeit des Kaisers Augustus gab es auch ein römisches Lager. Reste einer frühmittelalterlichen Burg und Bunker aus dem Zweiten Weltkrieg belegen dies ebenfalls.

Zum Aussichtspavillon Weiter vom Keltenwall aufwärts zeigt die gelbe Raute einmal nach rechts und einmal nach links, dann geht es wieder leicht abwärts. 350 Meter weiter unten lohnt dann links der Abstecher zum 3 Aussichtspavillon Kaiserstuhlblick. Hier reicht die Sicht vom Schwarzwaldrand über den Kaiserstuhl hinweg bis hinunter zum Blauen bei Badenweiler.

Zum Keltischen Wall Zurück am mittleren Weg stehen 70 Meter weiter links auf einem Felssporn die Reste eines Rundturms, der einst zur ersten frühmittelalterlichen alten Limburg gehörte. Nach dessen Besichtigung folgen wir auf unserem Weg dem Hinweis nach links zur Aussicht Vogesenblick. Über die Staustufe Marckolsheim schauen wir bis in die Vogesen vom Grand Ballon bis zum Mont Saint-Odile. Am Vogesenblick wandern wir rechts immer entlang der Hangkante des Limbergs und kommen genau über den 2 Keltischen Wall zurück zur Kreuzung Keltenwald.

Zur Ruine Limburg Der Wegweiser zeigt links durch den schönen Laubwald hinunter zum Steinbruch Nord. An einer T-Kreuzung im Wald wenden wir uns nach rechts. Der Waldboden ist im Frühjahr bedeckt mit der Großen Sternmiere, dem Quirlblättrigen Zahnwurz und dem Vielblütigen Weißwurz. Fast unten an der Straße liegt auf der linken Seite der Steinbruch Nord. Hier tritt das seltene vulkanische Gestein Limburgit mit Einsprengungen von schwarzem Augit und rostig verwittertem Olivin in zwei voneinander getrennten Lavaströmen zu Tage. Der Name des Gesteins stammt von seinem Vorkommen hier an der Limburg.

Weingenuss

Die Rebflächen in der Sasbacher Gemarkung sind nicht die größten im Kaiserstuhl. Aber die überwiegend angebauten Burgunderweine, besonders von der Weinlage Rote Halde, genießen einen hervorragenden Ruf. Der Sasbacher Winzerkeller ist mit seiner Betriebsgröße eine der kleinsten Kaiserstühler Genossenschaften. Hier werden die Spätburgundertrauben mit dem altbewährten klassischen Gärverfahren gekeltert und in Eichenholzfässern zu Topweinen ausgebaut. Mit ihren Rotweinen zählt der Sasbacher Winzerkeller zu den bekanntesten badischen und deutschen Betrieben. Diese Burgunderweine werden nicht an den Großhandel verkauft. Sie gehen an Privatkunden und an die örtliche Gastronomie. Sasbacher Weine gibt es im Sasbacher Winzerkeller, Jechtinger Straße 26, 79361 Sasbach am Kaiserstuhl, Tel. 07642/903 10, www.sasbacher.de.

100 Meter vor der Straße wandern wir an der Weggabel nach links hinauf in Richtung Ruine Limburg. Unterwegs kommen wir an einem Bunker des Westwalls vorbei. Den gesprengten Bunker haben heute Fledermäuse in Besitz genommen.
60 Meter nach dem Bunker steigen wir rechts durch den Torbogen in die Ruine hinauf. Innerhalb der Anlage geht es geradeaus wieder hinunter zum Rhein. Vorher besuchen wir aber den Aussichtspunkt links oben an der höchsten Stelle der ❹ **Ruine Limburg**. Die Burg geht auf das 13. Jahrhundert als Besitz der Grafen von Habsburg zurück. Noch früher gab es hier schon im 11. Jahrhundert eine Befestigung der Zähringer. Die größten Zerstörungen geschahen aber erst im Zweiten Weltkrieg.

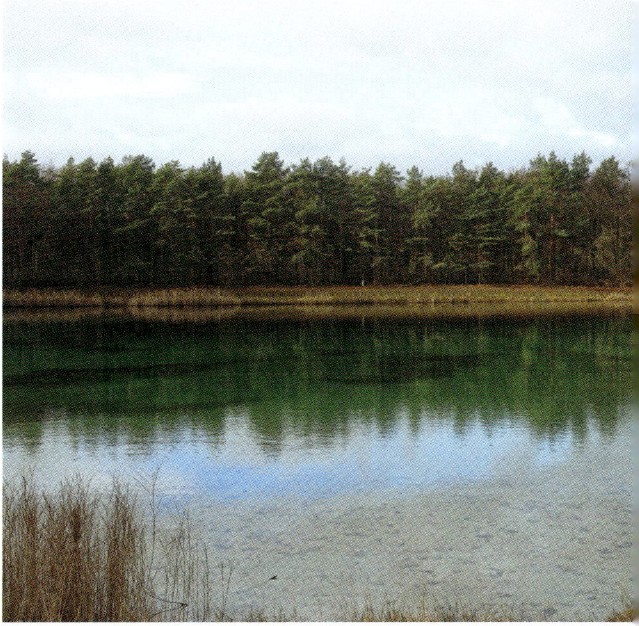

Der Sasbacher Badesee ist frisch und hat klares Wasser.

Zum Badesee Sasbach Auf dem Steig und Treppenweg gehen wir von der Ruine hinunter in Richtung Zollhäusle. Das wird auch weiter unten an einer Wegkreuzung angezeigt und wir halten uns nach rechts hinunter. Das bunt bemalte ehemalige Zollhäusle ist heute eine Informationsstelle des Naturschutzbunds. Unten gehen wir links weiter und erreichen vor dem Biergarten der Gaststätte Zur Limburg rechts nach einer Furt den Leinpfad, auf dem früher Schiffe mit Zugtieren den Rhein heraufgezogen wurden (bei Hochwasser ist die Furt gesperrt. In diesem Fall geht es auf der Straße in Richtung Sasbach und nach 300 Metern rechts auf dem Hochwasserdamm weiter zum Badesee).
Im Normalfall wandern wir auf dem Rheindamm flussaufwärts weiter nach Süden. Am ersten Abzweig, 150 Meter nach einem Zaun, der einen Bach umfasst, laufen wir links in den Auwald hinein und an der T-Kreuzung nach rechts. Nach 130 Metern folgen wir der gelben Raute nach links. Bei einem Hochwasser im Jahr 1999 stand hier im Auwald das Wasser 2 Meter hoch. Nach dem Steg über einen Altarm des Rheins und nach einem Hochwasserdamm erwartet uns der kleine ❺ **Badesee Sasbach**.

Im Holzfasslager der Sasbacher Winzergenossenschaft reifen edle Tropfen.

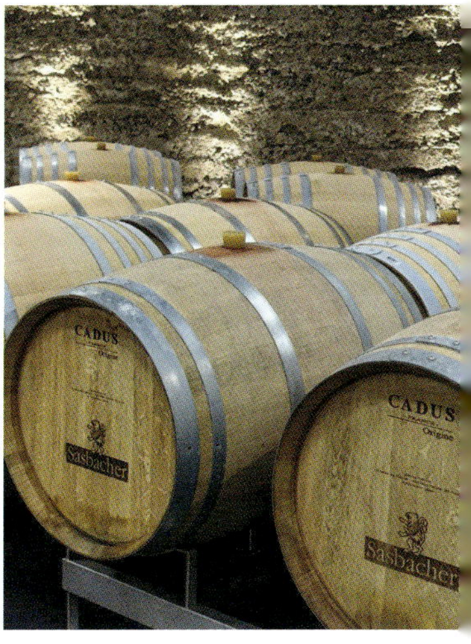

Zum Parkplatz am Friedhof Auf der Ostseite des Badesees führt ein Weg mit gelber Raute in den Wald hinein. Nach 80 Metern folgen wir dem Weg rechts, gehen am Tennisplatz links über die Brücke und links vom Sportplatz geradeaus. Nach dem Festplatz müssen wir links und sind am Parkplatz am Ⓔ **Friedhof** zurück.

4

Burg Sponeck und Burkheim

Herrlich romantisches Städtle

Leicht | 3:00 Std. | 120 Hm | 9,4 km

Besonderer Genuss: Kultur am Wegrand

Tourencharakter
Leichte, vorwiegend sonnige Tour, größtenteils auf Naturwegen durch Weinberge, Wälder und Ortsgebiet

Ausgangs-/Endpunkt
Parkplatz Bündlegasse in Burkheim GPS N48°06'08.8" E07°35'47.7"

Anfahrt
Auto Auf der A5 Ausfahrt 59 Riegel und auf der L113 und L104 nach Burkheim
Bus Mit der Linie 102 von Breisach oder mit der **Bahn** von Endingen oder von Breisach nach Burkheim (www.bahn.de)

Gehzeiten
Parkplatz Bündlegasse – Aussichtspavillon 0:15 Std. – Haberberghütte 0:25 Std. – Burg Sponeck 0:30 Std. – Anglerheim 0:15 Std. – Wegweiser Steingrüngrund 0:50 Std. – Schlossmauer 0:35 Std. – Parkplatz Bündlegasse 0:10 Std.

Einkehr
Schüber's Gutsschenke Zur Scheune, Rossmattenhöfe 1, 79361 Jechtingen, Tel. 07662/6979, www.gutsschenkezurscheune.de
Wein- und Vesperstube Zur alten Schmiede, Mittelstadt 12, 79235 Burkheim, Tel. 07662/949947, www.schmiede-burkheim.de

Karten
Kompass 883, 1:25000

Touristinformation
Bahnhofstraße 20, 79235 Vogtsburg-Oberrotweil, Tel. 07662/94011, www.vogtsburg.de, www.burkheim-touristik.de

Die Wanderung führt durch Reben und Wald zur Burg Sponeck, die in Quellen als »Asyl der Ausschweifung und der Sittenverderbnis« genannt ist. Wir kommen vorbei am Burkheimer Badesee und durch den artenreichen Urwald im Rappennestgießen.

Zum Aussichtspavillon Vom Parkplatz am Ende der **A Bündlegasse** in Burkheim starten wir nach Westen aufwärts in Richtung des schon sichtbaren Aussichtspavillons. An einem Abzweig halten wir uns links abwärts, und an der nächsten Gabelung gehen wir rechts durch die Weinlage Rheinhalde aufwärts. Vom **1 Aussichtspavillon** streift der Blick über Burkheim zu den höchsten Erhebungen des Kaiserstuhls bis zum Schwarzwald.

Zur Haberberghütte Vom Aussichtspavillon gehen wir nun auf dem gepflasterten Weg nach Norden und an der Kreuzung rechts in Richtung Burkheim hinunter, aber schon nach 60 Metern links an dem Feldkreuz in dem Hohlweg aufwärts. Am Ende des Wegs biegen wir nach rechts ab und wandern dann auf dem asphaltierten Weinbergsträßchen links hinauf. Rechter Hand liegen nun die Weindörfer Oberrotweil (Tour 6) und Niederrotweil (Tour 13) rechts vom Totenkopf. Weiter oben ist dann auch Bischoffingen (Tour 5) in den sonnigen Tälern des Kaiserstuhls zu sehen. Ein Blick zurück nach Süden zeigt den Rhein bis Breisach (Tour 12).
Ganz oben am Waldrand laufen wir an der T-Kreuzung nach links und dann gleich wieder nach rechts in den Wald hinein in Richtung Jechtingen. An der **2 Haberberghütte** erschließt sich die Aussicht nach Norden über den Limberg und über Jechtingen bis zum Straßburger Münster.

Zur Burg Sponeck Von der Haberberghütte folgen wir dem Wegweiser zur Burg Sponeck am Beginn der Wiese nach links und nochmals nach links in den Wald hinein. Später geht es neben Reben in einem Hohlweg abwärts. An einer Weggabel müssen wir rechts in Richtung Burg Sponeck hinunter. An einer Rebfläche bleiben wir geradeaus und wandern nach 50 Metern zwischen den Reben nach links und geradeaus in den Wald hinein. An einem eisernen Feldkreuz und zwei Bänken bleiben wir geradeaus und gehen an einer Gabelung links hinab. An der Kreuzung mit dem Namen Humberg bleiben wir geradeaus und kommen zu einer Informationstafel an der ❸ **Burg Sponeck**. Hier können wir die Reste eines römischen Grenzkastells im Garten der privaten Burg überschauen.

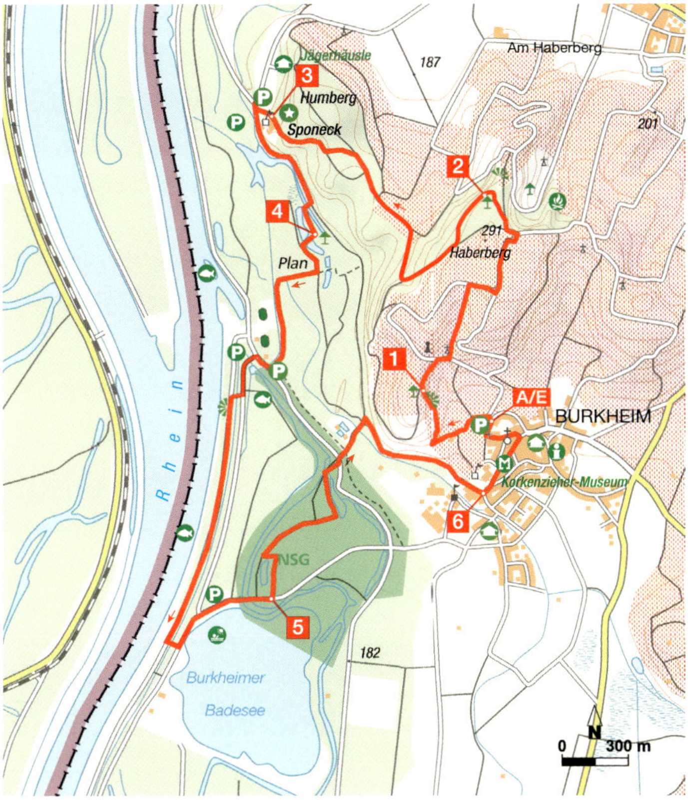

Vor der Rheinregulierung im 19. Jahrhundert grenzte die Burg direkt an den Rhein. Schon zu spätrömischer Zeit stand hier ein Kastell, denn von hier aus konnte der wichtigste Rheinübergang zwischen Basel und Straßburg gesichert werden. Die Burg Sponeck wurde im 14. Jahrhundert erbaut. Im Dreißigjährigen Krieg verkam sie zur Ruine. 1791 pachtete der Burkheimer Adlerwirt das Sponecker Schlossgut und richtete in der Ruine ein Schankhaus ein, das in schriftlichen Quellen als »Asyl der Ausschweifung und der Sittenverderbnis« bezeichnet wird.

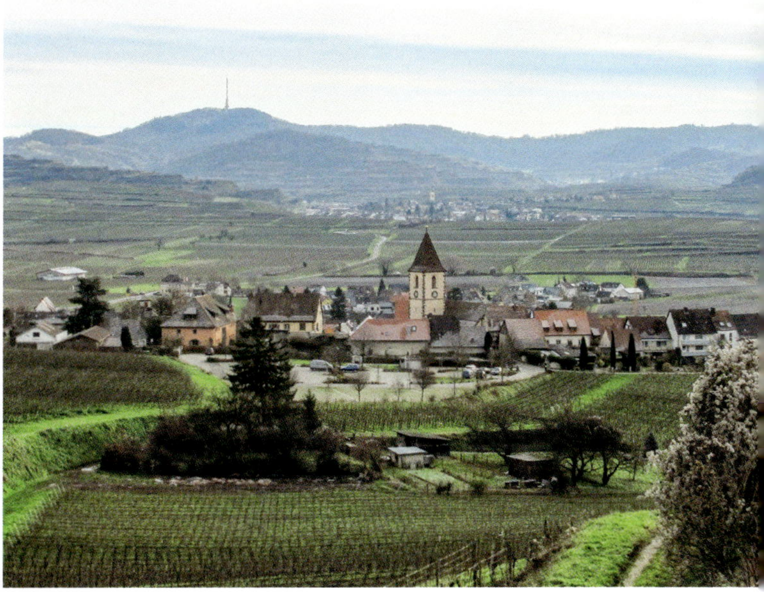

Blick vom Aussichtspavillon über Burkheim zum Totenkopf

Zum Anglerheim An der Burg entlang geht es abwärts auf eine Kreuzung zu, an der für uns ein Wegweiser nach links Richtung Burkheim zeigt. Rechts erstreckt sich der feuchtwarme Dschungel des Rheinauewalds mit einem blaugrünen Altwasser, das den Namen Blauwasser trägt. Nach 500 Metern weist ein Wegweiser in Richtung Rheinstadion nach rechts, einen steilen Pfad mit Geländer abwärts über einen Steg und nach links

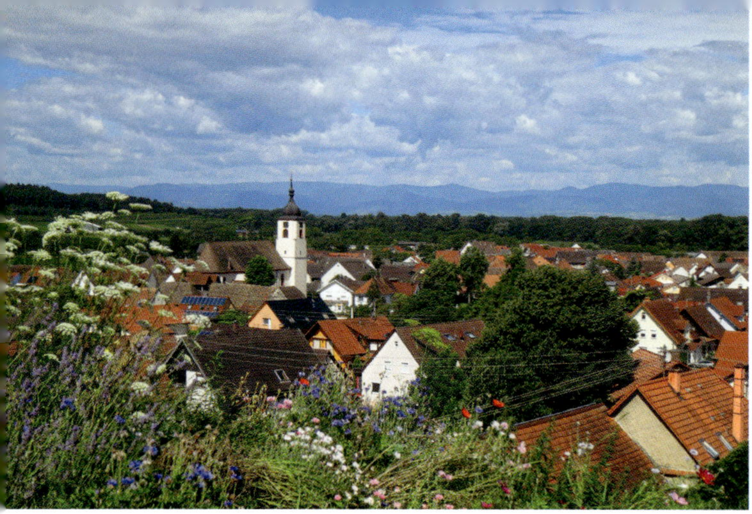

zum ❹ Anglerheim an einigen Fischteichen.

Zum Wegweiser Steingrüngrund

Vor dem Anglerheim geht es rechts auf einem Damm zwischen zwei Teichen weiter und vor dem Kiefernwäldchen nach links und an der Kreuzung nach rechts in Richtung Badesee Burkheim. An der T-Kreuzung nach den Sportplätzen wenden wir uns rechts über die Brücke und nach 70 Metern links wieder Richtung Badesee Burkheim. Vor einem Gartentor leiten uns rechts ein Eisensteg und die Treppe hinauf auf den Rheindamm zu einem kleinen Bootshafen. Nach links bleiben wir nun für einen Kilometer auf dem Rheindamm. Bald schillert der Burkheimer Badesee durch die Bäume, und eine Treppe führt beim Flusskilometer 233,4 links den Damm hinab und über einen Eisensteg. Auf der Asphaltstraße vor dem See schlendern wir nach links entlang mehrerer einladender Badestellen mit Liegewiese. Weiter auf der Straße erreichen wir 80 Meter nach einer Brücke mit grünem Geländer den ❺ Wegweiser Steingrüngrund.

Von den Kaiserstühler Weindörfern reicht die Sicht bis zu den Vogesen.

Rechte Seite, links: Wanderer machen Rast im Garten der Burg Sponeck.

Rechte Seite, rechts: Im einladenden Mittelstädtle Burkheim

Zur Schlossmauer Hier wandern wir nach links auf einem versteckten, kleinen Pfad Richtung Steingrüngrund durch den artenreichen Urwald Rappennestgießen. Wer sich ruhig verhält, kann hier allerlei Wasservögel beobachten. An der Kläranlage Burkheim erreicht der Wildnispfad wieder die Zivilisation. Der Burkheimer Künstler »Spätbur-Günter« stellt hier seine skurrilen Schrottfiguren aus. Die Wegweiser zeigen nach Burkheim an der Kläranlage vorbei und hinter der Brücke nach rechts entlang eines alten Phonolith-Steinbruchs. In Burkheim stoßen wir auf die Kreuzung unterhalb der ❻ Schlossmauer. Gerade über die Steinbrücke und dann rechts könnten wir einen Abstecher zum 130 Meter entfernten Burkheimer Kräuterhof machen (www.herbal-farm.com).

Das Burkheimer Schloss wurde in den Bauernkriegen zerstört.

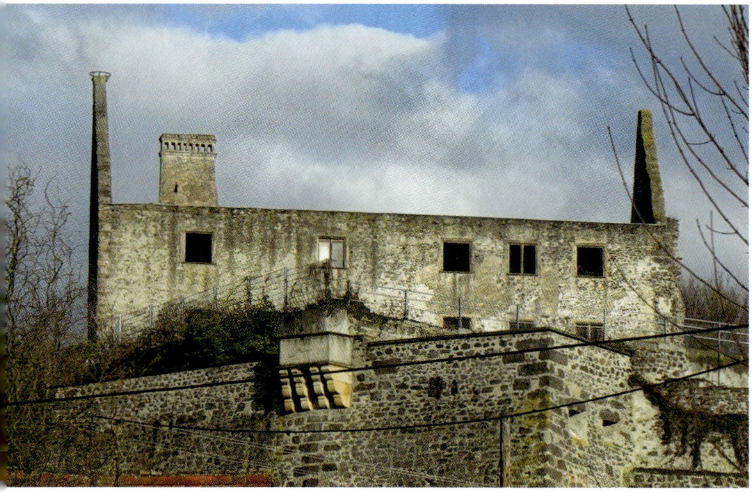

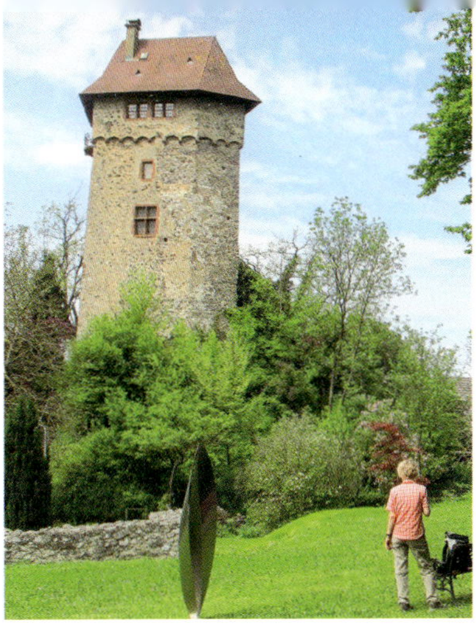

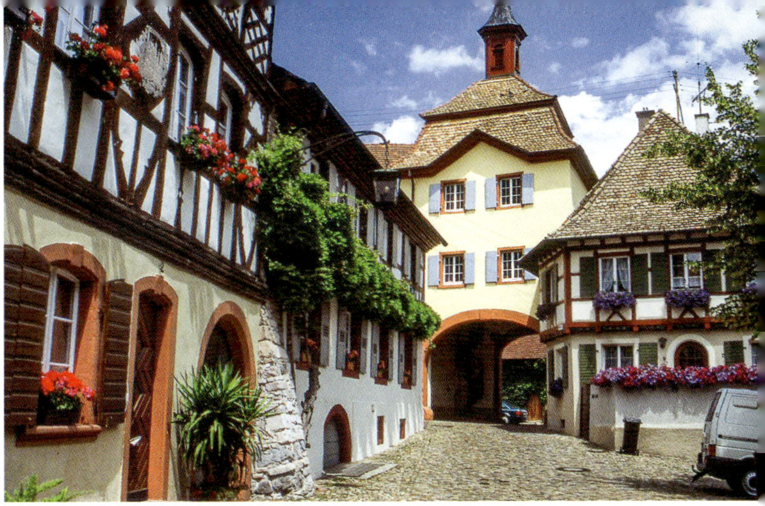

Zum Parkplatz Bündlegasse Unsere Wanderung führt aber vor der Brücke links auf der Lazarus-von-Schwendi-Straße in die historische Mittelstadt hinauf. Auf der linken Seite steht die Ruine des Burkheimer Schlosses, das im 13. Jahrhundert erbaut wurde. Lazarus von Schwendi ließ die Burg ab 1561 noch zu einem Renaissanceschloss ausbauen, welches aber in den Bauernkriegen zerstört wurde. Am Kaiserstuhlshop mit dem kuriosen Korkenziehermuseum öffnet sich der Blick auf das bezaubernde mittelalterliche Städtchen. Herrliche Fachwerkhäuser, spätgotische und barocke Bauten und das Renaissancerathaus prägen das Stadtbild. Der Brunnen und die Lindenbäume vervollständigen das Idyll. Die Stadterhebung Burkheims erfolgte bereits 1348. Heute gehört Burkheim zur Großgemeinde Vogtsburg.

Vor dem mittelalterlichen Stadttor zweigt nach links oben die Straße Am Kirchberg ab. Die Kirche Sankt Pankratius besitzt im Turm ein herrliches Netzgewölbe. Nach der Kirche weist im Oberstädtle geradeaus ein Schild zum Parkplatz am Ende der E **Bündlegasse**.

Korkenziehervielfalt

Seit über 350 Jahren werden Flaschen mit Korken verschlossen. Und genau seit dieser Zeit macht man sich auch Gedanken, wie man sie elegant wieder aus dem Flaschenhals herausbekommt. Mit viel Fantasie und Erfindungsgabe sind dabei unglaubliche Korkenzieher entstanden: figürliche, mechanische, erotische, königliche, aber auch ganz einfache und schlichte Modelle. Über 3000 Patente weltweit lassen die Vielfalt der Systeme erahnen.

Etwa so alt wie der Korkenzieher ist auch das Haus, in dem das kleine Korkenziehermuseum in Burkheim eine Heimat gefunden hat. Das Korkenziehermuseum im Obergeschoss eines schicken Ladens mit modernen Korkenziehern und Designerprodukten ist Deutschlands erstes Museum dieser Art. Das Museum verfügt über 1000 Exponate aus einer langen Geschichte rund um das Öffnen von Weinflaschen. Die Ausstellung zeigt auch eine vergnügliche Peepshow erotischer Korkenzieher (Korkenziehermuseum im Kaiserstuhlshop, Mittelstadt 18, 79235 Burkheim, Tel. 07662/1894, Eintritt frei, www.korkenzieher.de).

5

Panoramaweg um Bischoffingen

Ausflug in die Ur- und Frühgeschichte

Leicht | 2:20 Std. | 160 Hm | 6,6 km

Besonderer Genuss: Einkehr

Tourencharakter
Leichte, vorwiegend sonnige Tour, auf Natur- und Asphaltwegen durch Weinberge und Ortsgebiet

Ausgangs-/Endpunkt
Parkplatz am Amtshofplatz in Bischoffingen
GPS N48°06'09.8" E07°37'38.3"

Anfahrt
Auto Auf der A 5 Ausfahrt 59 Riegel und auf der L 113 und L 105 nach Bischoffingen
Bus Mit der Linie 295 von Freiburg (www.bahn.de) oder mit der **Kaiserstuhlbahn** von Endingen oder von Breisach nach Bischoffingen (www.sweg.de)

Gehzeiten
Amthofplatz – Wasserbehälter
0:25 Std. – Pavillon Vogesenblick
0:10 Std. – Maiengrundhütte
0:30 Std. – Picknickplatz Mittelberg
0:30 Std. – Pavillon Mondhalde
0:10 Std. – Picknickplatz Mittelberg
0:05 Std. – Amthofplatz 0:30 Std.

Einkehr in Bischoffingen
Landgasthof Steinbuck Stube, Talstraße 2, Tel. 07662/91 12 10, www.steinbuck-stube.de
Café Coretta, Dorfstraße 17

Karten
Kompass 883, 1:25 000

Touristinformation
Steinbuckstraße 2, 79235 Bischoffingen, Tel. 07662/94 79 91, www.bischoffingen-touristik.de

Hinweis
Eine Wanderung für den Abend, um auf der Mondhalde den Sonnenuntergang zu erleben

Bischoffingen liegt in einem geschützten Tal von Weinbergen umgeben. Schon vor 5000 Jahren schien diese günstige Lage für eine Siedlung wie geschaffen. Der Pavillon auf der Mondhalde bietet eines der schönsten Panoramen im Kaiserstuhl.

Zum Wasserbehälter Vom Ⓐ Amthofplatz gehen wir auf der Dorfstraße nach Norden in den Ort hinein am Café Coretta, am Dorflädele und am schönen Dorfbrunnen vorbei. An der Kreuzung mit dem Rathaus schlüpfen wir rechts des Restaurants Steinbuck Stube durch den Torbogen zur Kirche hindurch, die mit ihrem stämmigen Turm im 14. Jahrhundert als Wehrkirche angelegt wurde. Der Chor der Kirche ist mit Fresken aus dem 15. Jahrhundert ausgeschmückt.
Nördlich der Kirche wandern wir nach dem Kirchhof nach rechts auf der Straße Am Pfarrgarten weiter und biegen dann nach links in den Hüttenbergweg. Links vom Friedhof folgen wir den Wegweisern Panoramaweg und Weinlehrpfad in die Weinberge hinauf und bleiben an einer Kreuzung auf dem Hüttenbergweg

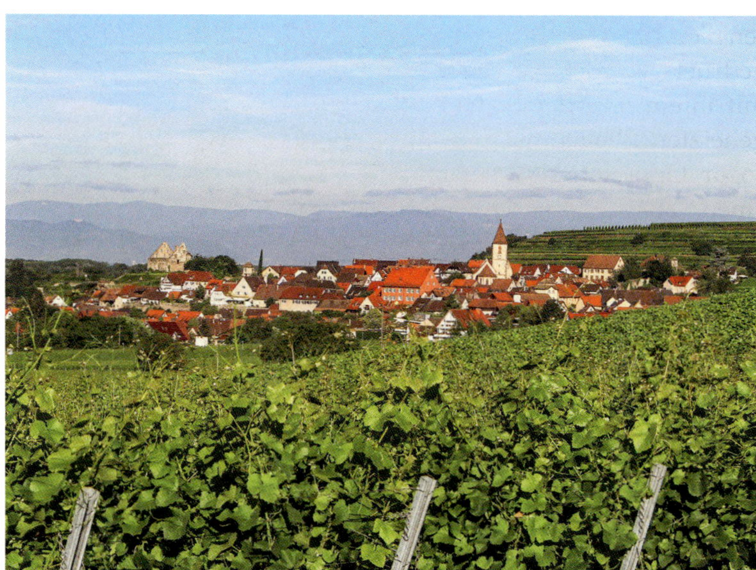

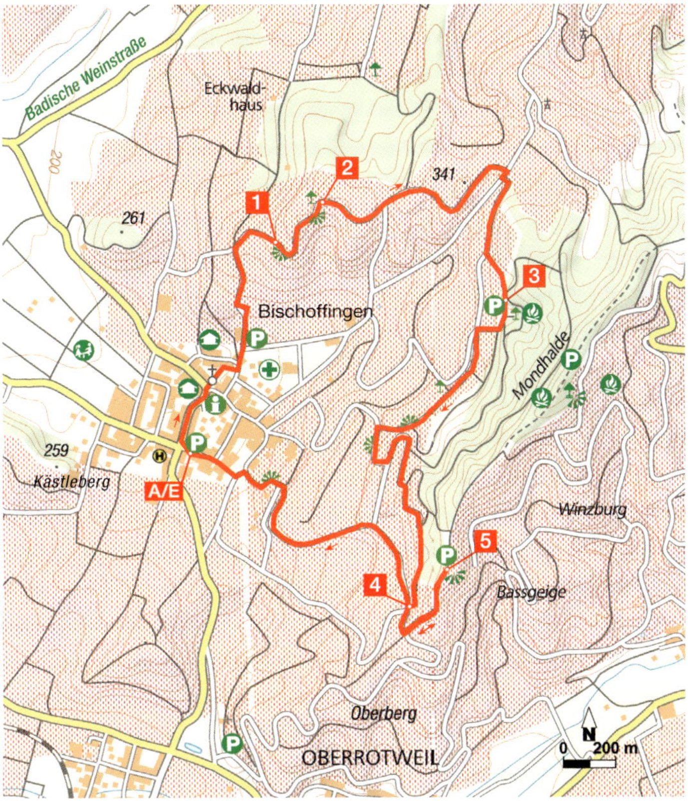

geradeaus. Weiter oben schauen wir links nach Burkheim (Tour 4), auf den wie mit einer Mütze bedeckten bewaldeten Enselberg vor dem Haberberg (Tour 4) und weiter rechts auf den Weinort Jechtingen. Rechts davon ist der Limberg zu erkennen (Tour 3). Im Hintergrund steht über dem Rhein der Vogesenhauptkamm fast in seiner gesamten Breite.

Wir steigen weiter hoch auf dem Weinlehrpfad und erreichen den ❶ **Wasserbehälter** in der Weinlage Rosenkranz. Hier liegt uns Bischoffingen zu Füßen, und ein Picknickplatz lädt zur ersten Rast.

Zum Pavillon Vogesenblick 150 Meter nach dem Wasserbehälter wandern wir an der T-Kreuzung links die Seubertgasse hinauf auf den Seubertbuck. Bevor wir zum Pavillon Vogesenblick hochsteigen, betrachten wir das freiliegende Gestein am Fuß des Felsens etwas näher. Es ist vulkanische Lava, die im Tertiär vor etwa 20 Millionen Jahren hier, 1000 °C heiß, nach oben gedrückt wurde. Die Felswand mit ihrem von der Sonne aufgeheizten Kleinklima gewährt sogar Opuntien (Wildkakteen) einen angenehmen Standort. Auf dem Felsen steht der ❷ **Pavillon Vogesenblick** mit dem Picknicktisch. Der Aussichtspunkt macht seinem Namen alle Ehre.

Linke Seite: Burkheim liegt wunderbar eingebettet in den Reben.

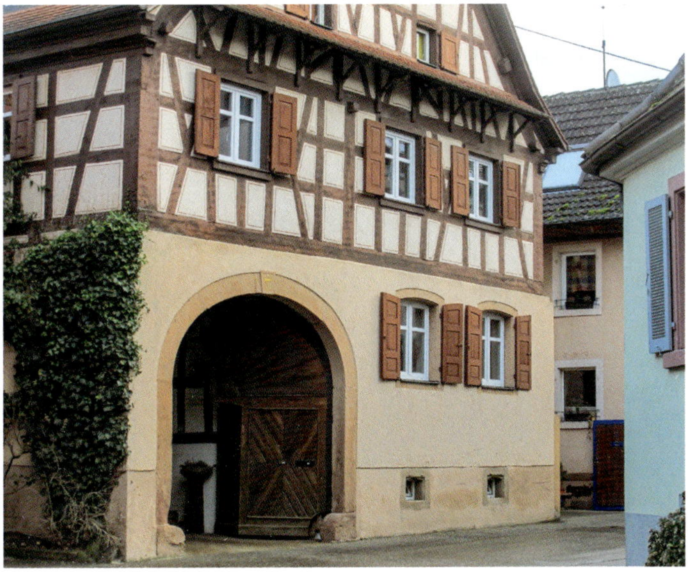

Altes Weingut in Bischoffingen

Zur Maiengrundhütte Auf dem Asphaltsträßchen steigen wir höher, weiter oben an einer Streuobstwiese sowie an einem Waldrand entlang und dann

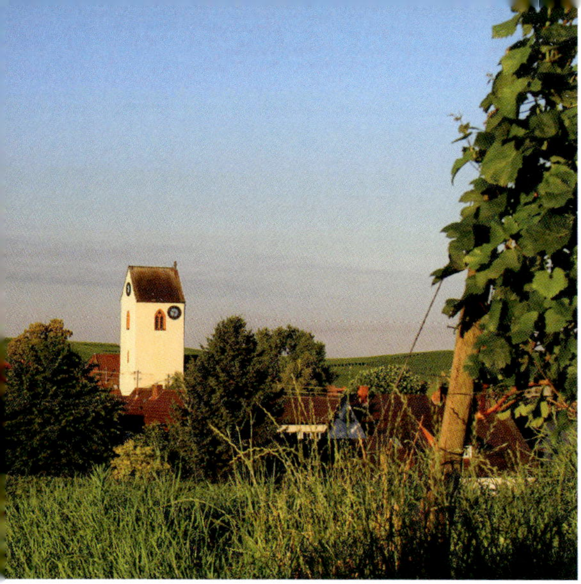

Die Wehrkirche in Bischoffingen ist wegen ihrer Fresken aus dem 15. Jahrhundert sehenswert.

nach rechts auf nun fast ebenem Weg. An der T-Kreuzung mit dem Namen der Weinlage Bischoffinger Spielberg spazieren wir rechts und an der Kreuzung mit dem Namen Hundshalde wieder rechts, nun abwärts. Nach nur zehn Metern richten wir uns nach links in Richtung Maiengrundhütte aus. An einer Weggabelung vor den Reben laufen wir links auf dem Wiesenweg zwischen Hangsohle und Rebenfläche und kommen zur links auf der oberen Terrasse stehenden 3 **Maiengrundhütte**.

Zum Picknickplatz Mittelberg An der Kreuzung nach der Maiengrundhütte gehen wir rechts und dann links an der Hangkante weiter. Rechts gibt es fantastische Ausblicke über Bischoffingen bis in die Vogesen. Bischoffingen ist ein typischer Kaiserstühler Weinort, der erstmals im Jahr 1010 urkundlich unter dem Namen »Piscofigin« in einer Schenkungsurkunde erwähnt wurde. Seinen heutigen Namen hat der Ort weil er vor 1000 Jahren durch Kaiser Heinrich II. dem Bischof von Basel als Geschenk übertragen wurde. Später war Bischoffingen dann Eigentum des Hauses Baden-Hachberg. Die geschützte Lage Bischoffingens gehört zu den ältesten Siedlungsgebieten im Kaiserstuhl. Es gibt Funde aus der Jungstein- und Merowingerzeit. In der Festhalle von Bischoffingen ist ein Mammutzahn von 3,30 Metern Länge ausgestellt, der auf ein Alter von 20 000 bis 40 000 Jahren geschätzt wird.
Nach einem abwärts geneigten Wegabschnitt müssen wir an der T-Kreuzung nach links aufwärts. An der folgenden T-Kreuzung vor einem hohen Hang wandern wir rechts hinauf und bleiben an der Kreuzung Langrain geradeaus. An einer weiteren T-Kreuzung vor einem Hang müssen wir wieder rechts und kommen schließlich zu einer Kreuzung mit dem 4 **Picknickplatz Mittelberg**.

Warten auf den Sonnenuntergang am Pavillon Mondhalde

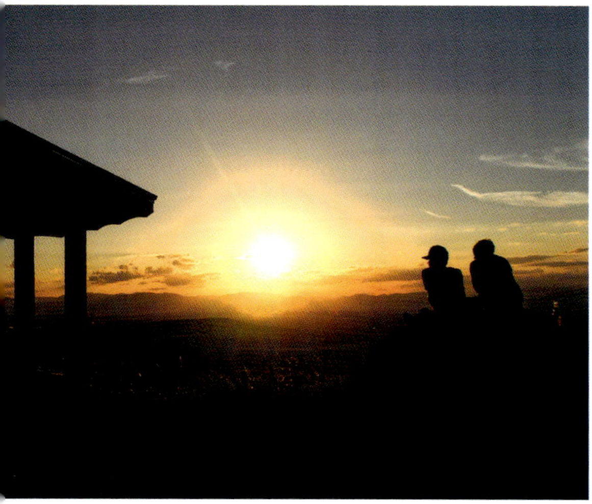

Zum Pavillon Mondhalde Hier steigen wir noch geradeaus den 300 Meter weiten Abstecher hinauf zum 5 **Pavillon Mondhalde**. Eine geniale Aussichtskanzel mit fast grenzenloser Rundumsicht. Rhein, Breisach, Vogesen und umliegende Kaiserstuhlorte, Totenkopf und der ganze halbrunde Kaiserstuhlhauptkamm über den Orten Oberbergen und Oberrotweil liegen vor uns. Es sieht aus wie eine vulkanische Caldera,

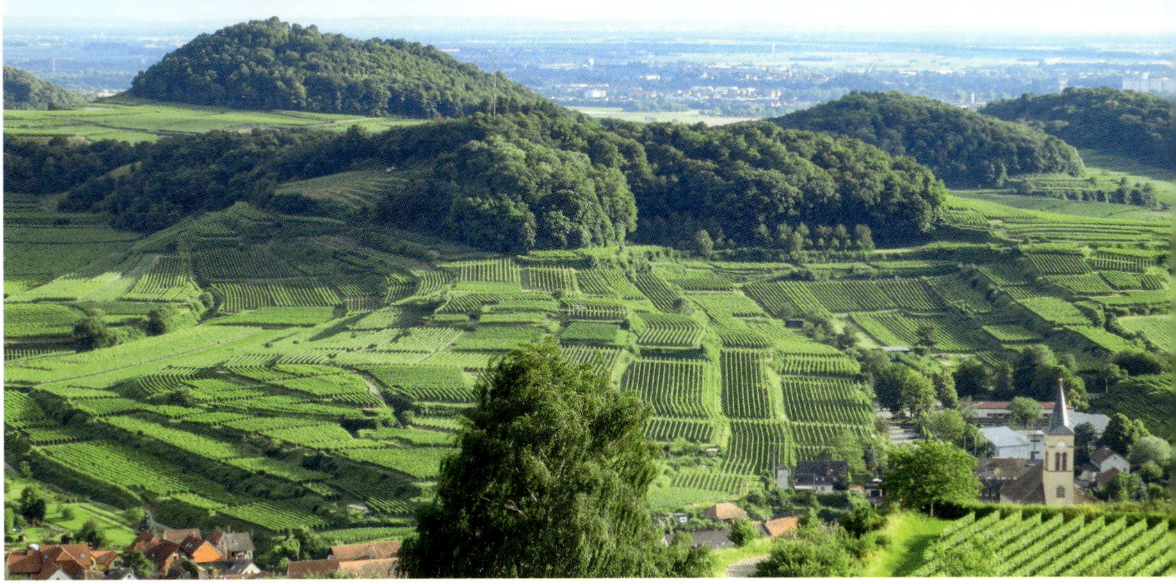

Blick vom Pavillon Mondhalde über Oberrotweil bis Breisach

ist es aber nicht. Der hufeisenförmige Kamm des Kaiserstuhls ist nur der erodierte Rest einer Vulkanruine mit einigen verwitterten Lavaströmen. Später wurde das ganze Kaiserstuhlgebiet von einer bis zu 50 Meter dicken Lössschicht überdeckt. Einen direkten großen Vulkankrater gibt es im Kaiserstuhl nicht. Hier oben am Pavillon Mondhalde ist der richtige Picknickplatz für Genießer. Der Sonnenuntergang auf der Mondhalde ist ein Erlebnis. Selbst Einheimische kommen an schönen Sommerabenden mit einer Flasche Wein hier herauf und schauen mit einem Glas in der Hand in die untergehende Sonne.

Zum Amthofplatz Dann geht es wieder die 300 Meter hinunter, am 4 **Picknickplatz Mittelberg** jetzt geradeaus abwärts an einem markanten dreieckigen Picknicktisch vorbei, durch Weinberge nach Bischoffingen hinab. Auf der starken Lössschicht und teilweise anstehendem Vulkangestein wachsen und reifen hier ganz besonders gut Spätburgunder, Grauer Burgunder, Weißer Burgunder und Chardonnay zu besonderen Spezialitäten heran.
Unten im Dorf, kurz vor der Winzerschenke Rieflin, gehen wir links und nach zehn Metern rechts in der Amthofstraße in Richtung Bahnhof bis zum E **Amthofplatz** zurück.

Genuss in der Gutsschenke

Die Betreiber der Gutsschenke Rieflin in Bischoffingen schenken in ihrem netten Innenhof und im gemütlichen Trotthisli ihre eigenen Weine von verschiedenen Lagen aus. Von der überdachten Terrasse streift der Blick bis in die Vogesen. Der Genuss für den Gaumen vereinigt sich mit dem Genuss für die Augen. Zu den Weinen gibt es Kaiserstühler Gerichte und saisonale Spezialitäten. Erwähnenswert ist der hausgemachte Flammkuchen in Variationen und das badische Schäufele. Im Frühjahr gibt es zusätzlich verschiedene Spargelgerichte und im Herbst Zwiebelkuchen und Speisen mit Pfifferlingen. Kinder finden im Innenhof einen Platz zum Spielen (Gutsschenke Rieflin, Kaiserstuhlstraße 8, 79235 Bischoffingen, Tel. 07662/544, www.rieflin.de).

6

Oberbergener Rundblick

In der Weinlage Bassgeige

Leicht | 2:50 Std. | 210 Hm | 8,3 km

Besonderer Genuss: Einkehr

Tourencharakter
Leichte, vorwiegend sonnige Tour, meist auf befestigten Wegen durch Weinberge, Wald und Ortsgebiet

Ausgangs-/Endpunkt
Parkplatz Schule Oberbergen
GPS N48°05'49.0" E07°39'35.3"

Anfahrt
Auto Auf der A 5 Ausfahrt 59 Riegel und auf der L 116 über Bahlingen nach Oberbergen
Bus Mit der Linie 104 von Breisach nach Oberbergen (www.bahn.de)

Gehzeiten
Parkplatz Schule Oberbergen – Dreschschopf 0:20 Std. – Parkplatz Kiechlinsberger Eck 0:50 Std. – Wanderhütte Bassgeige 0:25 Std. – Pavillon Mondhalde 0:20 Std. – Brunnen 0:40 Std. – Parkplatz Schule Oberbergen 0:15 Std.

Einkehr
Vogelstrauße Oberbergen, Ruländerweg 7A, 79235 Oberbergen, Tel. 07662/80271, www.weingut-vogel.com
Weinstube Mondhalde, Furtmatten 18, 79235 Oberbergen, Tel. 07662/9499002
Gasthof Neun Linden, Hauptstraße 65, 79235 Oberrotweil, Tel. 07662/80202, www.neun-linden.de
Gaststätte Bären, Hauptstraße 4, 79235 Oberrotweil, Tel. 07662/289, www.baeren-oberrotweil.de

Karten
Kompass 883, 1:25 000

Touristinformation
Bahnhofstraße 20, 79235 Vogtsburg-Oberrotweil, Tel. 07662/94011, www.vogtsburg.de

Die Weinlage Bassgeige ist weithin bekannt für ihre gehaltvollen Burgunderweine. Der Name kommt von der Form der Weinberge, die an eine Bassgeige erinnern. Das Panorama vom Texaspass über die Weinlage Bassgeige ist außergewöhnlich schön.

Zum Dreschschopf Vom Parkplatz an der **Ⓐ Schule Oberbergen** beginnen wir die Wanderung auf dem Gehweg zwischen den Häusern und über die Wiese in nördliche Richtung mit der Markierung gelbe Raute zur querenden Straße Am Langeneck. Dort steigen wir den Pfad rechts hinauf in Richtung Kähner. An der Wegkreuzung wandern wir in spitzem Winkel nach links auf leicht abfallendem Weg in Richtung Kiechlinsberger Eck. Das gesamte Weindorf Oberbergen liegt uns hier zu Füßen und wir können über die Rheinebene bis in die Vogesen schauen. Der Blick nach Osten zeigt den Badberg (Tour 18), die Eichelspitze (Tour 19), den Totenkopf mit dem Sendemast (Tour 16) und im

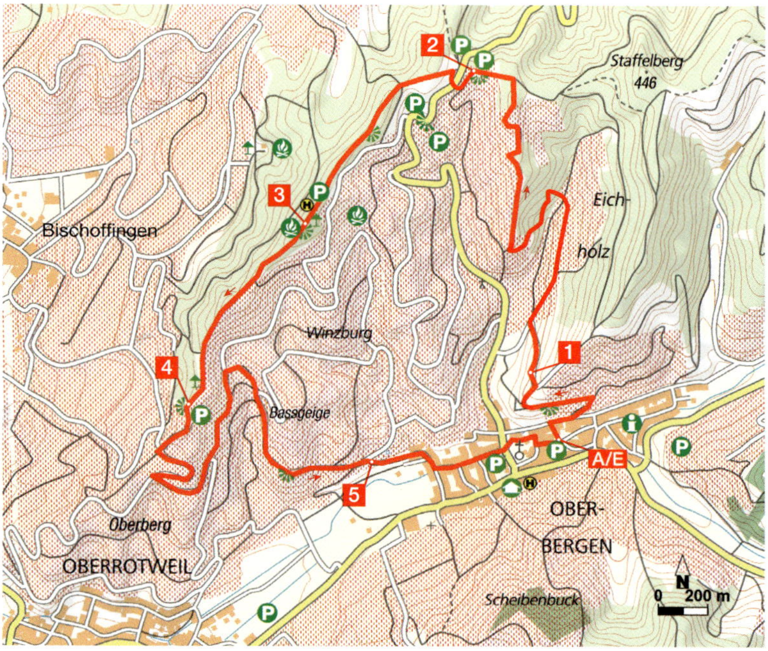

Hintergrund den Schwarzwald. In einem Bogen führt der Weg in das Tal, in dem auch die Ortsverbindungsstraße K 4922 auf das Kiechlinsberger Eck und nach Kiechlinsbergen hinüber verläuft. An der Wegkreuzung mit dem Namen Walterlestor müssen wir links und kommen zum 1 **Dreschschopf**.

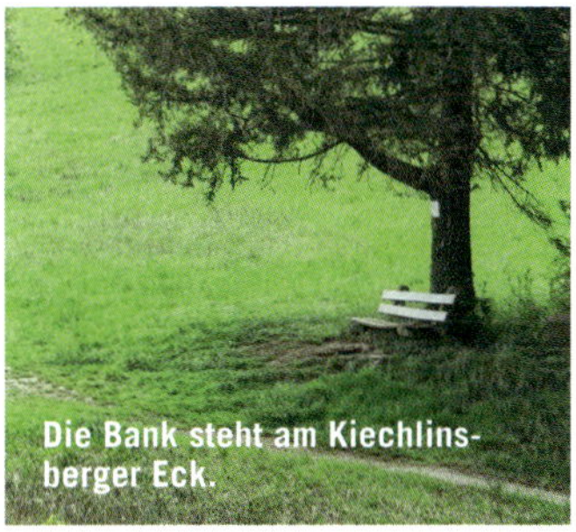

Die Bank steht am Kiechlinsberger Eck.

Zum Parkplatz Kiechlinsberger Eck Wir bleiben geradeaus in Richtung Bärmannsbank nun aufwärts. An einer Weggabel nehmen wir die linke Spur mit der Markierung gelbe Raute in ein Wiesental hinein. An einigen Abzweigen bleiben wir immer unten auf der Wiese entlang des rechten Hangs. An der Gabelung Eichholz im Wald steigen wir links hinauf in Richtung Kiechlinsberger Eck. An zwei Gabelungen wählen wir jeweils die rechte aufwärtsführende Fahrspur. Wieder in den Weinbergen steigen wir an einer T-Kreuzung auf dem Asphaltsträßchen rechts hinauf. Im Wald wandern wir an der T-Kreuzung der Hohlwege nach links und erreichen den Parkplatz auf dem 2 **Kiechlinsberger Eck**. Die Aussicht über die zauberhafte Landschaft der terrassierten Weinberge und die Hügel des Kaiserstuhls ist hier oben besonders schön. Unten liegt verträumt das Winzerdorf Oberbergen.

Zur Wanderhütte Bassgeige An der Einfahrt zum Parkplatz überqueren wir die Straße K 4922 und steigen auf dem Pfad mit Geländer auf der anderen Seite den Hang hinauf. An der Bank vor dem Feldkreuz laufen wir nun links entlang den Reben auf dem Wiesenweg in Richtung Wanderhütte Bassgeige aufwärts. Wieder im Wald, wenden wir uns an einer Weggabelung nach links auf den ebenen Weg in Richtung Wanderhütte Bassgeige. Die 3 **Wanderhütte Bassgeige** ist ein guter Rastplatz mit offener Überdachung und guter Aussicht über die Weinlage Bassgeige. Diese Weinlage ist mit 280 Hektar eine der größten Einzellagen im Kaiserstuhl. Betrachtet man die Form der Weinberge mit etwas Fan-

Bassgeige – Genuss für die Sinne

Oberbergen wird mit Recht das Herz des Kaiserstuhls genannt. Wer Oberbergen sagt, meint auch die Weinlage Bassgeige. Sie ist es vorrangig, die den Wein- und Ferienort weit über die Grenzen Badens hinaus bekannt gemacht hat. Bereits im Jahr 972 wurde Oberbergen in einer Urkunde von Kaiser Otto II. erwähnt, während weinbauliche Datierungen bis ins Jahr 1296 zurückreichen. Die Winzergenossenschaft Oberbergen wurde 1924 von über 40 Winzern gegründet. Heute zählt die Winzergenossenschaft mit über 400 Mitgliedern und 350 Hektar Rebfläche zu den bedeutenden Winzergenossenschaften in Baden. Neben den bekannten Burgunderweinen heben die Winzer in den letzten Jahren besonders die Chardonnayrebe in den Vordergrund. Der aus dem Burgund stammende Chardonnay ähnelt dem Weißen Burgunder. Der Traubensaft wird im Barrique vergoren, um Geschmack und Bukett besonders hervorzuheben. Die Duftkomponenten des goldgelben Weins erinnern an Vanille und Dörrobst (Winzergenossenschaft Oberbergen, Badbergstraße 2, 79235 Oberbergen, Tel. 07662/946 00, www.wg-oberbergen.com).

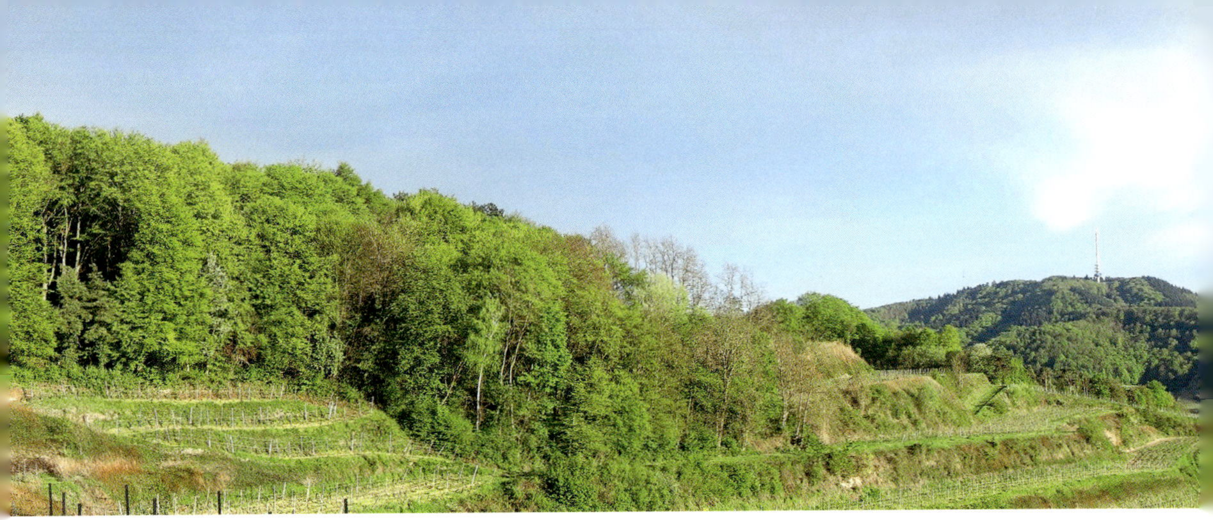

Panorama am Kiechlinsberger Eck auf Oberbergen und auf den Totenkopf

tasie, fühlt man sich an eine Bassgeige erinnert. Zu sehen ist das, wenn man von der Winzergenossenschaft in Oberbergen in die Weinberge hinaufschaut. Dort können auch die Weine der Oberbergener Bassgeige verkostet werden.

Zum Pavillon Mondhalde 50 Meter vor der Wanderhütte Bassgeige führt der Weg rechts im Wald weiter in Richtung Pavillon Mondhalde hinauf. An einer Weggabelung bleiben wir geradeaus abwärts. Unterwegs tangieren wir den kuriosen Geißensee, der doch nur weniger als ein kleiner Tümpel ist. Eine Informationstafel erzählt die historische Geschichte dahinter. An einem Picknickplatz öffnet sich wieder der Blick über die Weinberge nach Oberbergen hinunter. Hier bleiben wir auch geradeaus, nun am Waldrand ent-

Gute Aussicht über Oberbergen bis in die Vogesen

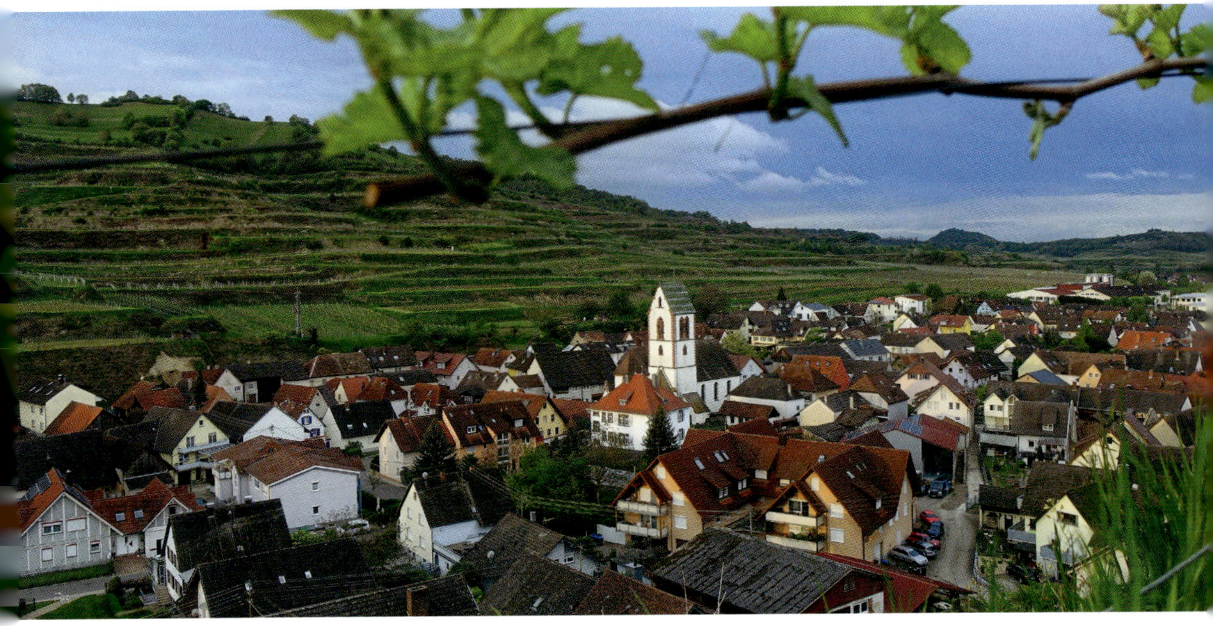

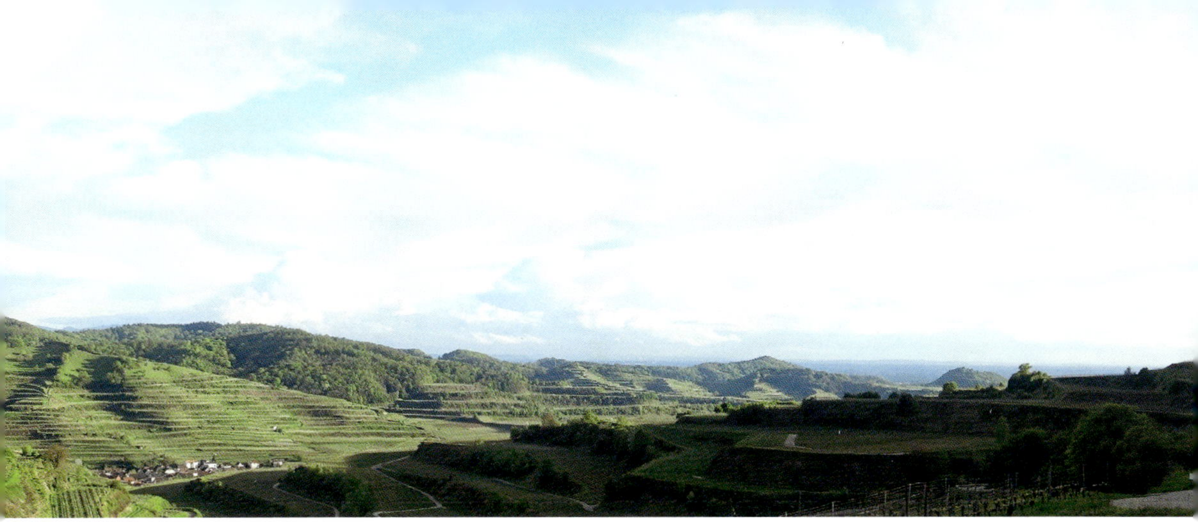

lang. An einer Kreuzung mit einer Asphaltstraße nehmen wir den kleinen Pfad geradeaus und kommen zum 4 **Pavillon Mondhalde**. Dieser Platz ist eine der schönsten Aussichtsstellen im Kaiserstuhl. Ein Orientierungstisch zeigt die weite und nahe Umgebung. Auch die Tour 5 führt von Bischoffingen hier herauf.

Zum Brunnen Nach dem Genuss des Panoramas laufen wir auf dem Asphaltsträßchen hinunter und an der T-Kreuzung nach links, vorerst in Richtung Oberrotweil. An einem Abzweig gehen wir ohne Markierung in spitzem Winkel nach links hinab. In einer engen Rechtskehre mit einer Bank bleiben wir geradeaus auf dem ebenen Wiesenweg zwischen Hangfuß und Reben. Wieder auf Asphalt geht es an einer Kreuzung geradeaus bergab. Nun ist die Wegfindung einfach, denn an allen Abzweigen bleiben wir auf dem Asphaltsträßchen abwärts und Oberbergen ist ja auch schon zu sehen. Kurz vor den ersten Häusern passieren wir einen 5 **Brunnen** mit einem großen Weinfass.

Zum Parkplatz an der Schule Oberbergen In Oberbergen laufen wir auf der Kapellenstraße ein und biegen an der ersten Kreuzung nach links in die Hirschstraße. Der Kirchturm steht nun genau vor uns. An der Kreuzung mit dem Informationsstand bleiben wir geradeaus auf dem Gehweg in Richtung Schule. Der Weg endet an der Schulstraße, auf der wir nach links zum Parkplatz an der E **Schule Oberbergen** zurückfinden.

Der Wegweiser zeigt uns den richtigen Weg.

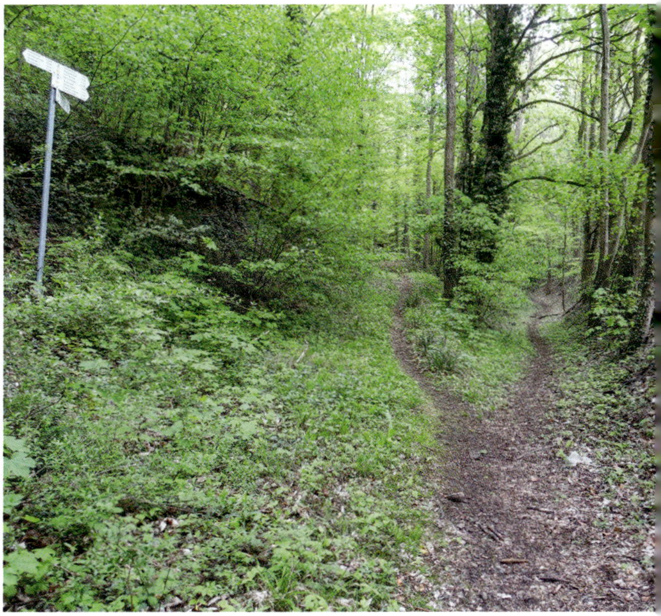

7

Königschaffhauser Kirschenwelt

Kaiserstühler kulinarische Genüsse

Leicht | 2:30 Std. | 180 Hm | 8,5 km

Besonderer Genuss: Kultur am Wegrand

Tourencharakter
Leichte, meist sonnige Tour auf Natur- und Asphaltwegen durch Weinberge, Obstwiesen und Dörfer

Ausgangs-/Endpunkt
Parkplatz am Bahnhof in Königschaffhausen
GPS N48°08'14.2" E07°39'30.9"

Anfahrt
Auto Auf der A5 Ausfahrt 59 Riegel und auf der L116 über Endingen nach Königschaffhausen. Im Ort auf der Bahnhofstraße nach rechts zum Bahnhof
Bahn Von Endingen oder von Breisach nach Königschaffhausen (www.bahn.de)

Gehzeiten
Bahnhof Königschaffhausen – T-Kreuzung Kräuterpfad 0:40 Std. – Bacchusbrunnen 0:15 Std. – Im Riedle 0:25 Std. – Bergkirche Sankt Petronilla 0:30 Std. – Kirschenmuseum 0:30 Std. – Bahnhof Königschaffhausen 0:10 Std.

Einkehr
Gasthaus Sonne, Bergstraße 1, 79346 Amoltern, Tel. 07642/7242
Restaurant Dutters Stube, Winterstraße 28, 79346 Kiechlingsbergen, Tel. 07642/1786, www.dutters-stube.de
Hotel, Restaurant Adler, Endinger Straße 35, 79346 Königschaffhausen, Tel. 07642/3212, www.adler-baptist.de

Karten
Kompass 883, 1:25 000

Touristinformation
Adelshof 20, 79346 Endingen, Tel. 07642/689990, www.endingen.de

Der Wanderweg zwischen Königschaffhausen, Amoltern und Kiechlingsbergen durch das Kirschenmeer ist besonders zur Kirschblütenzeit oder Erntezeit ein Vergnügen. Kulinarische Leckerbissen begegnen uns in der Gegend auf Schritt und Tritt.

Zur T-Kreuzung am Kräuterpfad An der Kreuzung vor dem **A Bahnhof Königschaffhausen** zeigt der Wegweiser mit der gelben Raute in Richtung Kiechlinsbergen nach Südosten in die Bahnhofstraße. Am Ende der Straße biegen wir an der Endinger Straße nach links und nach 90 Metern rechts in die Gausbergstraße ein. An dieser Ecke bremsen die leckeren, leuchtenden Kirschen am Obststand zur Zeit der Kirschenernte den Wanderschritt. An der zweiten Kreuzung schickt uns der Wegweiser des Obst- und Weinpfads mit dem Kirschensymbol nach links durch ausgedehnte Obstbaumflächen. Die Zeit der Kirschenblüte im April ist einfach herrlich. Ein weißes Blütenmeer überzieht die Flächen,

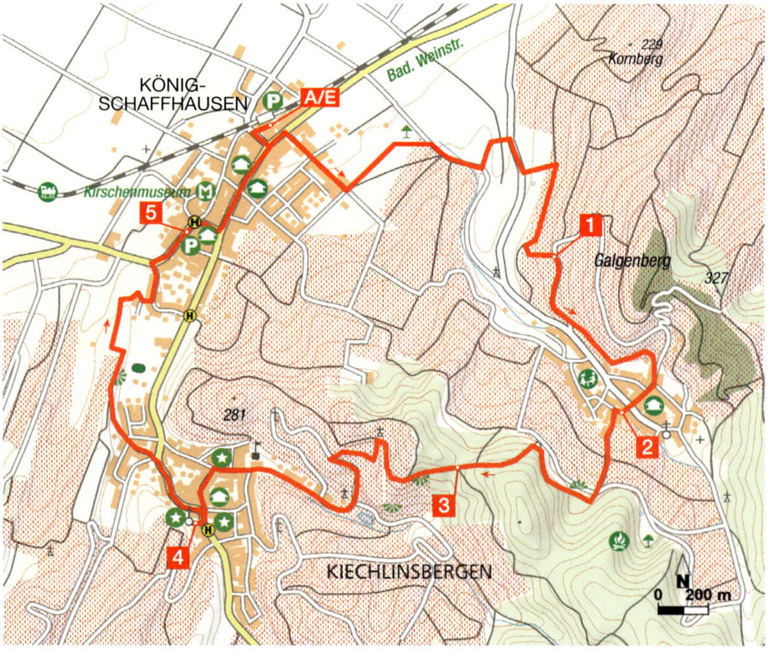

während an den Weinstöcken erst die Knospen reifen und drüben aus den Vogesen noch der Schnee herübergrüßt. An der Wegkreuzung nach einem Pavillon wandern wir rechts weiter. Nach 100 Metern folgen wir nicht weiter dem Obst- und Weinpfad, sondern laufen geradeaus auf den Verbindungsweg zum Amolter Kräuterpfad. Oben nach der Dammkrone lenkt der Weg mit der gelben Raute nach links. Auf der Landstraße, die nach Amoltern führt, gehen wir 60 Meter nach rechts und steigen dann links leicht aufwärts in die Weinberge hoch. An der T-Kreuzung nach 70 Metern halten wir uns nicht mehr an die gelbe Raute, sondern spazieren nach rechts zwischen einem Hang und den Reben und bleiben damit auf dem Weg zum Amolterer Kräuterpfad. Am Ende der Reben biegt der Weg nach links und steigt in einer Hohlgasse steil nach oben. An Abzweigen bleiben wir geradeaus und erreichen auf einem asphaltierten Weg die **1 T-Kreuzung am Kräuterpfad**. Der Amolterer Kräuterpfad verläuft entlang des ältesten Naturschutzgebiets im Kaiserstuhl, der Amolter Heide (Tour 9). Die Lebensräume in den Böschungen und Wegrainen zeigen eine Vielfalt an Kräutern.

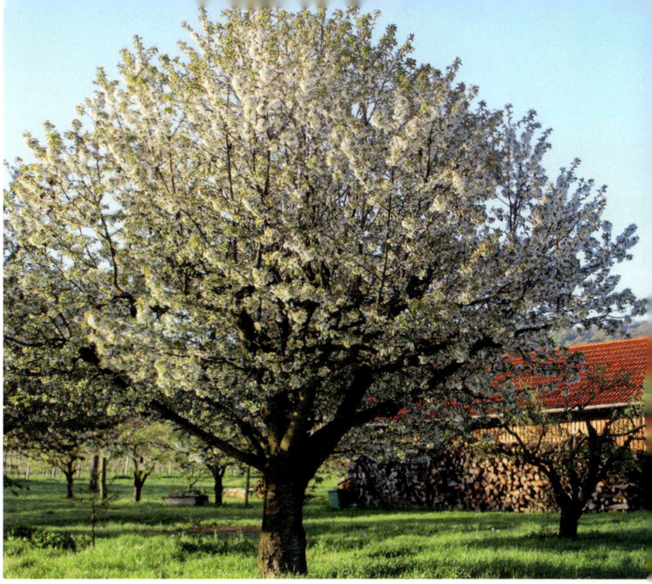

Die Zeit der Kirschblüte ist die schönste Wanderzeit.

Die fränkische Hofanlage in Kiechlingsbergen ist eine der ältesten Hofstellen im Kaiserstuhl.

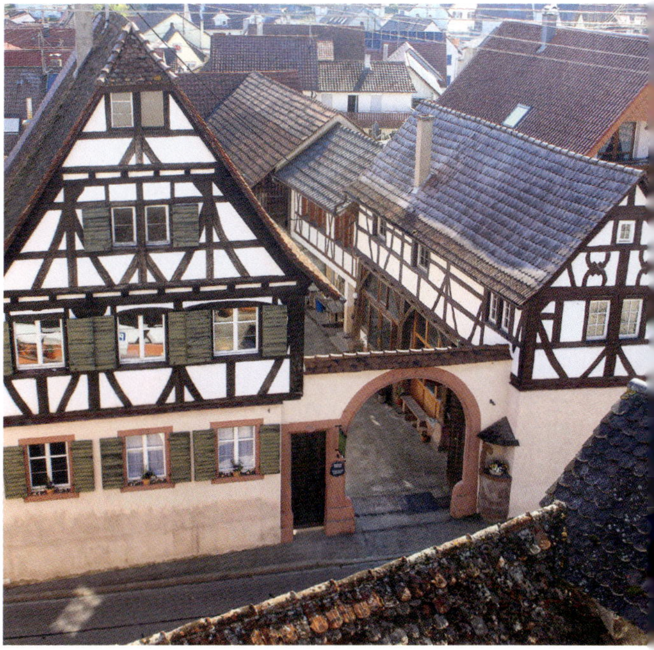

Zum Bacchusbrunnen Auf dem Kräuterpfad wandern wir nach rechts durch schöne Lösshohlgassen nach Amoltern hinunter. Auf informativen Tafeln stellen sich dem Wanderer wertvolle Kräuter vor. In den Lösswänden sind unzählige Löcher von solitär lebenden Wildbienen und anderer Insekten eingebohrt. In den armdicken Löchern brüten die bunten Bienenfresser. Im ruhigen Amoltern steuern wir auf der Bergstraße geradeaus am Gasthaus Sonne vorbei auf den Dorfplatz mit dem **2 Bacchusbrunnen** zu.

Zur Anhöhe Im Riedle Nun spazieren wir geradeaus in den Winzerweg Richtung Kiechlinsbergen am alten Milchhisli vorbei und wenden uns schon nach

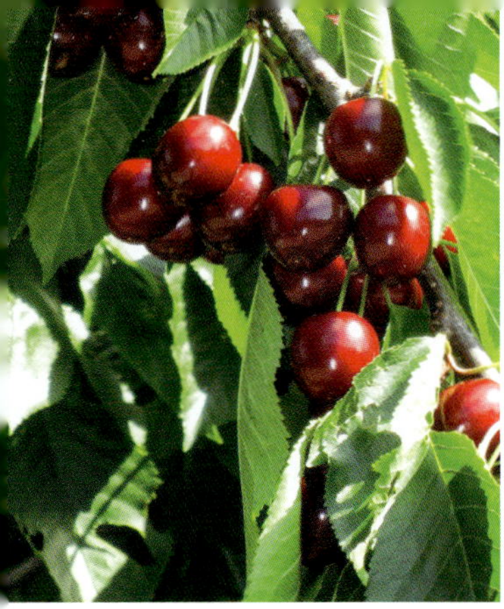

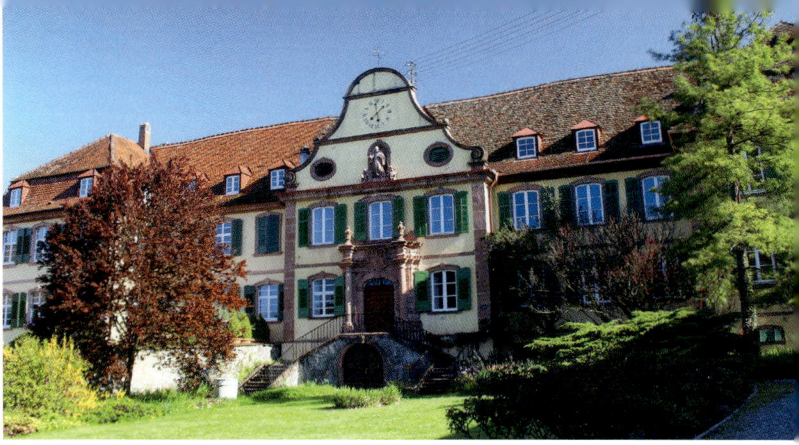

Ende Juni bzw. Anfang Juli sind die Kirschen reif.

Rechts: Das Barockschloss Kiechlinsbergen liegt am Wanderweg.

50 Metern nach links auf dem Talweg in die Weinberge hoch. An einer Kreuzung mit großem Holzlagerplatz am Waldrand bleiben wir geradeaus mit der gelben Raute in Richtung Kiechlinsbergen und steuern aufwärts an der kleinen Hütte mit Wellblechdach vorbei. An einer gleich folgenden Weggabel mit Aussicht auf Amoltern bleiben wir auch hier vorerst am Waldrand. Der Weg steigt an und fällt wieder ab und taucht schließlich in schattigen Buchenwald ein. Oben auf der Anhöhe erreichen wir den Wegweiser 3 **Im Riedle**.

Zur Bergkirche Wir bleiben geradeaus in Richtung Kiechlinsbergen, das wir gleich gut überschauen können. An einem aussichtsreichen Picknickplatz vorbei wandern wir durch Weinbauterrassen abwärts. Hier stehen wir in der Weinlage Ölberg mit ihren warmen Südhängen. Die Schwertlilien profitieren ebenfalls von der Wärme und setzen blaue Farbtupfer.

Die Kirche in Amoltern ist im klassizistischen Weinbrenner-Stil erbaut.

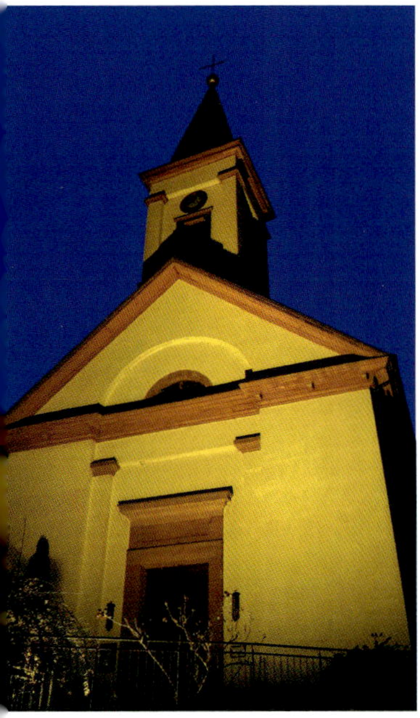

An der Kreuzung vor einem Wegkreuz steigen wir links auf dem Asphaltsträßchen steil hinab. An der nächsten Kreuzung müssen wir rechts und an einer Weggabel in spitzem Winkel links hinunter. Unten können wir uns an dem Kneippbecken für die müden Füße erfreuen. Auf der Tannenbachstraße weiter kommen wir am Kiechlingsberger Schloss vorbei. Das Barockschloss Kiechlinsbergen war die ehemalige Propstei des Zisterzienserklosters Tennenbach. Innen wurde es klassizistisch ausgestaltet. Der Gewölbekeller dient heute der Winzergenossenschaft als Weinlager. Ein paar Meter weiter steht vor der Winzergenossenschaft Kiechlinsbergen eine alte Weinpresse mit schweren Gewichtssteinen aus dem Jahr 1603. 80 Meter danach biegen wir links in die Grienerstraße ein. Am Heimatmuseum vorbei kommen wir zum Gasthaus Dutters Stube, in dem sich im Jahr 1525 die Kämpfer des Bauernkriegs getroffen haben. Hier war einst die bewirtschaftete Gemeindestube, in der auch Gericht gehalten wurde.

Gegenüber steht in der Kirchstraße eine fränkische Hofanlage aus dem Jahr 1544, eine der ältesten Höfe im Kaiserstuhl überhaupt, am besten zu sehen von der Bergkirche aus. Die ❹ **Bergkirche** Sankt Petronilla wurde 1814 im klassizistischen Weinbrenner-Stil erbaut. Diesen Baustil prägte der Badener Baumeister Friedrich Weinbrenner (1766–1826), dessen größtes Werk das klassizistische Antlitz Karlsruhes darstellt. Die Seitenaltäre der Bergkirche stammen aus dem damals aufgehobenen Kloster Tennenbach.

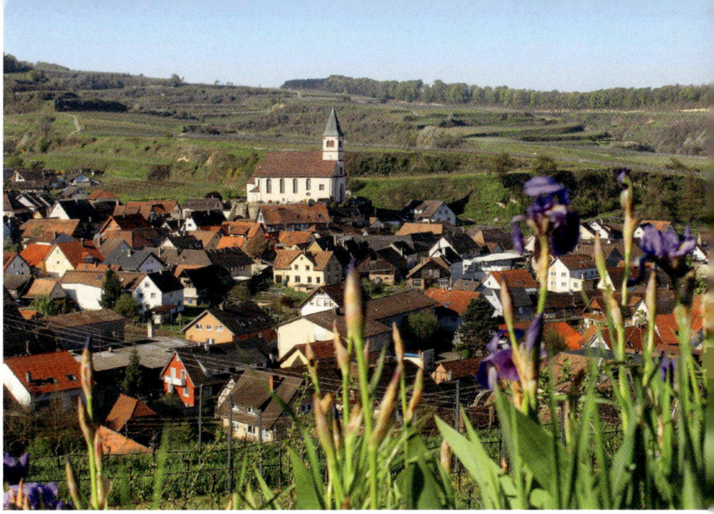

Aus den Weinbergen ist Kiechlinsbergen gut zu überschauen.

Zum Kirschenmuseum Weiter wandern wir auf der Winterstraße vor dem Gasthaus Dutters Stube bergab und laufen an der Kreuzung links in den Altweg, der schließlich oberhalb des Sportplatzes an der Geländekante verläuft. Nach einem Wasserbehälter gehen wir auf Asphalt abwärts. Nach der Kehre müssen wir nach links in die Straße Im Biergarten und auf dem Weiherweg wieder nach links. Der Weiherweg stößt schließlich auf die Sasbacher Straße (L105), auf der wir nach rechts nach Königschaffhausen hineinlaufen. Vor dem Rathaus gehen wir kurz rechts und dann gleich links in die Untere Güldenstraße und kommen am ❺ **Kirschenmuseum** vorbei.

Zum Bahnhof Königschaffhausen Auf der rechten Seite folgt die Kaiserstühler Eismanufaktur. Vor dem Eisladen laufen wir in der kleinen Zehntgasse rechts und dann an der Endinger Straße links, denn da kommen wir am schönen Kaiserstühler Bauernladen im Haus Nr. 21 vorbei. Danach steht auch auf der linken Seite das Gasthaus Adler mit dem stillen Innenhof, dessen Wirt auch die Besichtigung einer privaten historischen Mühle für Walnussöl vermittelt. Noch eine Option in Königschaffhausen sind die 35 Schnapsbrennereien.
Von der Endinger Straße müssen wir dann noch in die Bahnhofstraße nach links zum Ⓔ **Bahnhof Königschaffhausen** zurück.

Doppelter Museumsgenuss

Thema des Kirschenmuseums ist die Anbautradition sowie die Vielfältigkeit und Verarbeitung der Früchte. Zahlreiche nostalgische Exponate sind auf über 100 m² ausgestellt und zeigen die Arbeitsvorgänge. Möbel aus Kirschenholz vervollständigen die Sammlung (geöffnet immer am ersten Sonntag im Monat, 16–18 Uhr. Untere Guldenstraße 1a, 79346 Königschaffhausen, Tel. 07642/8585, www.kirschenmuseum-koenigschaffhausen.de).
Das Heimatmuseum in Kiechlinsbergen präsentiert altes Werkzeug und Geräte aus der Haus- und Landwirtschaft, dem heimischen Weinbau und dem Handwerk sowie Bild- und Schriftdokumente der früheren Dorfbewohner (April–Oktober am letzten Sonntag im Monat, 16–18 Uhr. Grienerstraße, 79346 Kiechlingsbergen, Tel. 07642/8220).

8 Panoramaweg um Schelingen

Inmitten der Vulkane

Leicht | 1:50 Std. | 160 Hm | 5,5 km

Besonderer Genuss: Kultur am Wegrand

Tourencharakter
Leichte, vorwiegend sonnige Tour, größtenteils auf befestigten Wegen durch Weinberge und Ortsgebiet

Ausgangs-/Endpunkt
Parkplatz Schelinger Sonnenuhr in Schelingen
GPS N48°06'11.3" E07°40'49.7"

Anfahrt
Auto Auf der A5 Ausfahrt 59 Riegel und auf der L116 über Bahlingen nach Schelingen
Bus Mit der Linie 104 von Breisach nach Schelingen (www.bahn.de)

Gehzeiten
Parkplatz Schelinger Sonnenuhr – Natur- & Weingenussplatz 0:15 Std. – Wasserbehälter 0:20 Std. – Kirche Sankt Gangolf 0:10 Std. – Steinbruch 0:15 Std. – Schelinger Kreuz 0:20 Std. – Parkplatz Schelinger Sonnenuhr 0:30 Std.

Einkehr
Gasthof Sonne, Mitteldorf 5, 79235 Schelingen, Tel. 07662/276, www.koepfers-steinbuck.de
Gasthaus Krone, Heinrich-Kling-Straße 15, 79235 Schelingen, Tel. 07662/311
Gasthof Neun Linden, Hauptstraße 65, 79235 Vogtsburg-Oberrotweil, Tel. 07662/80202, www.neun-linden.de

Karten
Kompass 883, 1:25000

Touristinformation
Bahnhofstraße 20, 79235 Vogtsburg-Oberrotweil, Tel. 07662/94011, www.vogtsburg.de

Die Wanderung rund um das Weindorf Schelingen streift den Schelinger Kleinterrassenpfad mit seinen vielfältigen Lebensräumen und die Halbtrockenrasen des Badbergs. Die Ausblicke reichen über Schelingen und Oberbergen bis in die Vogesen.

Zum Natur- & Weingenussplatz Von der **A Schelinger Sonnenuhr** starten wir rechts in den Hessentalweg nach Westen. Am zweiten Abzweig steigen wir an dem Feldkreuz rechts auf den Kirchbergrundweg und Schelinger Kleinterrassenpfad hinauf. Die kleinen Terrassen bieten vielfältige Lebensräume. An der Gabelung wenden wir uns nach rechts auf den Weg, der mit Betonrasensteinen gepflastert ist. Am **1 Natur- & Weingenussplatz** genießen wir auf dem Liegestuhl den Ausblick auf den Badberg (Tour 18).

Zum Wasserbehälter Dann gehen wir geradeaus weiter auf dem abwärtsführenden Weg mit der Markierung gelbe Raute. Weiter

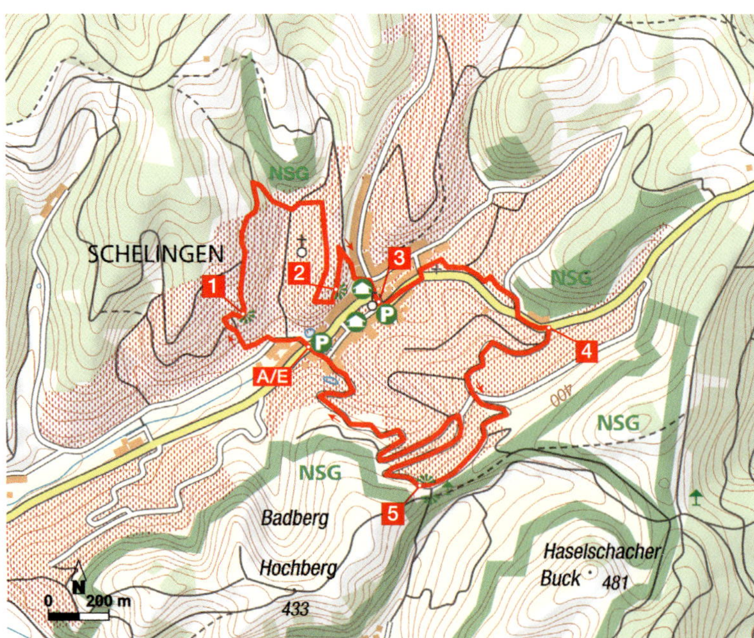

unten durchschreiten wir ein bewaldetes Seitental. In einer Rechtskurve nach dem Wald müssen wir mit der gelben Raute nach links und nach zehn Metern rechts hinauf. Am 2 **Wasserbehälter** schauen wir über die Dächer von Schelingen vor dem Eichelspitzturm (Tour 19).

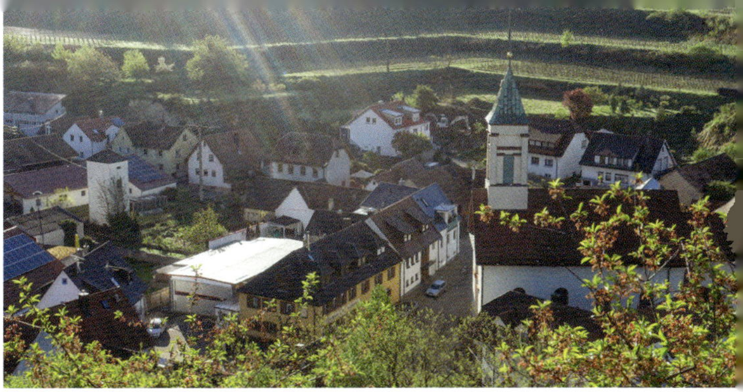

Über den Dächern von Schelingen

Zur Kirche Sankt Gangolf Nun steigen wir weiter abwärts in einem Bogen auf die Kirche zu. Nach der 3 **Kirche Sankt Gangolf** biegen wir nach links in die Kinziggasse.

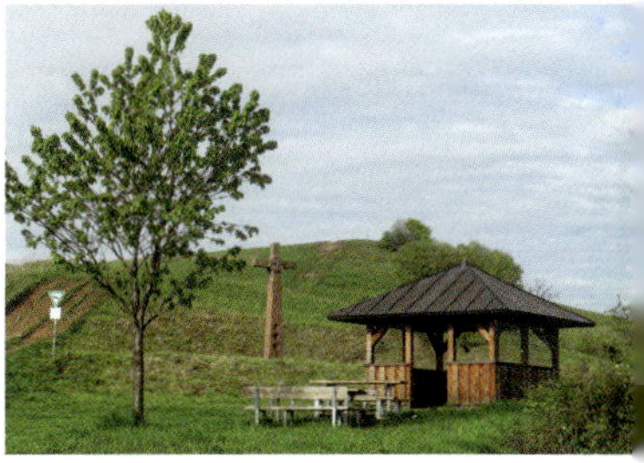

Der Pavillon am Schelinger Kreuz ist ein guter Picknickplatz mit Aussicht.

Zum Steinbruch Vor dem Friedhof gehen wir links und gleich wieder rechts. Danach schickt uns die gelbe Raute rechts durch Rebflächen entlang der Ortsverbindungsstraße. Auf der Straße wandern wir dann 100 Meter aufwärts und am alten 4 **Steinbruch** am Ohrberg rechts.

Zum Schelinger Kreuz Ab hier gibt es keine Markierung, aber wir halten uns in der Folge immer nur aufwärts. Nach 250 Metern wenden wir uns an der Gabelung links aufwärts. An der nächsten Gabel gehen wir links hinauf und an der dritten Gabelung rechts bergan. Als Ziel haben wir stets den Sendemast des Totenkopfs und dann den Pavillon am Schelinger Kreuz vor Augen. Ein Blick zurück zeigt die Halbtrockenrasen des Naturschutzgebiets Ohrberg.

An der letzten Gabelung gehen wir vor dem Hang rechts auf den Aussichtspavillon zu. Am 5 **Schelinger Kreuz** zeigen sich auf der anderen Seite tief unten einige Häuser von Alt-Vogtsburg. Der angenehme Platz ist gut für eine Pause und ein Picknick. Es ist auch Zeit für einen Blick auf die Pflanzen und Insekten der interessanten Halbtrockenrasen des Badbergs.

Zur Schelinger Sonnenuhr Weiter wandern wir dann mit der gelben Raute auf dem Asphaltsträßchen in Serpentinen immer abwärts zur E **Schelinger Sonnenuhr** zurück.

Die Weinbrenner-Kirchen

Die katholische Kirche Sankt Gangolf in Schelingen wurde 1825 im Weinbrenner-Stil erbaut; der Architekt war Christoph Arnold, ein Schüler Weinbrenners. Johann Jakob Friedrich Weinbrenner (1766–1826) war Architekt, Stadtplaner und Baumeister des Klassizismus, der überwiegend in Karlsruhe wirkte. Er studierte Architektur in Wien, Dresden und Berlin. Eine Italienreise wurde zum Höhepunkt seiner Ausbildungsjahre. Ab 1801 lenkte er als Baudirektor in Karlsruhe das gesamte staatliche Bauwesen. Er verfasste für das Land Baden 1812 die erste deutsche Denkmalschutzverordnung. Neben über 50 erhaltenen Bauten in Baden prägen die Weinbrenner-Kirchen die Dörfer des Kaiserstuhls und Markgräflerlands.

9

Das charmante Endingen erleben

Katharinenkapelle und Badeweiher

Leicht | 3:00 Std. | 290 Hm | 9,9 km

Besonderer Genuss: Kultur am Wegrand

Tourencharakter
Leichte, vorwiegend sonnige Tour auf befestigten Wegen und Naturwegen durch Weinberge, Wälder und Ortsgebiet. Wegen der Höhenmeter ist etwas Kondition erforderlich.

Ausgangs-/Endpunkt
Parkplatz am Bahnhof in Endingen GPS N48°08'38.3" E07°42'11.1"

Anfahrt
Auto Auf der A 5 Ausfahrt 59 Riegel und auf der L 116 nach Endingen
Bahn Von Riegel nach Endingen (www.bahn.de)

Gehzeiten
Parkplatz Bahnhof Endingen – Stadthalle 0:15 Std. – Amolter Heide 0:40 Std. – Katharinenkapelle 0:40 Std. – Erleweiher 0:50 Std. – Stadthalle 0:15 Std. – Parkplatz Bahnhof Endingen 0:20 Std.

Einkehr in Endingen
Gasthaus Schindler's Ratsstube, Marktplatz 10, Tel. 07642/3458, www.schindlers-ratsstube.de
Strauße Dielbuckschänke, Hauptstraße 1, Tel. 07642/3017, www.weingut-schneider-endingen.de
Schambachstube, Schambachhof 2, Tel. 07642/7302
Kiosk an der Katharinenkapelle und am Erleweiher (nur im Sommer bei schönem Wetter geöffnet)

Karten
Kompass 883, 1:25000

Touristinformation
Adelshof 20, 79346 Endingen, Tel. 07642/689990, www.endingen.de

Im mittelalterlichen Endingen gibt es viel zu sehen und zu genießen. Aus dem authentischen Städtchen führt die Wanderung durch Lösshohlgassen und das Naturschutzgebiet Amolter Heide hinauf zur Katharinenkapelle mit schöner Aussicht.

Zur Stadthalle Die Wanderung beginnt am Ⓐ **Bahnhof Endingen**. Ein Wegweiser bringt uns durch die Üsenberger Straße und das Sankt-Jakobsgäßli in Richtung Neunlindenpfad nach Süden. An der Ecke zur Rempartstraße befindet sich das Käserei-Museum mit Laden.
Dann gehen wir an der Polizei vorbei links in die Straße Adelshof. Auf der linken Seite steht der wunderschön restaurierte Üsenberger Hof aus dem 15. Jahrhundert, in dem das Vorderösterreichmuseum und die Touristinformation untergebracht sind. Endingen war einst ein Erwerb Österreichs und wurde zur Zeit Maria Theresias Vorderösterreich zugeordnet. Im Innern des stattlichen Gebäudes sind gotische Wandmalereien erhalten.

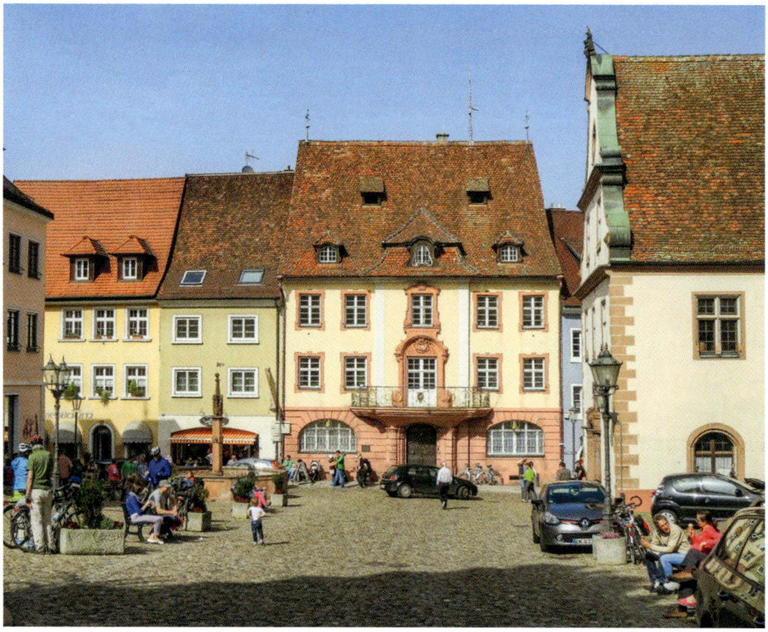

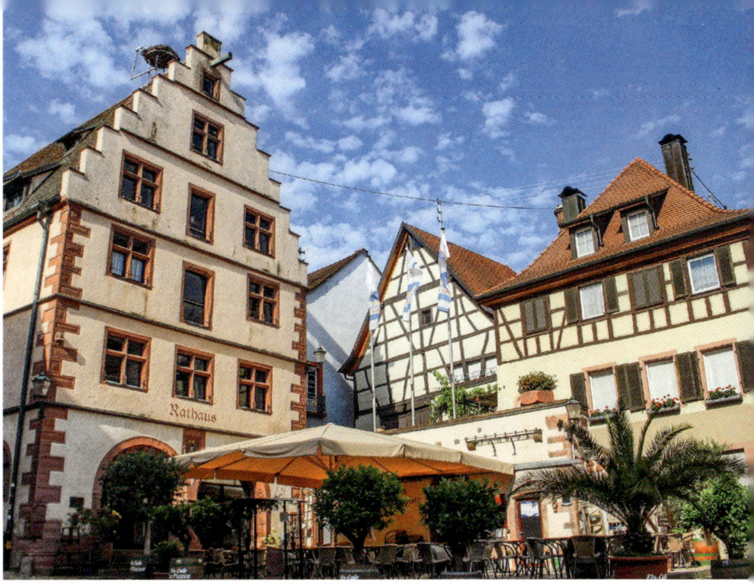

Der Adelshof führt zur Hauptstraße, an der wir uns rechts wenden. Weiter vorne steht das schöne Königschaffhauser Tor, aber wir gehen links vor dem Stadtbrunnen auf den Marktplatz. 1751 fand hier einer der letzten Hexenprozesse Europas statt, der für die Angeklagte auf dem Scheiterhaufen endete.

Gegenüber dem Brunnen steht an der Ecke zur Hauptstraße das alte Rathaus aus dem Jahr 1527. Im Museum werden 800 Jahre Stadtgeschichte dargestellt. An der höchsten Stelle des Marktplatzes steht das heutige Rathaus, das 1617 mit Stilelementen aus der Renaissance als Kornhaus erbaut wurde. Ein Stück weiter kommen wir an der Sankt Martinskirche vorbei. Am Lindenplatz biegen wir nach rechts in die Stollbruckstraße ein und stoßen auf den Parkplatz an der ❶ **Stadthalle**.

Das Endinger Rathaus steht an höchster Stelle des Marktplatzes.

Linke Seite: Am Marktplatz in Endingen

Zur Amolter Heide Rechts des steinernen Kreuzes und der Kapelle geht es weiter in Richtung Amolter Heide und nach 50 Metern im Augustenweg aufwärts. An der folgenden Kreuzung bleiben wir geradeaus, und das Sträßchen wird zu einem Lösshohlweg. Bald ist mit Blick voraus im Süden zwischen den Bäumen der Turm der Katharinenkapelle auf dem Hügel zu erkennen.

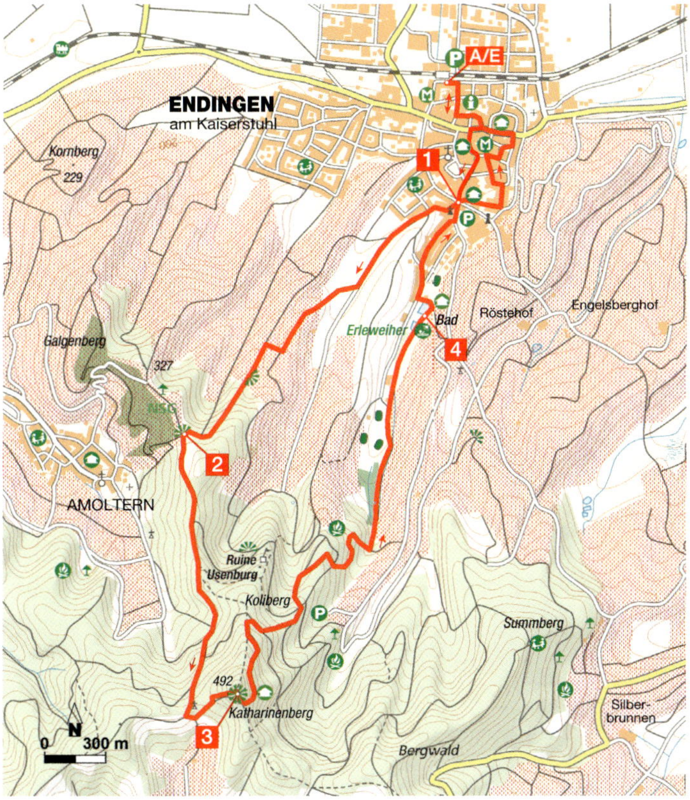

An einigen Walnussbäumen der nun folgenden Weggabelung gehen wir rechts auf dem Kiesweg in Richtung Amolter Heide. An einer T-Kreuzung in der tiefen Lösshohlgasse folgen wir der gelben Raute nach rechts in Richtung Amoltern. Am Waldrand sehen wir im Rückblick Endingen vor der

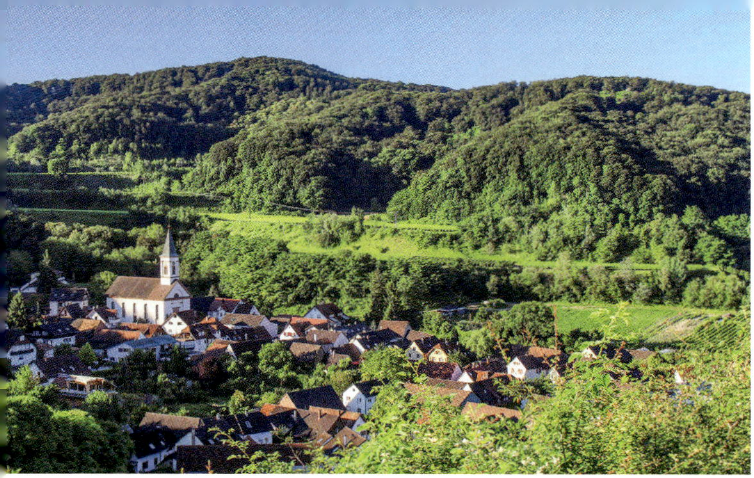

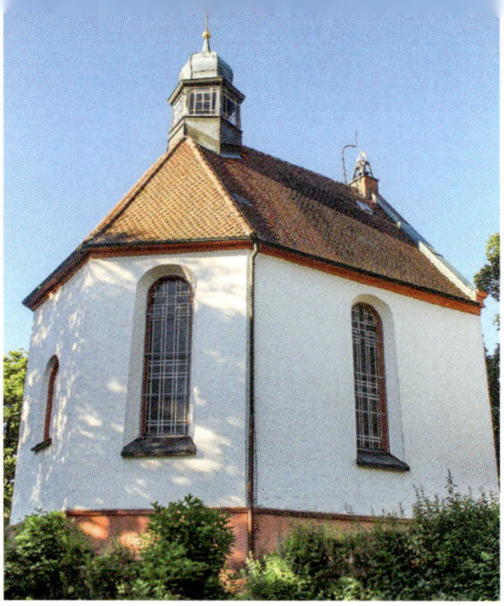

Amoltern ist eines der kleinsten und ruhigsten Dörfer im Kaiserstuhl.

Rechts: Die Katharinenkapelle hat eine wechselvolle Geschichte.

Rechte Seite: Die Amolter Heide ist das älteste Naturschutzgebiet des Kaiserstuhls.

Rheinebene und die Silhouette des Schwarzwalds. Im Wald geht es weiter aufwärts, und wir kommen am Waldrand zur Kreuzung in der Amolter Heide. Die 2 **Amolter Heide** ist mit ihren Halbtrockenrasen das älteste Naturschutzgebiet im Kaiserstuhl. Hier finden sich das Knöllchen-Steinbrech, Echte Kugelblume, Affenknabenkraut, Brandknabenkraut, Sonnenröschen und viele andere geschützte Pflanzen. Die exponierte Pflanzengesellschaft ist Lebensraum zahlreicher Schmetterlinge und Vögel. Die Bank auf der Wiese ist ein vortrefflicher Aussichtsplatz mit Sicht über Amoltern, Kiechlingsbergen und bis in die Vogesen. Die Kirche Sankt Vitus in Amoltern wurde 1832 im klassizistischen Weinbrenner-Stil erbaut.

Zur Katharinenkapelle An der Kreuzung Amolter Heide wandern wir links in Richtung Katharinenkapelle hinauf. An einer Weggabel mit der Entfernungsangabe 1 Kilometer wählen wir den rechten Weg aufwärts in Richtung Katharinenkapelle. An der Kreuzung Waldmatten bleiben wir geradeaus. Am Amolter Eck müssen wir links des weißen Kreuzes den steilen Grenzweg hinauf und kommen auf geradem Weg zur Katharinenkapelle. An der 3 **Katharinenkapelle** öffnet sich eine schöne Aussicht über die Rheinebene, hier stehen wir ja auch auf einem der höchsten Berge des Kaiserstuhls. Seit dem 14. Jahrhundert gab es hier eine Kapelle, zu der sich bald eine Wallfahrt formierte. Ab dem 18. Jahrhundert wohnten Eremiten auf dem

In der Lößhohlgasse auf dem Weg zur Amolter Heide

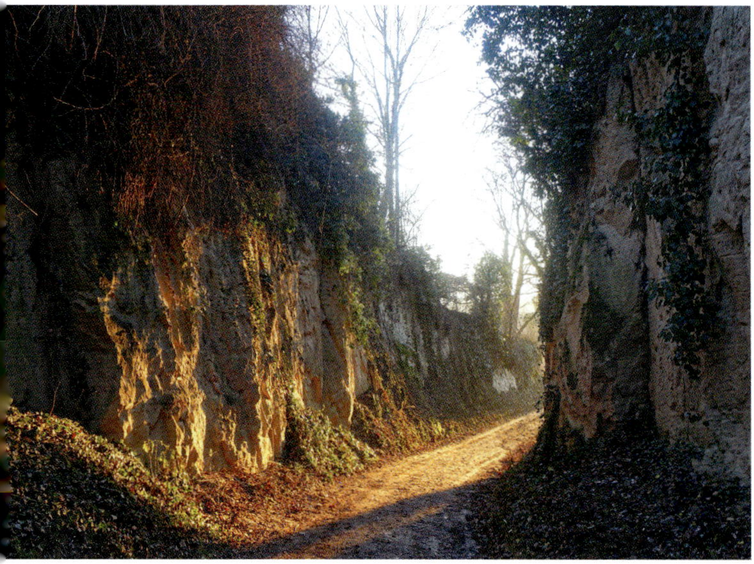

Katharinenberg. Die Kapelle wurde mehrfach erneuert.

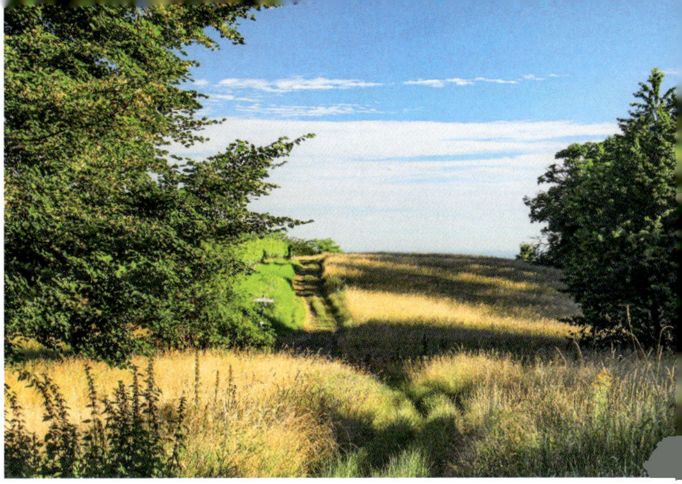

Zum Erleweiher Vor der Kapelle steigen wir rechts den Pfad hinunter und an der Kreuzung links weiter abwärts in Richtung Endingen. An der Kreuzung mit dem Seilnacht-Kreuz wandern wir rechts hinunter in Richtung Erleweiher. Auf der Kreuzung Holzplatz bleiben wir geradeaus. An der T-Kreuzung Schindhalde geht es rechts auf kleinem Pfad in Serpentinen hinunter in Richtung Erleweiher. Unten auf dem Talboden gehen wir in dem Hohlweg links. Am Waldrand bietet sich ein kurzer Abstecher nach rechts zum geheimnisvollen Erleloch an. Der Gang diente der Verbesserung der Wasserversorgung der Stadt Endingen. Damit konnten die Quellen im parallelen Riedbachtal genutzt werden. In der wunderschönen Kastanienallee setzen wir unseren Weg fort. Links liegt das Naturschutzgebiet Erletal, auf dessen feuchten Wiesen die seltenen Prachtnelken und einige Orchideen stehen. Dann erreichen wir den idyllischen 4 **Erleweiher**, der als Badeweiher gut ausgestattet ist.

Zur Stadthalle Vom Erleweiher geht es auf der Straße Im Erle weiter direkt zum Parkplatz an der 1 **Stadthalle**.

Zum Bahnhof Vor dem Gasthaus Schützen laufen wir nun rechts und biegen links in die Ringstraße ein. Davon zweigt links die Huttenhofstraße und davon links die Bachstraße ab. Am Zimbers-Brunnen müssen wir rechts und kommen an der Sankt-Peters-Kirche vorbei. Nach der Kirche gehen wir links und kommen zur Hauptstraße, der wir nach links folgen bis zur Straße Adelshof, auf der es nach rechts wieder zum E **Bahnhof** zurückgeht.

Käsegenuss aus dem Museum

Das Käsereimuseum Endingen hat historische Wurzeln, denn es ist in einer ehemaligen Käserei untergebracht. Der Käsereibesitzer vererbte der Stadt 200 Exponate. Hier kann man Käse erleben, schmecken, spüren. Dabei wird der Käse fachlich und geschichtlich betrachtet. Wie wurde beispielsweise der Käse im Schwarzwald und in Baden produziert, welche Werkzeuge wurden benutzt und welche Entwicklung hat der Käse genommen?
Der Laden im Museum für Käse, Wein und feine Kost nennt sich Monte Ziego. Hier kann handwerklich hergestellter Käse aus Kuh- und Ziegenmilch der Region verkostet und gekauft werden. Käse und Wein gehören zusammen. Die Weinauswahl ist auf dieses Geschmackserlebnis abgestimmt. Im Laden wird das komplette Sortiment der Käserei angeboten (Mittwoch 12–18 Uhr, Donnerstag und Freitag 9–18 Uhr, Käsereimuseum Endingen, Rempartstraße 7, 79346 Endingen am Kaiserstuhl, Tel. 07642/9289520, www.kaeserei-museum.de).

10

Geschichte und Kunst in Riegel

Auf den Spuren der Römer

Leicht | 2:00 Std. | 80 Hm | 5,7 km

Besonderer Genuss: Kultur am Wegrand

Tourencharakter
Leichte, vorwiegend sonnige Tour, größtenteils auf befestigten Wegen durch Weinberge, Felder und Ortsgebiet

Ausgangs-/Endpunkt
Parkplatz am Großherzog-Leopold-Platz in Riegel
GPS N48°08'57.0" E07°45'11.8"

Anfahrt
Auto Auf der A5 Ausfahrt 59 Riegel und auf der L113 nach Riegel
Bahn Von Karlsruhe oder von Freiburg bis Riegel Ort (www.bahn.de)

Gehzeiten
Großherzog-Leopold-Platz – Michaelskapelle 0:15 Std. – »Mutter Erde« 0:15 Std. – Kreuzung in der Senke 0:25 Std. – Mithrastempel 0:35 Std. – Römerhalle 0:10 Std. – Großherzog-Leopold-Platz 0:20 Std.

Einkehr in Riegel
Riegeler Biergarten, Hauptstraße 9, Tel. 07642/9244481, www.riegeler-biergarten.de
Hotel Gasthof Kopf, Hauptstraße 30, Tel. 07642/908890, www.gasthof-kopf.de
Gasthof Riegeler Stammhaus, Hauptstraße 29, Tel. 07642/930560, www.riegeler-stammhaus.de

Karten
Kompass 883, 1:25 000

Touristinformation
Hauptstraße 31, 79359 Riegel, Tel. 07642/90440, www.riegel-im-kaiserstuhl.de

Die Geschichte der Stadt Riegel reicht bis in die Antike. Diese Tour führt zur 800 Jahre alten Michaelskapelle. In Riegel bleibt noch Zeit, auf den Spuren der Römer am archäologischen Rundweg zu wandeln oder die Kunst der Moderne zu genießen.

Zur Michaelskapelle Vom Parkplatz am **A** **Großherzog-Leopold-Platz**, rechts von der Einfahrt zur Kunsthalle Messmer, steigt ein schmaler Pfad mit Geländer in Serpentinen hoch auf den Michaelsberg, der keinen vulkanischen Ursprung hat, sondern ein Kalksockel ist. Das historische Brauereischloss der ehemaligen Riegeler Brauerei steht nun genau links unter uns. Es ist 150 Jahre alt und ein Industriedenkmal. In der Brauerei wurde von 1834 bis 2003 das Riegeler Bier gebraut, das heute von der Fürstenbergischen Brauerei in Donaueschingen hergestellt wird. Weiter oben bleiben wir auf dem Wiesenweg links und kommen dann rechts auf dem kleinen Pfad aufwärts zur **1** **Michaels-**

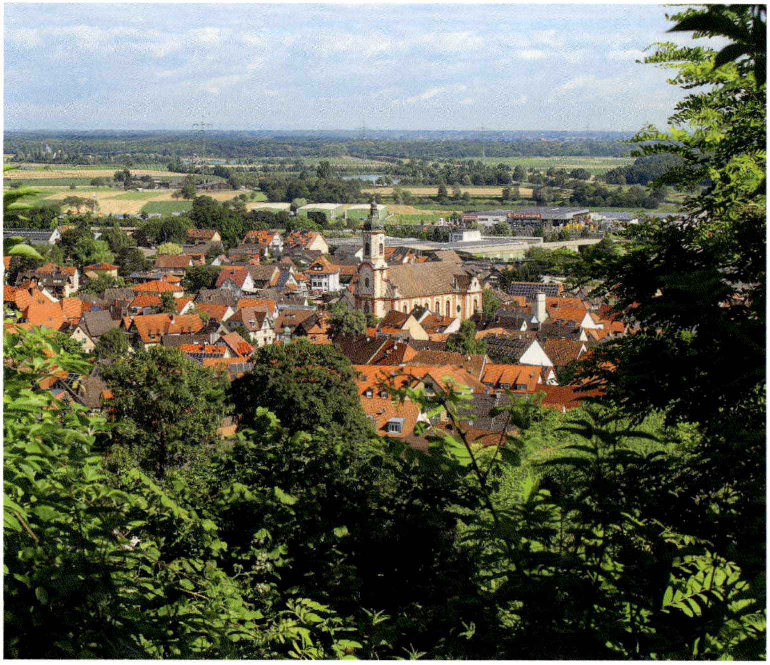

kapelle. Rund um die einstige Burgkapelle aus dem 13. Jahrhundert können wir die Aussicht über Riegel genießen und noch weiter bis in den Schwarzwald und bis zu den Vogesen, in denen sich die Hochkönigsburg abzeichnet, schauen. Nach dem Aussterben der Familie der Üsenberger 1379 verfiel die Burg. Die Gemeinde Riegel hat eine 7000-jährige Siedlungsgeschichte und nennt sich nicht zu Unrecht »Das kulturelle und historische Tor zum Kaiserstuhl«. Seit Beginn der Jungsteinzeit im 6. Jahrtausend v. Chr. sind fast alle wichtigen vorgeschichtlichen Kulturen der Region durch Siedlungs- oder Grabfunde auf der Gemarkung Riegel nachgewiesen. In keltischer Zeit gab es am Nordrand des heutigen Orts bereits ein Dorf. Seine größte Bedeutung hatte Riegel in römischer Zeit (1.–3. Jh. n. Chr.). Die Römer legten zunächst ein Kastell an. Später entwickelte sich eine Kleinstadt mit großen öffentlichen Bauten, die Verwaltungszentrum für die ganze Region war.

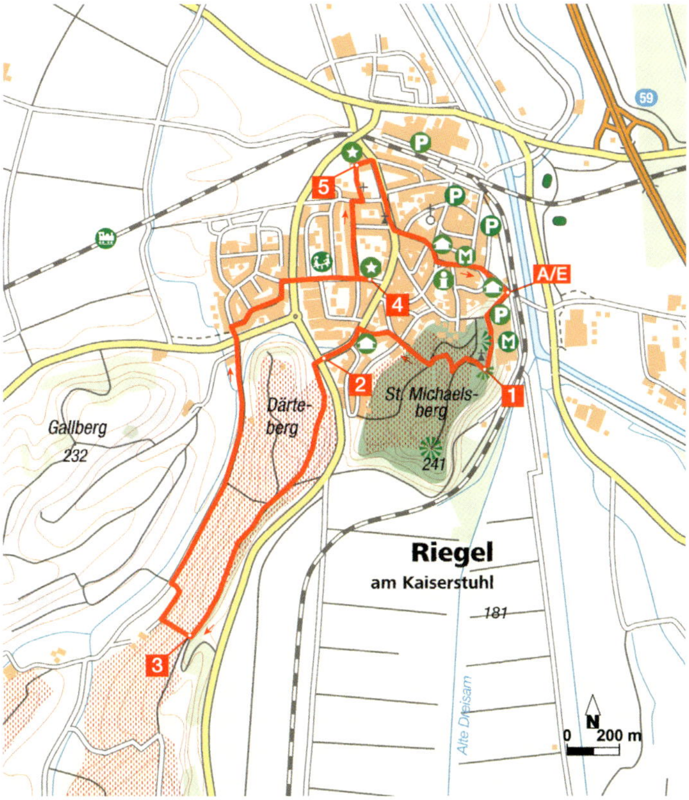

Linke Seite: Aussicht von der Michaelskapelle über Riegel

Zur »Mutter Erde« Von der Kapelle gehen wir die kurze Treppe wieder hinunter und dann links den Weg mit Geländer abwärts und an der Kreuzung geradeaus. An der zweiten Kreuzung müssen wir rechts hinab und vor der Michaelsschule links durch die Lösshohlgasse hinunter. An einer Gabelung steigen wir rechts abwärts. Im Siedlungsbereich gehen wir an der zweiten Straße mit dem Namen Wolfsgrube links und dann am Hotel Riegeler Hof auf der Hauptstraße nach links. An der Kreuzung mit der Landstraße L116 liegt auf der linken Seite die Erdskulptur **2 »Mutter Erde«** vor uns.

Das Stammhaus der Riegeler Brauerei besitzt auf der Rückseite einen stillen Gastgarten.

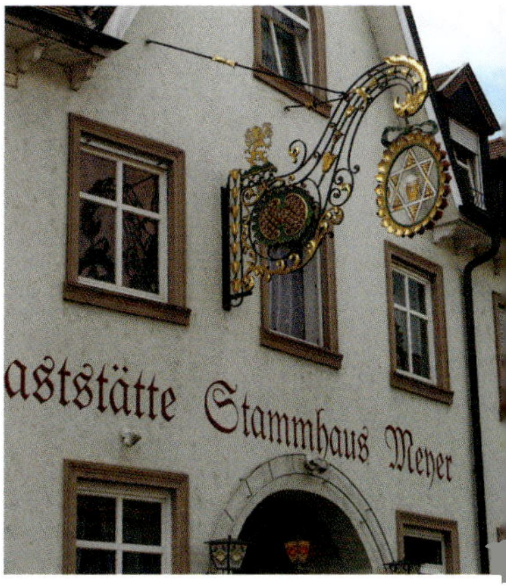

Zur Kreuzung in der Senke Die Landstraße queren wir und wandern parallel dazu auf dem Gehweg nach links. An einer dreifachen Weggabel nehmen wir den mittleren historischen Hohlweg und bleiben an Abzweigen immer geradeaus aufwärts. Weiter oben verläuft dieser Weg ab einer großen Starkstromleitung dann an der Landschaftskante des Dürlebergs entlang. An einer **3 Kreuzung in der Senke** wandern wir in spitzem Winkel nach rechts in Richtung Riedhöfe hinunter.

Kunst- und Kaffeegenuss

Die Sammlung der Kunsthalle Messmer im alten Riegeler Brauereischloss umfasst ca. 1000 Gemälde und Skulpturen aus den Bereichen klassische Moderne, zeitgenössische Kunst und vor allen Dingen konkret-konstruktive Kunst. Die Werke stammen aus privaten Sammlungen und Stiftungen. Die Kunsthalle präsentiert ausschließlich Wechselausstellungen und keine dauerhafte Schausammlung. Zur Auflockerung dient das Museumscafé Evard, benannt nach André Evard (1876–1972), einem wegweisenden Maler der Schweizer Moderne, dessen Nachlass das Museum Messmer verwaltet (Dienstag–Sonntag 11–17 Uhr, Eintritt 11,– €. Öffentliche Führungen durch die jeweils aktuelle Ausstellung jeden zweiten Mittwoch im Monat ab 17 Uhr. Kunsthalle Messmer, Grossherzog-Leopold-Platz 1, 79359 Riegel am Kaiserstuhl, Tel. 07642/920 16 20, www.kunsthallemessmer.de).

Zum Mithrastempel An der Kreuzung unten im Tal kommen wir rechts durch das einst sehr feuchte Riedtal zur Lagerhalle der Winzergenossenschaft Riegel an der Endinger Straße (K 5145), die wir überqueren. Nach 20 Metern nehmen wir rechts die Dürlebergstraße unter die Sohlen und gehen am Ende der Straße rechts durch die Unterführung in der Üsenbergstraße geradeaus weiter. Hinter der Bushaltestelle steht rechts der römische **4 Mithrastempel**. Der Mithraskult gelangte durch die Eroberung Alexander des Großen aus Persien in die hellenistische und römische Zeit. Im 4. Jahrhundert wurde der Glaube durch das Christentum verdrängt. Der Tempel des Lichtgottes Mithras, der aus dem Blut eines Stiers die Welt hervorbrachte, wurde im 2. Jahrhundert in Riegel erbaut. Das Kultbild auf dem Steinrelief zeigt daher Mithras als Stiertöter. 300 Grabungsfunde werden im archäologischen Museum in Riegel gezeigt (nur sonntags 11–17 Uhr geöffnet, www.museum-riegel.de).

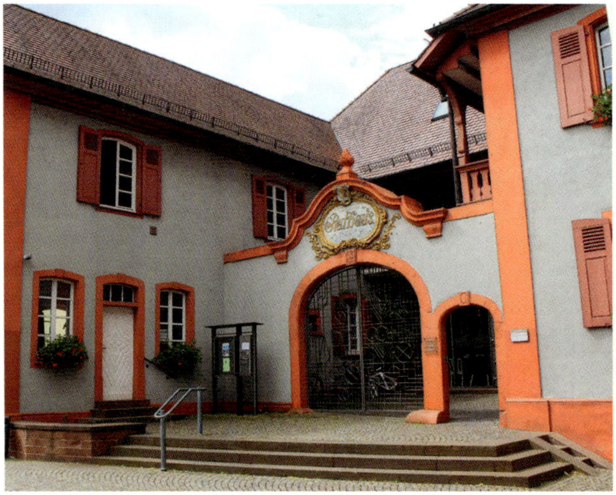

Zur Römerhalle Vom Mithrastempel gehen wir wieder 20 Meter zurück, biegen rechts in die Wilhelm-Meyer-Straße ein und sind nun auf dem Archäologischen Rundweg. An der Ecke zur Kapellenstraße zeigt eine Informationstafel den Standort des römischen Westtors an. Am Ende der Wilhelm-Meyer-Straße gehen wir rechts und nach 15 Metern links in den Maternusweg am Friedhof vorbei zur **5 Römerhalle**, an der wir nach rechts weiterlaufen. Hier ist ein archäologischer Hotspot. Artefakte des mittelalterlichen Fronhofbucks,

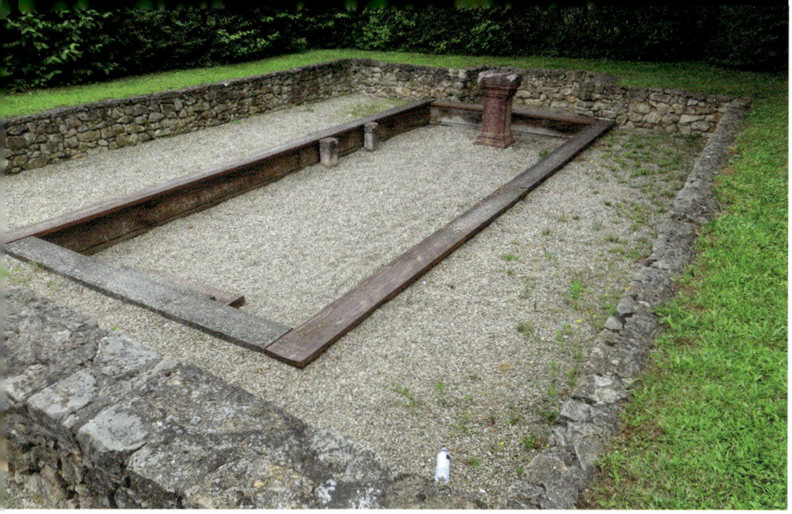

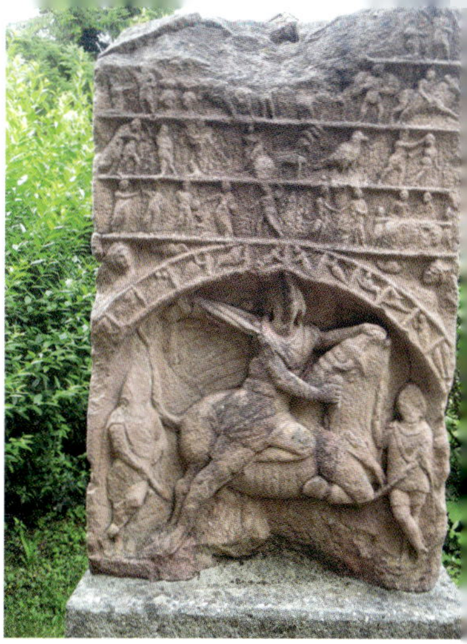

einige Mauerreste der Römer und die keltische Siedlung werden durch Informationstafeln erklärt. In der keltischen Siedlung kam bei Ausgrabungen ein in Baden-Württemberg bisher einmaliger Schatz mit 27 zeitgenössischen Goldmünzen zum Vorschein.

Zum Großherzog-Leopold-Platz Nach der Römerhalle wandern wir nach rechts in der Forchheimer Straße (K 5114) weiter. An der Kreuzung laufen wir links auf der Hauptstraße durch das historische Zentrum Riegels. Der Gasthof Kopf geht auf das Jahr 1484 zurück. Das schmucke Rathaus von 1784 und schräg gegenüber das Amtshaus des Abts von Ettenheimmünster mit barockem Eingang stehen ebenfalls an der Hauptstraße. Vor der Bahnschranke rechts ist dann wieder der Ausgangspunkt am Parkplatz E Großherzog-Leopold-Platz erreicht. Der Platz erinnert an den badischen Großherzog Leopold, der im 19. Jahrhundert den Leopoldskanal bauen ließ, wodurch die Hochwassergefahr am Zusammenfluss von Dreisam, Glotter und Elz gebannt wurde.

Oben links: Der Mithrastempel liegt gemäß den damaligen Riten eingetieft in der Erde.

Oben rechts: Auf dem Steinrelief sind im Mithraskult oft verwendete Motive mit dem Stier zu sehen.

Linke Seite: Das Rathaus aus dem Jahr 1784 in Riegel ist ein repräsentativer Bau.

Unten links: Straßenzug in Riegel mit Blick auf die barocke Kirche Sankt Martin

Unten rechts: Altes Fachwerkhaus in der Schulstraße in Riegel

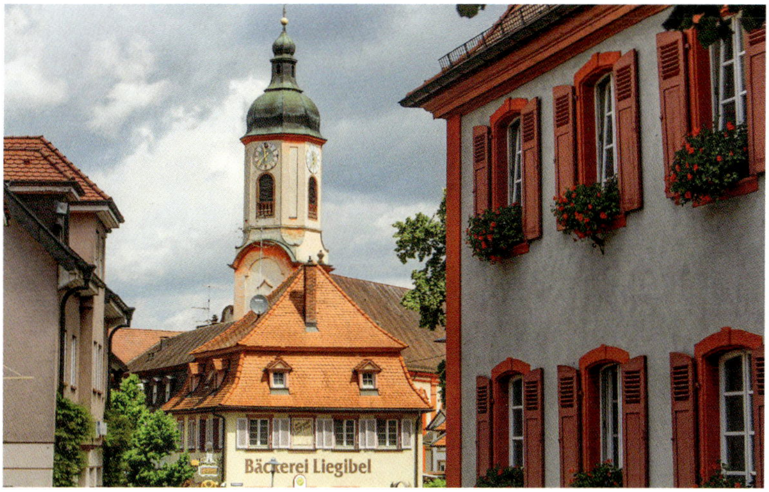

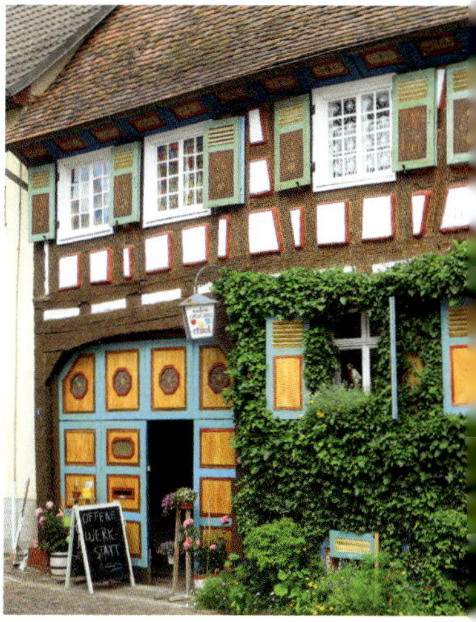

11

Bahlinger Sehenswürdigkeiten

Bergkirche und Mineralquelle

Leicht | 1:50 Std. | 90 Hm | 6,0 km

Besonderer Genuss: Kultur am Wegrand

Tourencharakter
Leichte, vorwiegend sonnige Tour, größtenteils auf befestigten Wegen durch Weinberge und Ortsgebiet

Ausgangs-/Endpunkt
Parkplatz an der Bergkirche in Bahlingen
GPS N48°07'27.5" E07°44'06.5"

Anfahrt
Auto Auf der A5 Ausfahrt 59 Riegel und auf der L116 nach Bahlingen
Bahn Von Riegel oder von Breisach nach Bahlingen (www.bahn.de)

Gehzeiten
Parkplatz an der Bergkirche – Wasserbehälter 0:25 Std. – Kreuzung Buchen 0:20 Std. – Silberbrunnen 0:20 Std. – Kreuzung Leimen 0:25 Std. – Kreuzung Hohleimen 0:10 Std. – Parkplatz an der Bergkirche 0:10 Std.

Einkehr in Bahlingen
Strauße Ufm Buck, Hohleimen 6, Tel. 07663/1812, www.weingut-schumacher.de
Landgasthaus Zum Hecht, Hauptstraße 59, Tel. 07663/1633, www.zum-hecht.de
Wein- und Biergarten Silberberg Hock, Bad Silberbrunnen 4, Tel. 0160/6049094

Karten
Kompass 883, 1:25000

Touristinformation
Webergässle 2,
79353 Bahlingen am Kaiserstuhl,
Tel. 07663/933122,
www.bahlingen.de

Die Alemannen führten den Weinbau der Römer um Bahlingen weiter und gestalteten die Landschaft. Für die Mineralquelle am Kurhaus Bad Silberbrunnen ist die beste Zeit schon lange vorbei. Heute gibt es am Silberberg Hock Speis und Trank.

Zum Wasserbehälter Vom Parkplatz an der Bahlinger Ⓐ **Bergkirche** gehen wir an der Aussegnungshalle vorbei hinüber zur Kirche, die eine nähere Betrachtung wert ist. Die Schallfenster zeugen von romanischer Bauweise und die Schießscharten vom Zweck einer Wehrkirche. Vom Kirchberg reicht die Aussicht in den Schwarzwald bis hinunter zur Freiburger Bucht. Die Bergkirche mit ihrem markanten Turm steht an bevorzugter Stelle hoch über Bahlingen. Der Platz ist geradezu ein *Genius Loki* wie er eben fast nur Tempeln, Burgen und Kirchen vorbehalten ist.
Von der Ostseite der Kirche läuft ein Treppenweg in die Kirchstraße hinunter. Am schmucken Renaissancerathaus aus dem

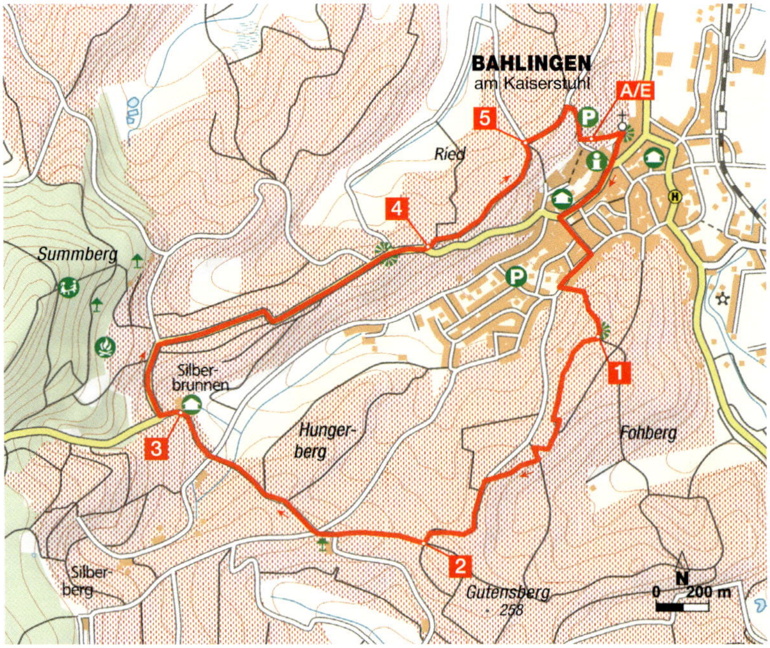

Jahr 1650 mit dem barocken Gedenkstein in der Fassade wandern wir geradeaus in die Kapellenstraße. Die Straße führt uns an einigen schönen Winzerhöfen vorbei. Am Ende der Kapellenstraße gehen wir links in die Saarstraße und an deren Ende rechts in der Bühlstraße aufwärts. Nach dem Haus Nr. 63 wandern wir nach links im Lösshohlweg immer geradeaus in Richtung Wasserbehälter hoch. Am ❶ **Wasserbehälter** bleiben wir geradeaus auf dem Grasweg in Richtung Krummenacker, steigen aber natürlich noch auf die Plattform mit den Skulpturen hoch. Vom Aussichtsplatz auf dem Wasserbehälter schauen wir über Bahlingen in den Schwarzwald hinein. Die Michaelskapelle in Riegel (Tour 10) ist deutlich zu sehen. Bahlingen wurde als alemannische Sippensiedlung im 3. bis 5. Jahrhundert gegründet. Die Alemannen füllten nach dem Abzug der Römer das Vakuum in den Siedlungsgebieten. Der erste Ortsname »Baldinga« bedeutet »bei den Leuten des Baldo«. Bei Sonnenaufgang oder Sonnenuntergang ist es hier oben besonders schön.

Zur Kreuzung Buchen Nach der Schau- und Kunstpause laufen wir also gerade am Wasserreservoir vorbei in Richtung Krummenacker nach Südwesten und bleiben dabei stets am Fuß eines Hangs, wobei es unterwegs auch mal eine Terrasse höher weitergeht. Wir schauen geradeaus auf den Aussichtsturm auf der Eichelspitze (Tour 19), und weiter rechts sehen wir ein wenig vor dem Waldrand das große Gebäude des ehemaligen Hotels Silberbrunnen, das wir bald tangieren werden.
Ab dem Wegweiser Krummenacker führt der Weg auf einem Asphaltsträßchen leicht abwärts. An einer T-Kreuzung gehen wir rechts und nach 20 Metern links in Richtung Bahlinger Eck. Dabei achten wir immer auf die gelbe Raute. Erst an einer Kreuzung am Ende des Asphaltbelags müssen wir nach rechts aufwärts und kommen zur ❷ **Kreuzung Buchen**, an der wir wieder auf den Aussichtsturm auf der Eichelspitze schauen.

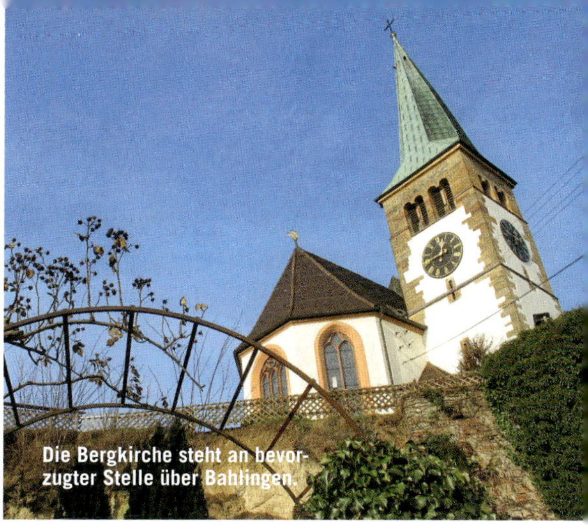

Die Bergkirche steht an bevorzugter Stelle über Bahlingen.

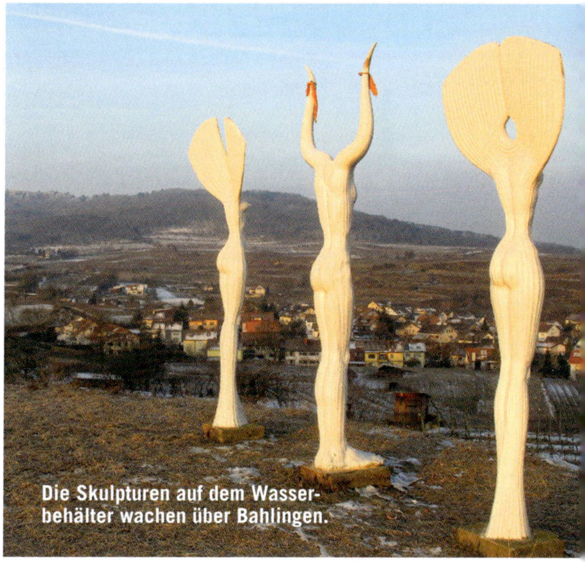

Die Skulpturen auf dem Wasserbehälter wachen über Bahlingen.

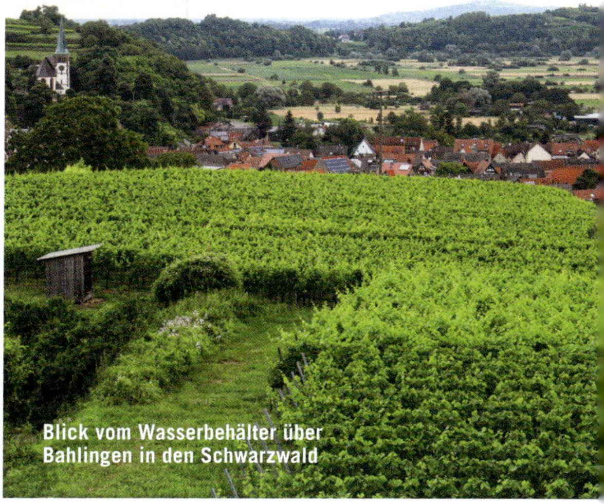

Blick vom Wasserbehälter über Bahlingen in den Schwarzwald

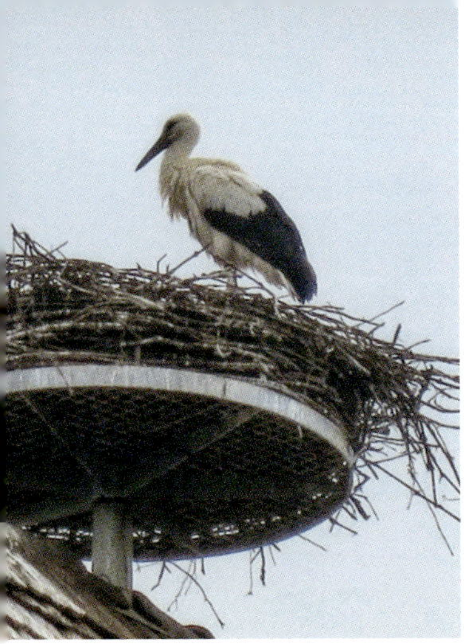

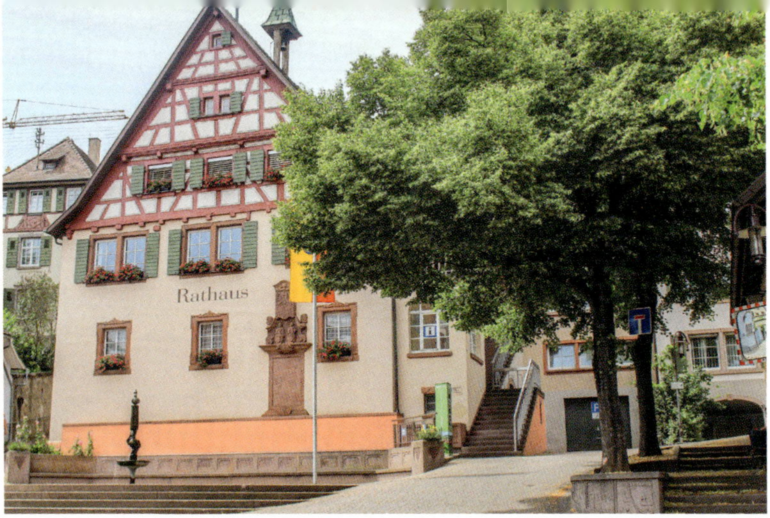

Auf den Dächern der alten Winzerhäuser in Bahlingen brüten Störche.

Rechts: Am gemütlichen Platz vor dem Bahlinger Rathaus

Zum Silberbrunnen Hier müssen wir nach rechts in Richtung Siebenweg durch weite Rebenflächen. An der Kreuzung Siebenweg wenden wir uns nach rechts in Richtung Bahlingen und sehen nach einer Kuppe bald schon das alte Hotel Silberbrunnen. An der Kreuzung mit der Silberbrunnenstraße (K5140) bleiben wir geradeaus. Vorsicht! Auf 150 Meter Länge bleibt neben der Straße nur wenig Platz für Wanderer. Dann erreichen wir schließlich das ehemalige Hotel ❸ **Silberbrunnen**. Das Mineralbad Silberbrunnen war um das Jahr 1900 eine Attraktion. Aber auch heute lohnt bei gutem Wetter die Einkehr am Silberberg Hock hinter dem verfallenen Gebäude.

Zur Kreuzung Leimen 50 Meter nach dem Hotel Silberberg wandern wir nach rechts in Richtung Endingen. Von links oben aus dem Waldrand ist der lang gezogene klagende Ruf »kliööhh« des

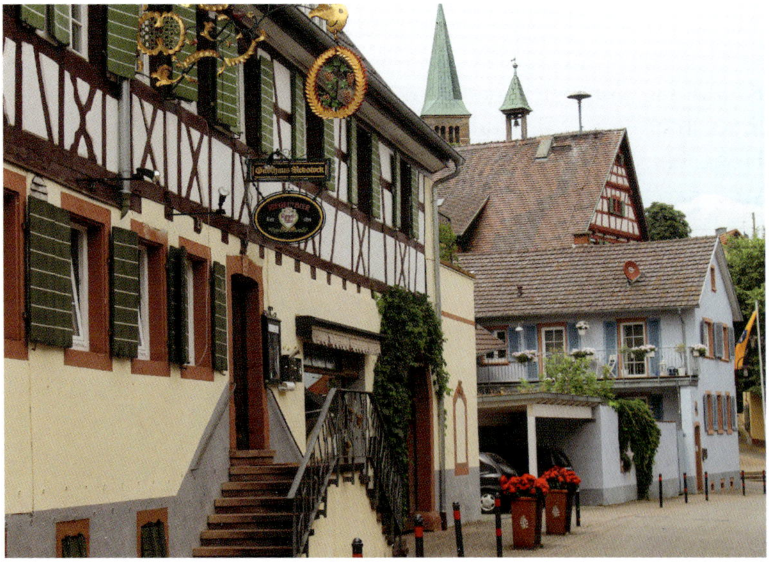

Gediegenes Landgasthaus in Bahlingen

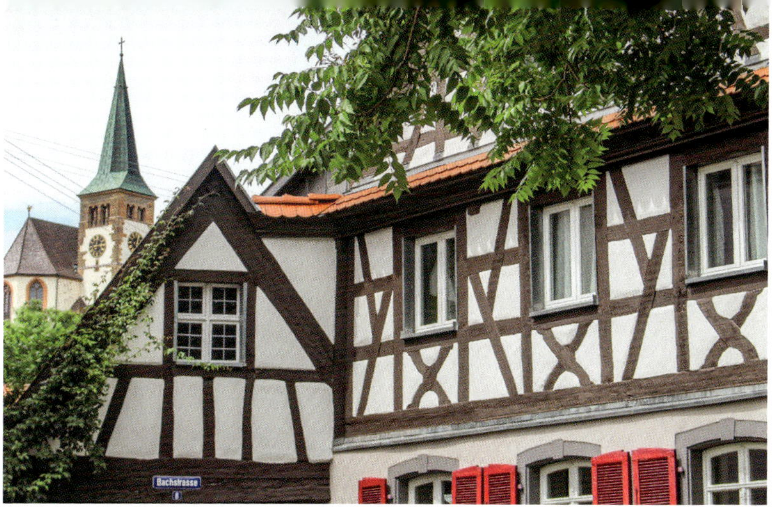

Bahlingen besitzt viele schöne Fachwerkhäuser.

Schwarzspechts zu hören. Sein langer Trommelwirbel von bis zu 50 Schlägen dient nicht nur der Nahrungssuche sondern auch der Revierabgrenzung. Nach einem Picknickplatz mit einem Schild über die Sage vom Silberbrunnen, den ein Zwerg verraten hat, gehen wir rechts auf dem Wiesenweg mit der Markierung gelbe Raute beruhigt weiter, denn die Sage endet mit einer Hochzeit. Der Weg führt durch weite Rebenflächen der Weinlage Silberberg. Bald übernimmt ein Asphaltsträßchen die Richtung immer geradeaus durch die bis zu zehn Meter tiefe Lösshohlgasse Leimen bis zur 4 **Kreuzung Leimen**. In den steilen von Brombeeren geschützten Böschungen hüpft der winzige Zaunkönig nervös umher und grenzt mit seinem lauten Ruf »zrrrrt« sein Revier ab.

Zur Kreuzung Hohleimen-Höhe An der Kreuzung Leimen müssen wir nach links hinauf in Richtung Hohleimen Höhe. Nach 50 Metern nehmen wir den Weg nach rechts, wieder durch Weinberge, bis zur 5 **Kreuzung Hohleimen-Höhe**, an der wir geradeaus wieder in eine Lösshohlgasse eintauchen.

Zur Bergkirche Am Frohntal-Eck geht es nach rechts auf einem Asphaltsträßchen mit 18 Prozent Gefälle hinab zu einer Straßengabelung, an der es nach links zurück zum Parkplatz am Friedhof und an der E **Bergkirche** geht.

Die Bahlinger Bergkirche

Die Bergkirche in Bahlingen, 1275 erstmals urkundlich erwähnt, ist eine der ältesten Kirchen der Gegend. Der betagteste Teil ist der Turm mit seinen romanischen Schallarkaden. Der Baubeginn der neueren Kirche datiert auf 1408. Das Kirchenschiff ist gotisch. Die Ummauerung, das Tor mit Gitterschlitzen und die Schießscharten im Turm weisen die Kirche als Wehrkirche des Mittelalters aus. Durch die Reformation wurde die Bergkirche evangelisch. Das große spätgotische Kruzifix im Innern stammt aus dem 16. Jahrhundert. Der Torbau unterhalb der Kirche war Teil der Kirchenmauer. Die Fenster im Chor wurden 1963 eingefügt. Sie zeigen verschiedene biblische Motive aus dem Leben Jesu. Vom Hügel, auf dem die Kirche steht, besteht Aussicht in die Freiburger Bucht und in den Schwarzwald (www.kirchebahlingen.de).

12

Der ewige Zankapfel Breisach

Grenzfestung und Europastadt

Die Besichtigung von Breisachs mittelalterlicher Oberstadt mit Münster steht am Beginn. Nach einem Rundumblick vom Eckartsberg führt die Tour über den Rhein zur Schiffsschleuse. Das Breisacher Waldbad bringt an heißen Tagen Erfrischung.

Auf den Münsterplatz Vom Parkplatz am Ⓐ **Kreisverkehr am Bahnhof** beginnen wir die Wanderung nach Norden und am nächsten Kreisverkehr nach rechts auf den Neutorplatz. Auf dem rechten Gehweg kommen wir auf der Neutorstraße in die Fußgängerzone. Nach dem Hotel Post mit dem lauschigen Garten gehen wir am Ende der Straße rechts zum Gutgesellentorplatz. Durch das Gutgesellentor aus dem Jahr 1402 wandern wir auf der Münsterbergstraße am Hagenbachturm, dem einstigen Gefängnis, und am aussichtsreichen Café Etoile vorbei bergan. Oben wenden wir uns in spitzem Winkel nach rechts zum ❶ **Münsterplatz**.

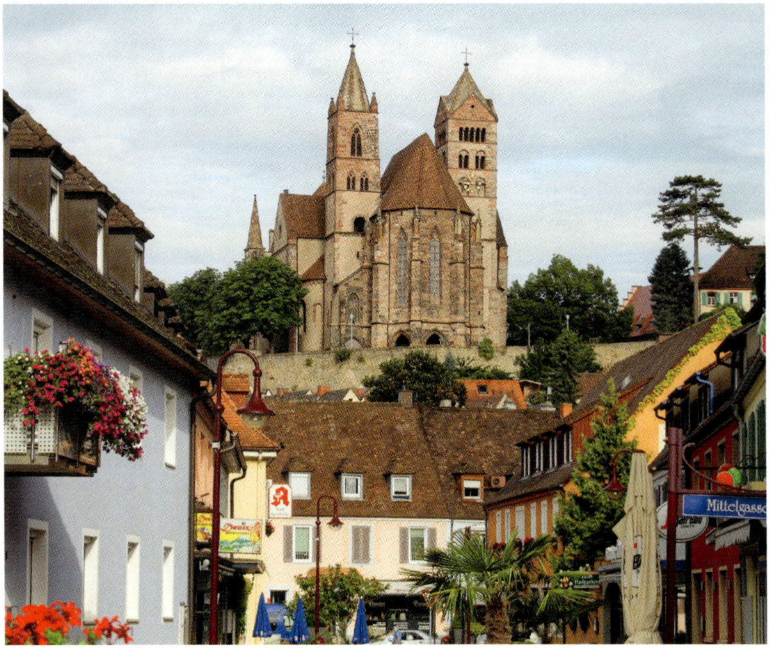

Leicht | 2:20 Std. | 80 Hm | 7,8 km

Besonderer Genuss: Einkehr

Tourencharakter
Leichte, meist sonnige Tour auf befestigten Wegen durch Ortsgebiet

Ausgangs-/Endpunkt
Parkplatz Kreisverkehr am Bahnhof in Breisach
GPS N48°01'33.6" E07°35'17.2"

Anfahrt
Auto Auf der A5 Ausfahrt 64a Bad Krotzingen und auf der B31 nach Breisach
Bahn Von Freiburg nach Breisach (www.bahn.de)

Gehzeiten
Parkplatz Kreisverkehr am Bahnhof – Münsterplatz 0:20 Std. – Marktplatz 0:30 Std. – Eckartsberg 0:10 Std. – Schiffsschleuse 0:20 Std. – Waldschwimmbad 0:50 Std. – Parkplatz Kreisverkehr am Bahnhof 0:10 Std.

Einkehr in Breisach
Café Restaurant Ihringer, Marktplatz 1, Tel. 07667/310
Restaurant Kaiserstühler Hof, Richard-Müller-Straße 2d, Tel. 07667/83060, www.kaiserstuehler-hof.com
Café Galerie Etoile, Münsterbergstraße 15, Tel. 07667/967014, www.cafe-etoile.de

Karten
Kompass 883, 1:25000

Touristinformation
Marktplatz 16, 79206 Breisach am Rhein, Tel. 07667/940155, www.tourismus.breisach.de

Hinweis
Ausweis mitnehmen, diese Tour führt über die Grenze

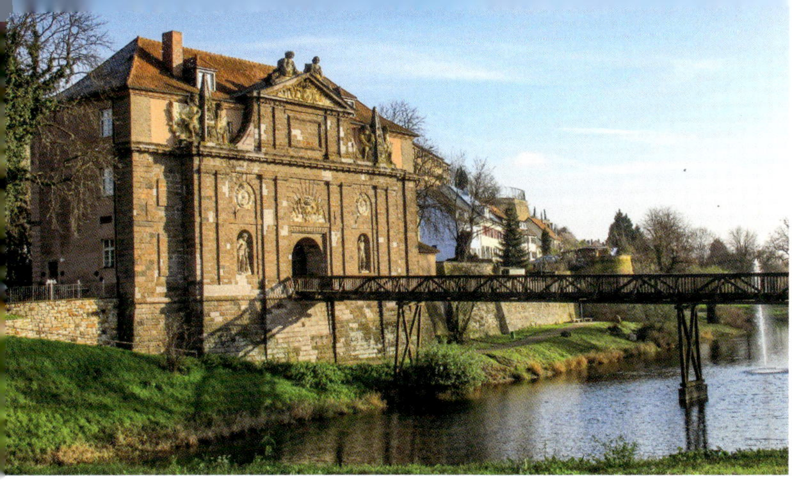

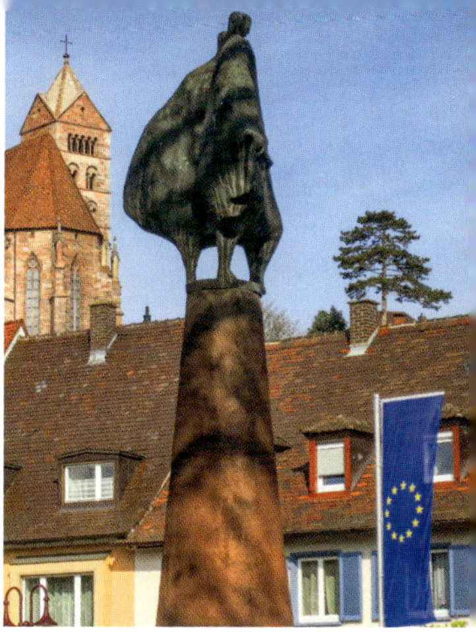

Am Europabrunnen auf dem Marktplatz in Breisach

Links: Das Breisacher Rheintor stand einst direkt am Rhein.

Linke Seite: Blick aus der Fußgängerzone zum Münster Sankt Stephan auf dem Breisacher Münsterberg

Bereits in der Jungsteinzeit siedelten Menschen auf diesem Plateau und die Römer errichteten hier ein Kastell. Das St.-Stephans-Münster ist geprägt durch romanische und gotische Elemente. Im Chor steht hinter dem Lettner einer der schönsten Schnitzaltäre Deutschlands. Die Wandmalereien aus dem 15. Jahrhundert stammen von dem Colmarer Künstler Martin Schongauer. Der reich verzierte Reliquienschrein ist eine Kostbarkeit. Die Umrundung des Münsters gegen den Urzeigersinn ermöglicht Fernblicke in die Vogesen, hinunter nach Breisach, zum Kaiserstuhl und in den Schwarzwald.

Zum Marktplatz Vom Endpunkt des vorherigen Aufstiegs gehen wir auf der Radbrunnenallee weiter. Im Radbrunnen konnte seit dem 12. Jahrhundert mit einem Laufrad Wasser aus dem über 40 Meter tiefen Brunnen geschöpft werden. Am Ende der Radbrunnenallee bleiben wir geradeaus direkt neben dem Haus Nr. 2 auf der Straße mit dem Namen Burg und sehen die Reste des Grabens eines frühen Schlosses. Auf dem Plateau befinden sich heute das Festspieltheater und der Tullaturm.

Wir gehen den kurzen Weg zurück und wandern rechts auf der Goldengasse abwärts durch das Kapftor aus dem 11. Jahrhundert. Nach dem Tor steigen wir die Kapftorstiege zum Rheintor

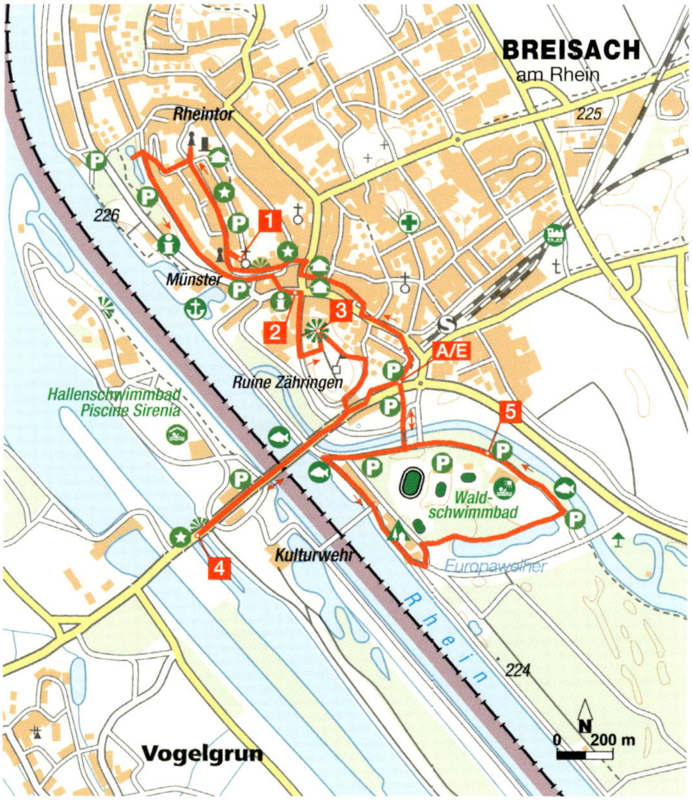

hinunter. Es wurde 1678 zum Schutz des Rheinübergangs erbaut. Ludwig XIV. ließ Breisach durch seinen Baumeister Vauban zum Bollwerk gegen das Habsburgerreich ausbauen. Die opulent geschmückte Prunkfassade des Rheintors liegt auf Westseite. Der hölzerne Steg überspannt ein Gewässer, an dessen Stelle früher der Rhein floss. Im Torgebäude ist das Museum für Stadtgeschichte untergebracht. Zurück auf dem Rheintorplatz laufen wir rechts auf der Straße Fischerhalde weiter. Hier wohnten vom 14. bis 17. Jahrhundert die Fischer und Schiffsleute. Auf der Metzgergasse gehen wir dann nach rechts zum ❷ **Marktplatz**. In einer Volksbefragung bekannten sich die Breisacher 1950 zu einem vereinten Europa. Der Europabrunnen auf dem Marktplatz erinnert an den Ehrentitel Europastadt.

Zum Eckartsberg Vor dem Café Ihringer wandern wir rechts auf der Straße Marienau weiter an der Spitalkirche vorbei. Auf der linken Seite nehmen wir dann die Treppe durch die Weinberge aufwärts und gehen oben nach links. Eine weitere Treppe höher und wir stehen auf dem ❸ **Eckartsberg**. Hier oben brennt auf dem Fahnenmast das Europalicht. Die einstige Burg auf dem Eckartsberg aus dem 12. Jahrhundert wurde 1745 zerstört. Ein wunderschöner Rundumblick lässt uns hier verweilen. Der Münsterberg steht im Norden gegenüber. Orientierungstafeln erklären Kaiserstuhl, Tuniberg, Schwarzwald, Rhein und Vogesen. In der elsässischen Ebene zeichnet sich der Kirchturm der Eglise Royale de Saint-Louis von Neuf-Brisach ab. Durch den Vertrag von Rijswijk musste Breisach 1697 von Frankreich an Österreich abgegeben werden. Der Rhein wurde dadurch zur Grenze. König Ludwig XIV. sah sich genötigt, auf der elsässischen Rheinseite eine neue Festung zu bauen – Neuf-Brisach. Die Bauarbeiten erfolgten 1699 bis 1708 unter der Leitung des

Sektgenuss aus tiefen Kellern

Unter dem Breisacher Schlossberg befinden sich kilometerlange, über 600 Jahre alte Keller. Die Schlossberg-Sektkellerei nutzt diese idealen Räume mit einer Temperatur von 13 °C zur Reifung ihrer Sekte, die nach der Champagnermethode hergestellt werden. Die Trauben werden einer zweiten Gärung in der Flasche zugeführt, in der die Kohlensäure entsteht. Dann werden die Flaschen mit dem temporären Kronkorken nach unten in schräg gestellte Rüttelpulte gesteckt. Die Flaschen werden regelmäßig von Hand gerüttelt und systematisch gedreht. So gelangen die Flaschen im Laufe der Zeit zu einer fast senkrechten Stellung. Dadurch sammelt sich die Hefe im Flaschenhals vor der Verschlusskapsel. Es folgt das Degorgieren. So bezeichnet man das Entfernen der Hefe aus den Flaschen. Dabei wird der Flaschenhals kopfüber in eine minus 24 °C kalte Lösung getaucht. So wird aus dem Hefepfropfen ein Eispfropfen, der beim Öffnen der Flasche herausschießt. Die geringe Zugabe einer mehr oder weniger süßen Dosage in die Flasche bestimmt den Charakter des Champagners – von Brut bis Sec. Die tägliche Kellereiführung beginnt jeweils um 14 Uhr. Eine vorherige Anmeldung ist nicht notwendig (Schlossberg-Sektkellerei, Muggensturmstraße, 79206 Breisach am Rhein, Tel. 07667/8340, www.geldermann.de).

Festungsbaumeisters Vauban. Der achteckige Grundriss der Stadt und deren dreifachen Verteidigungswerke bilden einen sechzehnarmigen Stern. Neuf-Brisach war die modernste Festungsstadt des 17. Jahrhunderts. Als Meisterwerk der Militärarchitektur wurde Neuf-Brisach in die Liste des UNESCO-Weltkulturerbes aufgenommen und ist absolut sehenswert (www.tourisme-alsace.com/de/246001403-Neuf-Brisach.html).

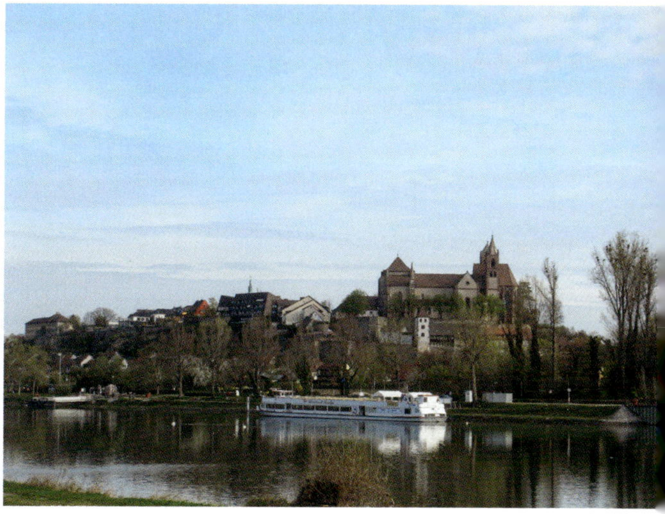

Von der französischen Rheininsel zeigt sich Breisach mit dem dominierenden Münster.

Zur Schiffsschleuse Vom Plateau des Eckartsbergs wandern wir nach links auf dem Asphaltsträßchen abwärts und biegen unten an dem kleinen Ecktürmchen nach rechts. Auf der linken Seite bringt uns gegenüber dem Schnellrestaurant eine Treppe zur Straße B 31 hinunter und nach rechts auf der Brücke über den Rhein und über die Grenze. Rechts unten ist die Anlegestelle für Hotelschiffe und Ausflugsboote der Breisacher Fahrgastschifffahrt. Fahrten auf dem Rhein, durch die Schleusen oder gar auf einem Kanal nach Colmar hinüber sind ein amüsantes Vergnügen (www.bfs-info.de). Ein interessanter Besichtigungspunkt ist die 4 **Schiffsschleuse** an der nächsten Brücke über den Rheinseitenkanal.

Zum Waldschwimmbad Wenn wir uns sattgesehen haben, drehen wir um und laufen wieder über die Rheinbrücke. Rechts unten ist jetzt die kleine Schleuse am Rheinwehr zu sehen, an der wir gleich vorbeispazieren werden. Nach der Tankstelle bleiben wir auf der rechten Seite auf dem Gehweg abwärts und gehen an der T-Kreuzung vor der Gehwegunterführung rechts in Richtung Freibad. An der Weggabel müssen wir rechts und an der nächsten Gabelung links auf der Fußgängerbrücke über die Möhlin. Auf der Straße wandern wir rechts bis zum Rhein und kommen links an der kleinen Schleuse vorbei. An einem letzten Bootshaus nehmen wir den linken Weg und entfernen uns vom Rhein. Dann geht es in spitzem Winkel zurück und an der Rückseite des letzten Bootshauses nach rechts am Europaweiher entlang. Am Ende des Weihers schlendern wir nach links am 5 **Waldschwimmbad** vorbei.

An der Schiffsschleuse am Rhein lässt sich der Schleusenvorgang beobachten.

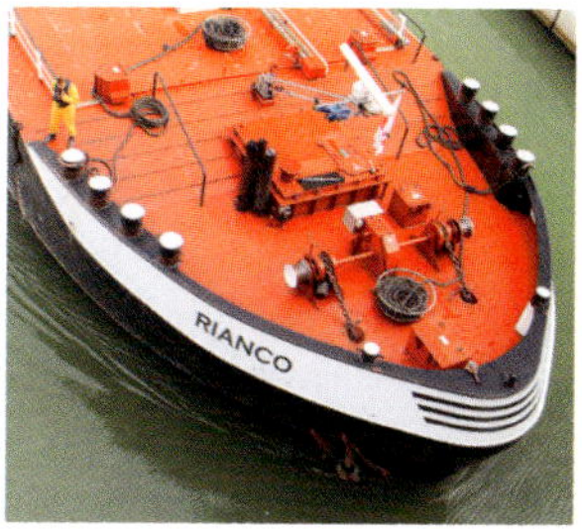

Zum Kreisverkehr am Bahnhof Danach finden wir wieder die Fußgängerbrücke über die Möhlin und die Gehwegunterführung, die genau zum E **Kreisverkehr am Bahnhof** und dem Parkplatz dort führt.

13

Niederrotweil und Achkarren

Gotischer Schatz und Burgruine

Leicht | 2:40 Std. | 240 Hm | 8,3 km

Besonderer Genuss: Kultur am Wegrand

Tourencharakter
Leichte, vorwiegend sonnige Tour, größtenteils auf Naturwegen durch Weinberge, Wälder und Ortsgebiet. Der steile Aufstieg zur Burg Höhingen erfordert etwas Kondition.

Ausgangs-/Endpunkt
Parkplatz an der Kirche Sankt Michael in Niederrotweil
GPS N48°05'05.0" E07°36'44.5"

Anfahrt
Auto Auf der A 5 Ausfahrt 59 Riegel und auf der L 113 über Endingen auf der L 104 nach Niederrotweil
Bus Mit der Linie 295 von Freiburg oder mit der **Bahn** von Riegel oder von Breisach nach Oberrotweil (www.bahn.de)

Gehzeiten
Kirche Sankt Michael – Bank am Waldrand 0:35 Std. – Wegweiser Sommental 0:30 Std. – Schlossbergpavillon 0:30 Std. – Naturschutzgebiet Ebnet 0:30 Std. – Kirche Sankt Pantaleon 0:25 Std. – Kirche Sankt Michael 0:10 Std.

Einkehr
Gasthaus Zum Kaiserstuhl, Niederrotweil 4, 79235 Niederrotweil, Tel. 07662/237, www.gasthaus-zum-kaiserstuhl.de
Restaurant Landhaus Kaiserstuhl, Bahnhofstraße 37, 79235 Oberrotweil, Tel. 0173/3806566

Karten
Kompass 883, 1:25 000

Touristinformation
Bahnhofstraße 20, 79235 Vogtsburg-Oberrotweil, Tel. 07662/94011, www.vogtsburg.de

Am Wanderweg liegt Sankt Michael, die älteste Kirche im Kaiserstuhl, mit dem wunderbaren Schnitzaltar. Ein Höhepunkt ist das seltene Flaumeichenvorkommen am Büchsenberg. Der Anstieg auf den Schlossberg wird mit einem wunderbaren Panorama belohnt.

Zur Bank am Waldrand Die Ⓐ **Kirche Sankt Michael** behütet als Kunstschätze den spätgotischen Schnitzaltar von 1520, die Fresken aus dem Jahr 1350 und die älteste Orgel des Breisgaus. Am Ende der Wanderung steht deren Besichtigung an. Gegenüber der Kirche Sankt Michael steigt eine asphaltierte Straße nach rechts hinauf, die nach 150 Metern die Schienen der Bahntrasse kreuzt. Hier oben befindet sich ein alter Phonolit-Steinbruch. Dies ist ein grau-grünliches, vulkanisches Gestein.
An der Kreuzung nach den Gleisen bleiben wir geradeaus leicht aufwärts. Nach 100 Metern wählen wir den rechten flachen Weg.

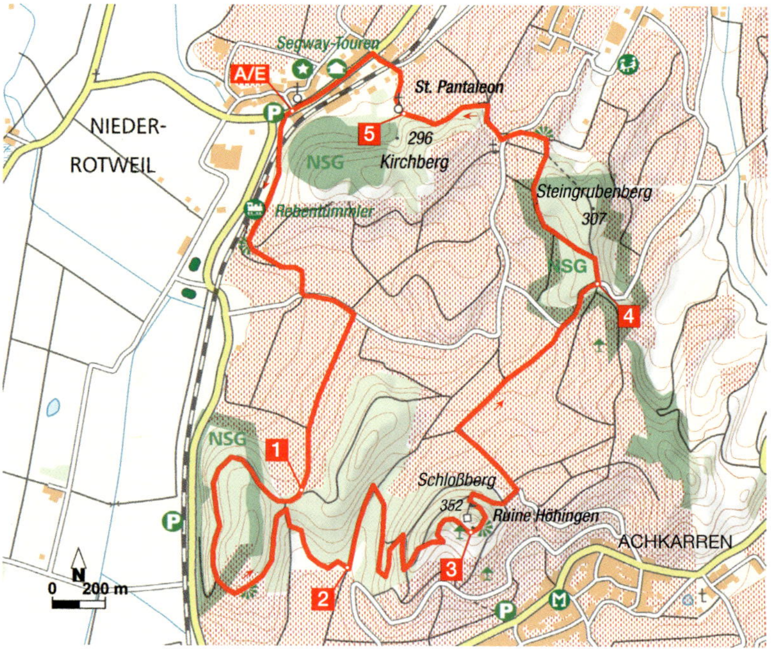

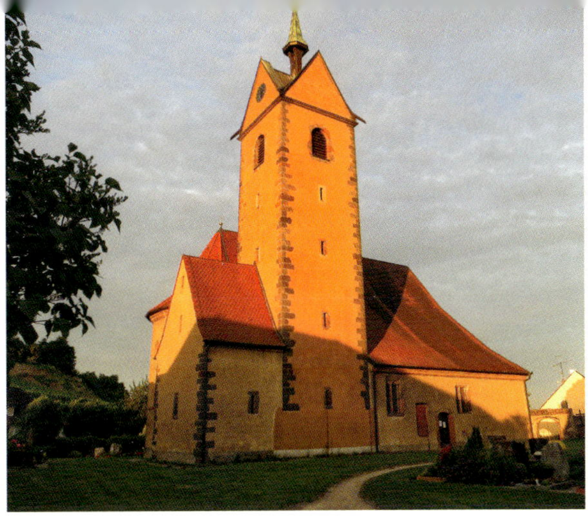

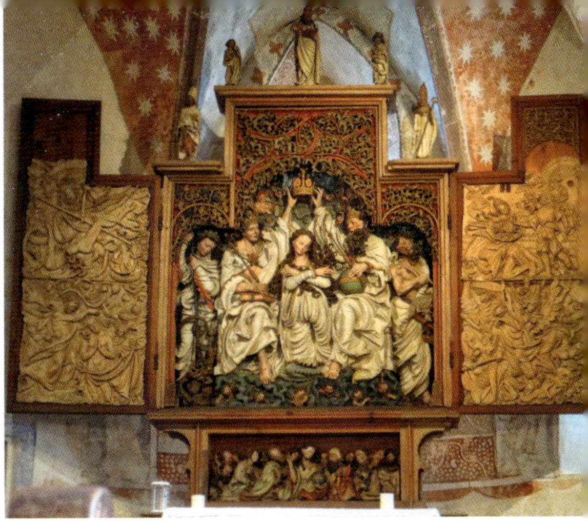

An einem Bildstock mit Aussicht auf Breisach wandern wir auf dem rechten abwärtsführenden Weg entlang der Mauer weiter und unten auf dem asphaltierten Weg geradeaus. An der bald folgenden T-Kreuzung halten wir uns links. Nach 250 Metern gehen wir auf dem zweiten Abzweig nach rechts auf dem Kulinarischen Weinwanderweg weiter. An der zweiten Gabelung in den ausgedehnten Rebflächen laufen wir links aufwärts und streben der kleinen bewaldeten Höhe zu, an der eine **1** **Bank am Waldrand** steht.

Der Schnitzaltar in der Kirche Sankt Michael ist ein Kleinod.

Links: Die Kirche Sankt Michael birgt gotische Schätze.

Zum Wegweiser Sommental Am Waldrand wandern wir nun nach rechts. An der nächsten Kreuzung gehen wir rechts in Richtung Flaumeichenwald. An einer Gabelung im Wald steigen wir rechts abwärts und streifen durch das Naturschutzgebiet Büchsenberg. Die mediterranen Flaumeichen sind ein Beweis für das hier vorherrschende außerordentlich milde Klima. Kennzeichen der trockenresistenten Flaumeichen ist die graufilzige Behaarung an den Blattunterseiten und Knospen, die als Verdunstungsschutz dienen. Im Mai blüht der seltene Diptam unter den Flaumeichen.

Nach dem Flaumeichenwald laufen wir an einer Weggabel links aufwärts und kommen dann wieder durch Weinberge auf ebenem Weg in einem Kreisbogen um den Büchsenberg herum und tauchen wieder in den Wald ein. Bald haben wir fast den Kreis an der Bank am Waldrand geschlossen. Aber kurz vor dem Waldrand gehen wir rechts in spitzem Winkel in Richtung Schlossberg Achkarren abwärts. Nach 50 Metern schlendern wir noch im Wald nach links und in

Altes Betriebsgebäude im Steinbruch von Niederrotweil, in dem einst vulkanischer Phonolit abgebaut wurde

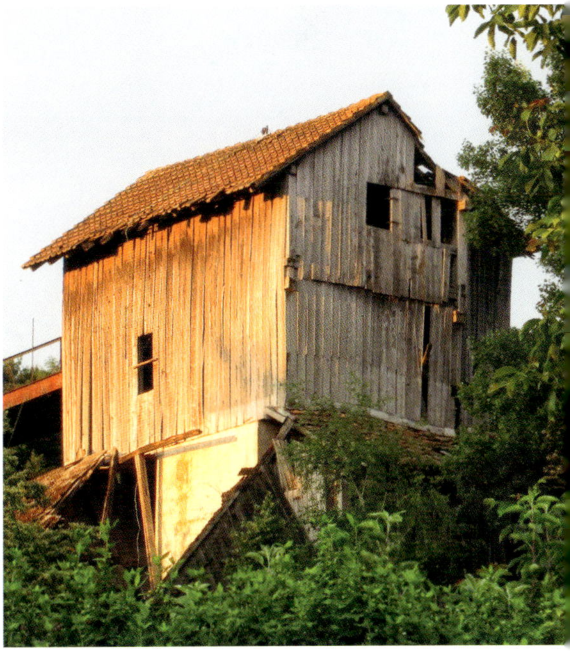

der Folge immer am Waldrand entlang. Am Ende des Walds finden wir den ❷ **Wegweiser Sommental**.

Zum Schlossbergpavillon Hier laufen wir nach links in den Wald auf einer ehemaligen Römerstraße und 150 Meter weiter nach rechts Richtung Schlossberggipfel. An der nächsten Kreuzung gehen wir auf dem ansteigenden Weg geradeaus und meistern den steilen Anstieg in Serpentinen. Am Ritterfelsensteinbruch, in dem der Tephrit-Tuff für die Burg Höhingen und zur Renovierung des Breisacher Münsters gebrochen wurde, wandern wir auf erholsamem ebenem Weg nach rechts und haben gleich einen wunderbaren Blick auf Achkarren. Eine schöne Sage behauptet, es habe sich beim Bau der Burg Höhingen ein beladener Karren selbstständig gemacht und dem Schlossherrn entfuhr der Spruch »Ach Karren«. Tatsache ist, der Ort verfügt als einzige Winzergemeinde des Kaiserstuhls über 50 Prozent verwitterten Vulkanboden und ist vor allem für seine exzellenten Ruhländer Weine bekannt.

Von diesem Aussichtspunkt müssen wir jetzt nach links sehr steil den Rittersprungrundweg hinauf. Der ❸ **Schlossbergpavillon** bietet einen verdienten Rastplatz mit ausgezeichneter Aussicht. Hier oben stand ab dem 13. Jahrhundert die Burg Höhingen, Eigentum des Geschlechts der Üsenberger, die in den Bauernkriegen 1525 zerstört wurde. Ab 1671 benutzte der französische Baumeister Vauban die Burgruine als Steinbruch zum Festungsbau in Neuf-Brisach, weshalb nur noch spärliche Reste der einst stolzen Burg vorhanden sind.

Zum Naturschutzgebiet Ebnet Nach der Rast steigen wir zur Lourdes-Grotte hinab und nehmen dort den steilen Pfad mit Geländer links hinunter. In Serpentinen steigen wir immer nur abwärts und gehen am Waldrand den

Der Meister H. L.

Der spätgotische Flügelaltar aus dem Jahr 1525, ein Meisterwerk der oberrheinischen Spätgotik in der Kirche Sankt Michael, trägt die Signatur »H L«. Der schöne Hochaltar im Breisacher Münster trägt die gleiche Kennzeichnung. Darüber hinaus sind 31 weitere Werke mit diesen Initialen bekannt. Der Stil des Meisters »H L« zeigt eine überschwängliche Formensprache der Spätgotik und weist auf den Übergang der Gotik zur Renaissance hin. Bei der Person hinter den Buchstaben »H L« handelt es sich wahrscheinlich um den Ulmer Meister Hans Loy, der 1519 bis 1520 in Freiburg wirkte. Besonders der kunstvoll gestaltete Mittelteil des Altars wirkt wie eine eingefrorene Momentaufnahme der bewegten Szene der Marienkrönung. Der spätgotische Flügelaltar ist für Kunstfreunde ein Genuss. Die Kirche enthält außerdem Fresken aus dem 14. Jahrhundert und die älteste Orgel des Breisgaus. Eine hervorragende interaktive 360°-Ansicht mit dem Altar ist zu sehen unter: www.360cities.net/de/image/st-michael-romanesque-church-niederrotweil-kaiserstuhl. Von März bis Oktober ist die Kirche von 14 bis 17 Uhr geöffnet. Unter Tel. 07662/8333 oder unter Tel. 07662/1650 oder beim Haus Nr. 36 in Niederrotweil ist evtl. auch zu anderen Zeiten eine Besichtigung zu erfragen.

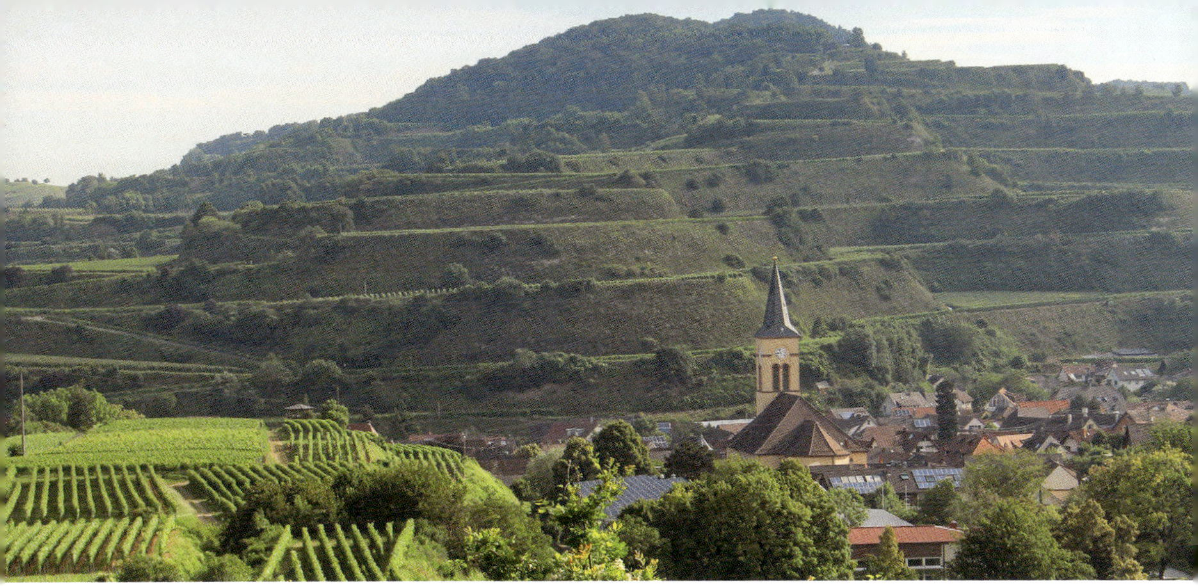

zweiten Weg nach links durch die Rebflächen weiter Richtung Bahnhof Oberrotweil. Nach 100 Metern schwenken wir links auf den Talweg durch Weinberge abwärts. An einer Kreuzung bewegen wir uns jetzt nach rechts, nicht mehr abwärts sondern erst eben, dann aufwärts immer geradeaus auf ein Wäldchen mit einer Antenne zu. An der Kreuzung im Gehölz erreichen wir das 4 **Naturschutzgebiet Ebnet**.

Oberrotweil liegt im Krottenbachtal vor der Mondhalde.

Zur Kirche Sankt Pantaleon Im Ebnet orientieren wir uns nach links mit dem Ziel Niederrotweil. Am ersten Abzweig nehmen wir mit der gelben Raute den linken Weg abwärts und wandern am Waldrand nach rechts und bleiben auch nach einer weiteren Kreuzung am Waldrand. Bald bietet sich ein Panorama von den Vogesen über Oberrotweil bis zum Totenkopf. 60 Meter nach dem Ende des Walds folgen wir geradeaus dem Hinweis zur Kirche Sankt Pantaleon und überqueren eine Asphaltstraße. An einer Kreuzung müssen wir links den ersten Erdweg hinauf und an einer Gabelung auf dem rechten, ebenen Weg weiter. An einer weiteren Weggabel geht es links ein wenig aufwärts und dann am Waldrand hinunter zur Kirche 5 **Sankt Pantaleon**, die seit 1735 das Ziel einer Wallfahrt ist.

Blick vom Schlossberg über den Weinort Achkarren

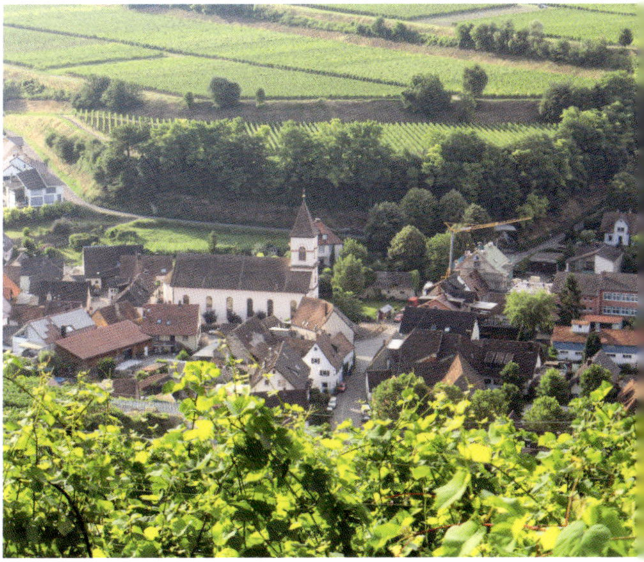

Zur Kirche Sankt Michael Der Kreuzweg führt zur Bahnlinie und bis zur Hauptstraße hinab, auf der wir nach links zur E **Kirche Sankt Michael** zurückkommen.

14

Die Lösshohlgassen bei Bickensohl

Durch die berühmte Eichgasse

Leicht 2:10 Std. 210 Hm 6,5 km

Besonderer Genuss: Ruhe und Natur

Tourencharakter
Leichte, vorwiegend sonnige Tour, größtenteils auf Naturwegen durch Weinberge, Wälder und Ortsgebiet

Ausgangs-/Endpunkt
Parkplatz an der Winzergenossenschaft Bickensohl
GPS N48°04'42.9" E07°38'44.7"

Anfahrt
Auto Auf der A5 Ausfahrt 59 Riegel und auf der L113 über Endingen auf der L105 nach Bickensohl
Bus Mit der Linie 104 von Breisach nach Bickensohl (www.bahn.de)

Gehzeiten
Parkplatz an der Winzergenossenschaft – Eichgasse 0:10 Std. – Strümpfeköpfle 0:25 Std. – Kreuzung Roßläger 0:25 Std. – Kreuzung Obermatten 0:20 Std. – Ensentalhütte 0:15 Std. – Parkplatz an der Winzergenossenschaft 0:35 Std.

Einkehr
Hotel Restaurant Rebstock, Neunlindenstraße 23, 79235 Bickensohl, Tel. 07662/93 330, rebstock-bickensohl.de
Gasthof Neun Linden, Hauptstraße 65, 79235 Oberrotweil, Tel. 07662/80202, www.neun-linden.de

Karten
Kompass 883, 1:25 000

Touristinformation
Bahnhofstraße 20, 79235 Vogtsburg-Oberrotweil, Tel. 07662/940 11, www.vogtsburg.de

Hinweis
Die Tour verlangt etwas Ausdauer, da viele Täler und Höhen durchwandert werden.

Die landschaftlich wertvollsten Teile um Bickensohl sind die Lösshohlgassen, die bei dieser Wanderung durchschritten werden. Die Tour tangiert viele wunderbare Aussichtsplätze.

Zur Eichgasse Von der Ⓐ **Winzergenossenschaft** starten wir nach Westen am Restaurant Rebstock vorbei geradeaus über die Kreuzung in die Neunlindenstraße, gehen am Briefkasten links die Straße hoch und biegen am letzten Haus links in die berühmte ❶ **Eichgasse** ein.

Zum Strümpfeköpfle In der Eichgasse halten wir uns an der ersten Gabelung rechts und dann immer aufwärts. Am Ende der Eichgasse wandern wir in spitzem Winkel links aufwärts. An der Gabelung gehen wir rechts hinauf an Arnos Hütte mit dem Weinfass vorbei und in der Rechtskehre geradeaus auf einem kleinen Pfad weiter im Wald immer aufwärts. An der Hütte ❷ **Strümpfeköpfle** ist ein Picknickplatz mit schöner Aussicht in die Vogesen.

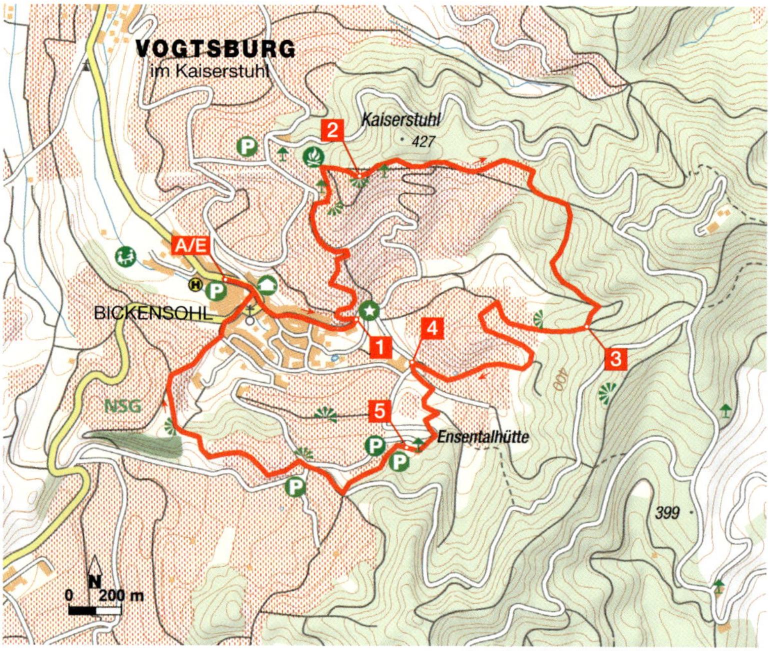

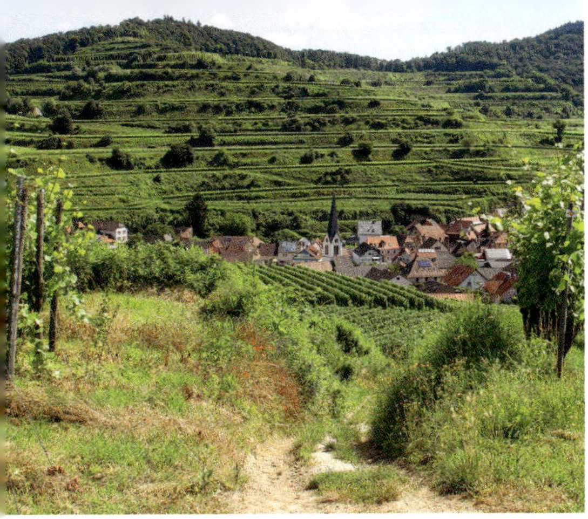

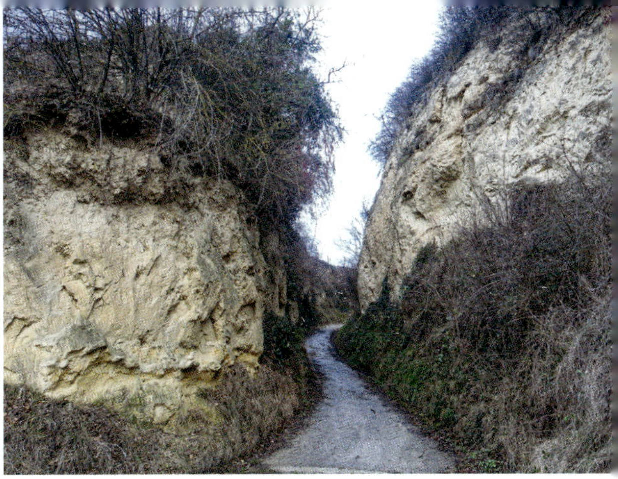

In der tief eingeschnittenen Eichgasse in Bickensohl geht es aufwärts in die Weinberge.

Links: Aussicht aus den Weinbergen über den Weinort Bickensohl

Zur Kreuzung Roßläger An der Hütte vorbei laufen wir leicht abwärts, dann hinauf zum Waldrand, an dem wir rechts hinab müssen. An einer Kreuzung mit Jagdansitz im Wald geht es links wieder aufwärts und wir kommen zur ❸ **Kreuzung Roßläger**.

Zur Kreuzung Obermatten Wir steigen rechts durch Wald und Reben hinab. An einer Kreuzung, 150 Meter nach dem Waldrand, wandern wir links und nach einer Bank links. Am zweiten Haus von Bickensohl erreichen wir die ❹ **Kreuzung Obermatten**.

Zur Ensentalhütte Hier gehen wir in spitzem Winkel links, nach zehn Metern wieder links und steigen nach 250 Metern rechts den steilen Pfad mit Geländer und oben durch Reben zur ❺ **Ensentalhütte** hinauf.

Zur Winzergenossenschaft Von der Hütte aus gesehen am rechten Wiesenrand finden wir die Lösshohlgasse, die in den Wald ansteigt. An einer Kreuzung nach dem Wald wenden wir uns nach rechts und kommen am Panorama Totenkopf vorbei. An der folgenden Kreuzung gehen wir den zweiten Weg links und an einer dreifachen Weggabel ebenfalls links. An der folgenden T-Kreuzung müssen wir links und an der Kreuzung 30 Meter vor dem Sendemast rechts. Nun bleiben wir geradeaus auf der engen Blachengasse. 100 Meter nach einem Picknickplatz geht es rechts nach Bickensohl. An der Straße Große Gärten laufen wir geradeaus, am Rathaus und am Restaurant Rebstock vorbei, zum Parkplatz vor der Ⓔ **Winzergenossenschaft** zurück.

Historische Lösshohlgassen

Die Entstehungsgeschichte der Lösshohlgassen reicht bis in das 7. Jahrhundert zurück. Entstanden sind die bis zu 25 Meter tiefen Gassen durch die jahrhundertelange Nutzung der Wege. Der eher weiche und poröse Löss wird nicht den Erden zugerechnet, sondern gehört zu den Gesteinen. Er ist ein Sediment aus angewehtem Ton und Feinsand, der durch einen gewissen Kalkanteil stabilisiert ist. Die Räder von Fuhrwerken und Kutschen sowie der Regen ließen den Löss erodieren und abschwemmen. Nur noch 100 Hohlwege gibt es heute im Kaiserstuhl, in denen eine eigene charakteristische Pflanzen- und Tierwelt existiert. Ökologisch wertvoll sind insbesondere die großen blanken Lössflächen.

15

Der Vulkanfelsgarten bei Ihringen

Kakteen und Wein

Leicht | 1:40 Std. | 120 Hm | 5,0 km

Besonderer Genuss: Ruhe und Natur

Tourencharakter
Leichte, aber sonnige Tour auf befestigten Wegen durch Weinberge

Ausgangs-/Endpunkt
Parkplatz Vulkanfelsgarten an der K 4928
GPS N48°02‘21.5“ E07°37‘17.6“

Anfahrt
Auto Auf der A 5 Ausfahrt 60 Teningen und auf der L 114 über Ihringen zum Parkplatz
Bahn Von Freiburg nur bis Ihringen (www.bahn.de)

Gehzeiten
Parkplatz Vulkanfelsgarten – Reklametafel 0:15 Std. – Oberbrunnen 0:25 Std. – Blankenhornsberg 0:20 Std. – Littesbühlhütte 0:10 Std. – Häuschen mit Blechwalmdach 0:15 Std. – Parkplatz Vulkanfelsgarten 0:15 Std.

Einkehr
Strauße Weingut Michel, Winzerweg 24, 79235 Achkarren, Tel. 07662/429, www.weingutmichel.com
Rasthaus Lenzenberg, Lenzenbergstraße, 79241 Ihringen, Tel. 07668/284, www.lenzenberg.de
Martinshof-Schenke, Martinshöfe 2, 79241 Ihringen, Tel. 07668/7643, www.martinshof-schenke.de

Karten
Kompass 883, 1:25 000

Touristinformation
Bachenstraße 38, 79241 Ihringen, Tel. 07668/9343, www.ihringen-touristik.de

Die südwestliche Ecke des Kaiserstuhls bietet mit den offen liegenden Gesteinen einen Einblick in die vulkanische Entstehungsgeschichte. Direkte Sonneneinstrahlung fördert gute Weine, erfordert aber spezialisierte Lebensformen der Flora und Fauna.

Zur Reklametafel Vom Parkplatz Ⓐ **Vulkanfelsgarten** an der K 4928 starten wir an der Informationstafel entlang der Mauer in die Rebflächen. Am Brunnen steigen wir rechts an einem Häuschen mit Ziegelwalmdach vorbei zur Felswand hinauf. Das Vulkangestein ist der Lebensraum für eine spezialisierte Tier- und Pflanzenwelt. Wir gehen nach links und steigen auf dem Weg mit silbernem Geländer durch die Steillagen weiter hinauf. Die nächste Fels- und Betonwand wird durch eine Treppe überwunden. Oben geht es geradeaus durch die Reben höher, auf dem Weg nach rechts und dann links zu einer Kreuzung mit Bank, betoniertem Wasserbecken und einer ❶ **Reklametafel** des Weinguts Karle.

Zum Oberbrunnen Auf der Straße bleiben wir geradeaus und dann an zwei Kreuzungen auf dem breiten Hauptweg abwärts an einer Reihe Kiefern vorbei. Aber an einer T-Kreuzung mit doppeltem Wassereinlauf aus Beton bleiben wir nicht auf dem Hauptweg, der nach rechts hinunterführt, sondern schlendern geradeaus nun eben zwischen dem hohen Hang und Reben in

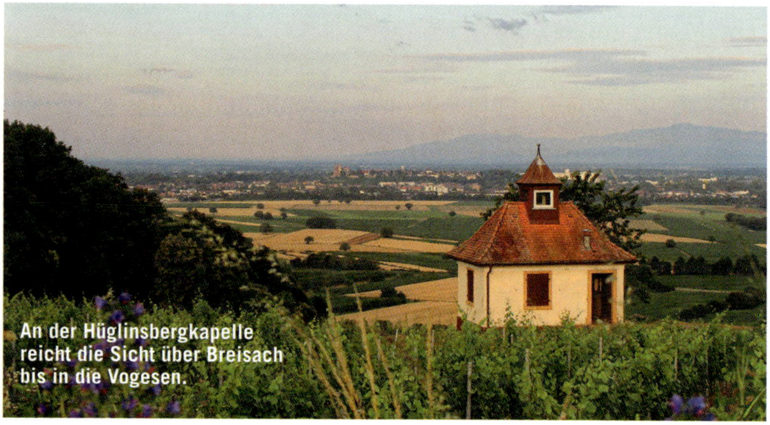

An der Hüglinsbergkapelle reicht die Sicht über Breisach bis in die Vogesen.

einem Linksbogen in das Tal hinein. Nach einer Rechtskurve leitet hinter einem Picknickplatz ein schmaler Pfad auf ein Sträßchen hinunter, auf dem wir nach links am ❷ **Oberbrunnen** vorbeikommen.

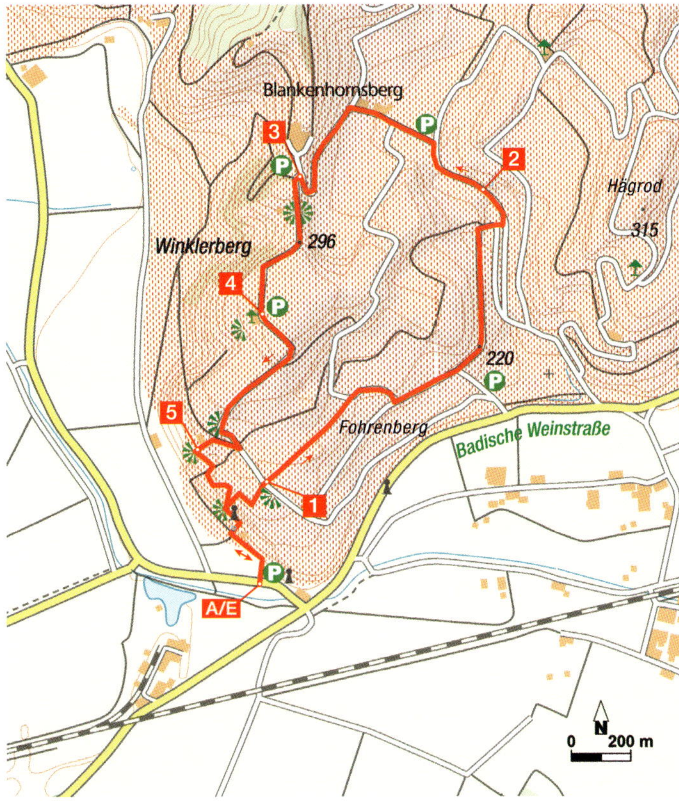

Zum Blankenhornsberg An der folgenden Kreuzung mit Parkplatz gehen wir nach links und nach den Häusern links aufwärts zum Staatlichen Weingut ❸ **Blankenhornsberg**.

Zur Littesbühlhütte Hier wandern wir nach Süden leicht aufwärts in Richtung Wanne. An der Hüglinsbergkapelle zeigt sich rechts eine schöne Sicht über Breisach. An der folgenden Weggabel müssen wir rechts aufwärts zur ❹ **Littesbühlhütte**.

Zum Häuschen mit Blechwalmdach Auf dem Asphaltsträßchen geht es in Kurven abwärts bis zur Wegkreuzung mit dem Namen Wanne. In spitzem Winkel gehen wir nun nach rechts bis zu dem ❺ **Häuschen mit Blechwalmdach**.

Zum Parkplatz Vulkanfelsgarten Hier geht es über Treppen mit Geländer an der Felswand hinunter. Aber die erste Treppe ohne Geländer benutzen wir nicht, sondern gehen links an den Felsen entlang. Wir bleiben mehr oder weniger auf dieser Höhe und steigen erst an dem Häuschen mit Ziegelwalmdach hinunter zum Brunnen und sind dann gleich am Ⓔ **Parkplatz Vulkanfelsgarten** zurück.

Opuntien, Lavaströme und Mineralien

Vor 15 bis 23 Mio. Jahren entstand das kleine Vulkanmassiv des Kaiserstuhls durch an die Oberfläche quellende Magmamassen aus dem Oberrheingraben. Durch Erosion wurden die Höhenzüge zu einer Vulkanruine. Die Lössauflage entstand durch spätere Anwehungen von Staub zwischen den Eiszeiten. Nur vereinzelt tritt wie am Winklerberg poröser Tuff zu Tage. Glänzender Augit, weiße Calcite und rostrot verwitternde Olivine sind zu unterscheiden. In den porösen, oft rötlichen Eruptivgesteinen wachsen langstachelige Wildkakteen (Opuntia phaeacantha) und in den von der Sonne aufgeheizten Wänden sind Smaragdeidechsen und Ödlandschrecken zu sehen.

16

Vom Liliental auf den Totenkopf

Der höchste Berg im Kaiserstuhl

Leicht | 3:20 Std. | 350 m | 10,0 km

Besonderer Genuss: Kultur am Wegrand

Tourencharakter
Leichte, vorwiegend schattige Tour auf Naturwegen durch Wälder und Weinberge. Der Höhenunterschied erfordert Kondition.

Ausgangs-/Endpunkt
Parkplatz Liliental
GPS N48°04'02.6" E07°40'29.7"

Anfahrt
Auto Auf der A5 Ausfahrt 60 Teningen und auf der L114 über Bötzingen und Ihringen in das Liliental
Bahn Von Freiburg nur bis Ihringen (www.bahn.de)

Gehzeiten
Parkplatz Liliental – Mammutbaumwald 0:25 Std. – Hasenbeinmatte 0:35 Std. – Neunlindenturm 0:30 Std. – Lenzenberg 1:00 Std. – Martinshofschenke 0:25 Std. – Parkplatz Liliental 0:25 Std.

Einkehr in Ihringen
Gasthaus Zur Lilie, Lilienhof, Tel. 07668/9956393, www.lilie-liliental.de
Rasthaus Lenzenberg, Lenzenbergstraße, Tel. 07668/284, www.lenzenberg.de
Martinshofschenke, Martinshöfe 2, Tel. 07668/7643, www.martins-hof-schenke.de
Restaurant Holzöfele, Bachenstraße 46, Tel. 07668/207, www.holzoefele-ihringen.de

Karten
Kompass 883, 1:25000

Touristinformation
Bachenstraße 38, 79241 Ihringen, Tel. 07668/9343, www.ihringen-touristik.de

Vom Liliental mit seinem artenreichen Arboretum steigen wir auf den Totenkopf. Der Aussichtsturm Neunlinden steht an der Stelle eines Klosters des Paulinerordens. Zurück geht es über die beliebte Ausflugsgaststätte Lenzenberg.

Zum Mammutbaumwald Vom Parkplatz Ⓐ **Liliental** beginnen wir die Wanderung links am Gasthaus Zur Lilie vorbei aufwärts. Dabei folgen wir der gelben Raute und den Schildern Weg Nr. 1 und Nr. 3, an einem Kinderspielplatz vorbei. Das einst landwirtschaftliche Gut Lilienhof wurde als Gestüt und Weingut auf uraltem Siedlungsgebiet errichtet. Im ehemaligen Gutsverwalterhaus befindet sich heute das Gasthaus Zur Lilie. 1975 wurde das Gut von der Forstlichen Versuchs- und Forschungsanstalt Baden-Württemberg erworben. Auf 80 Hektar wachsen Pflanzungen für die Forschung und Samengewinnung. Zugleich wurde ein Arboretum heimischer und fremder Baum- und Straucharten in großer Anzahl gepflanzt. So entstanden unter anderem der oft bestaunte Mammutbaumwald und die asiatische Baumsamm-

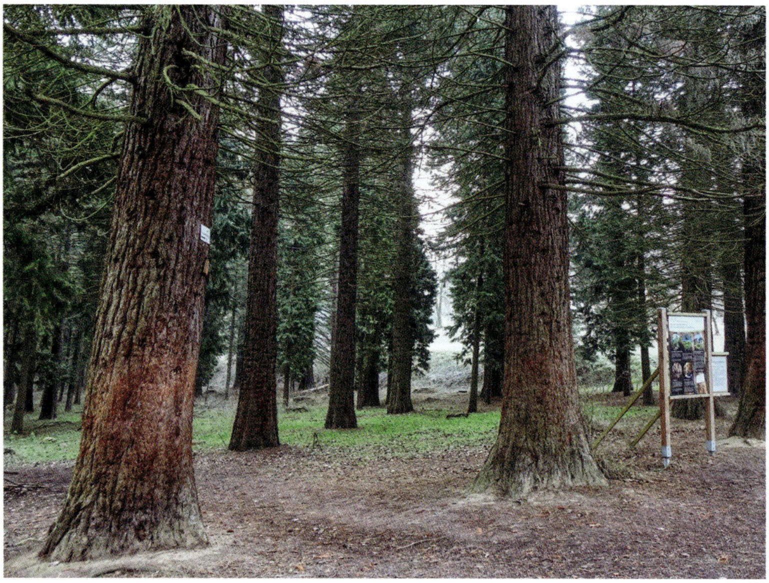

lung. Auf den Wiesen haben sich auch zweiundzwanzig heimische Orchideenarten angesiedelt (www.fva-bw.de).

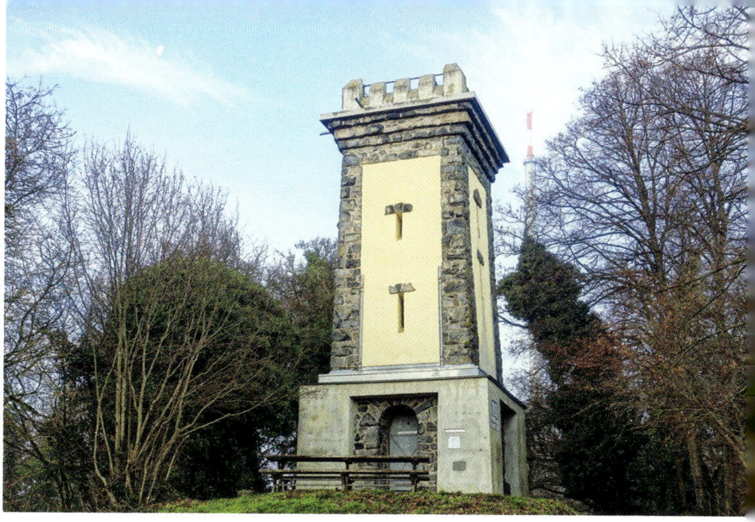

Der Neunlindenturm steht anstelle eines verschwundenen Klosters.

An einer Wegkreuzung nach dem Gasthaus Zur Lilie gehen wir weiter geradeaus. Eine Eibenallee säumt den stetig ansteigenden Weg und dann wird der Sendeturm auf dem Totenkopf sichtbar. An einer weiteren Kreuzung halten wir uns rechts auf den Sautalweg Nr. 1 und Nr. 3 mit der gelben Raute. Nach einem Picknicktisch kommen wir zum eindrucksvollen 1 **Mammutbaumwald**.

Linke Seite: Die Mammutbäume sind bereits zu beeindruckender Größe herangewachsen.

Zur Kreuzung Hasenbeinmatte Hier zweigt ein kleiner Pfad mit dem Wegweiser zum Vogelsangpass nach links ab. Romantisch zieht diese Lösshohlgasse durch Wald nach oben. Bald treten wir aus dem Hohlweg auf einen ebenen Kiesweg mit dem Namen Hundskehlenweg, dem wir nach rechts gut einen Kilometer Richtung Vogelsangpass folgen. Zehn Meter vor der Kreuzung 2 **Hasenbeinmatte** lenkt in spitzem Winkel nach links ein kleiner Steig mit der gelben Raute und dem Wegweiser Neunlindenturm aufwärts.

Zum Neunlindenturm Bei dem Weg hinauf handelt es sich nun um den Neunlindenpfad und zugleich um einen alten Grenzweg. Schon bald stoßen wir auch auf Grenzsteine aus dem Jahr 1773, auf deren Seiten unterschiedliche Wappen der einstigen Landesherren eingemeißelt sind. An einer Wegverzweigung nehmen wir die rechte Möglichkeit mit der Zielangabe Neunlindenturm, der nach einem steileren Aufstieg dann auch bald erreicht ist. Der 3 **Neunlindenturm** steht

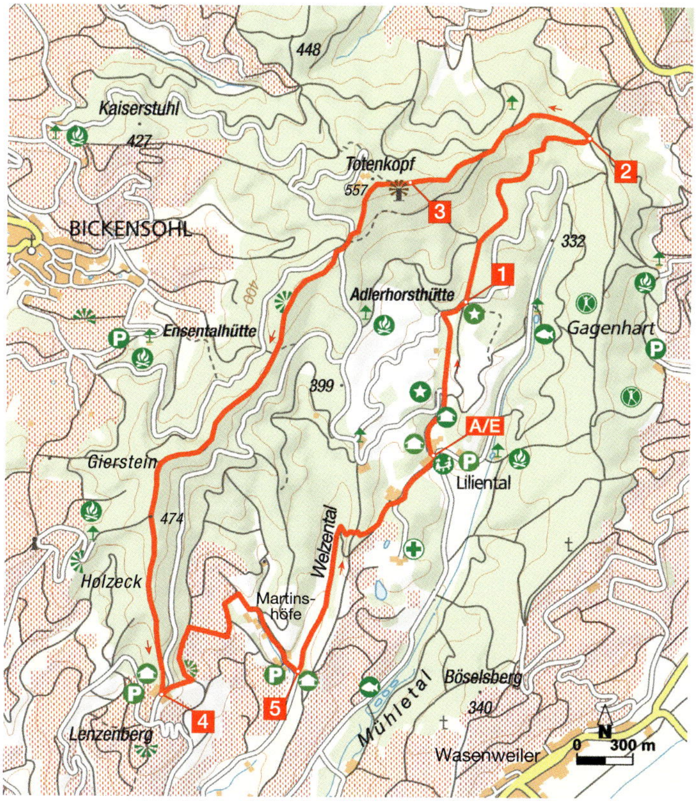

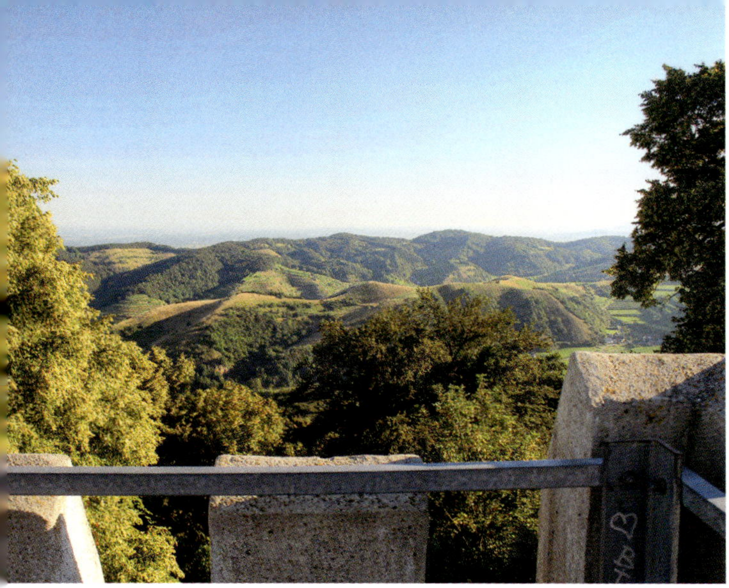

Aussicht vom Neunlindenturm auf die Hügel des Kaiserstuhls

Rechte Seite, links: Aussicht vom Lenzenberg über Ihringen

Rechte Seite, rechts: Feigen gedeihen am Kaiserstuhl wie am Mittelmeer.

auf 557 Meter Höhe auf dem Totenkopf. Die Aussicht vom Turm schweift über den Kaiserstuhl, Tuniberg und über das Rheintal in die Vogesen hinüber. Den Namen soll der Berg von den hier durchgeführten Hinrichtungen haben, die König Otto III. im Jahr 994 während seines Gerichtstags in Leiselheim anordnete.

Zum Lenzenberg Vom Neunlindenturm lenkt ein Kiesweg abwärts. Noch steiler wird es nach dem Wegweiser Richtung Lenzenberg links durch den jungen Wald. Später, in höherem Wald, wandern wir auf eine Sechswegekreuzung zu, an der zwei Bänke stehen. Der kleine mittlere Weg, der leicht aufwärts steigt, führt geradeaus mit dem Wegweiser nach Lenzenberg. Nun wandern wir auf einem Kammweg in ständigem Auf und Ab auf den Gierstein mit 473 Meter Höhe. Bald geht es nur noch abwärts, und schnell ist der Weg vor der Berggaststätte 4 **Lenzenberg** zu Ende. Vor dem gut besuchten Ausflugslokal ist dann wieder eine grandiose Aussicht zu bewundern. Im Süden der Tuniberg, im Westen Breisach mit dem Münster und der Rhein.

Zur Martinshofschenke Durch das Gartentor, durch welches wir eintraten, gehen wir wieder hinaus und wenden uns nach rechts in Richtung Ihringen. Nach 50 Metern laufen wir rechts hinunter. Zehn Meter vor einer roten Blechhütte mit rotem Dach folgen wir nach links dem kleinen Steig ohne Markierung in den Wald hinab. Unterhalb der Hütte ist ein guter Aussichtspunkt mit Blick auf die Martinshofschenke unten im Tal. Hier steigen wir vor den Reben links abwärts und wandern an einer folgenden Weggabel nach links. An einer T-Kreuzung vor einer Rebenfläche gehen wir rechts in dem Hohlweg hinunter. Am Ende des Hohlwegs folgen wir an der T-Kreuzung der

Aromagenuss im Duft- und Kräutergarten

Eine grüne Oase ist mitten im nahen Ihringen, im sogenannten Schlupf, zu finden. Über sechzig Pflanzenarten dringen im Duft- und Kräutergarten mit ihrer Aromenvielfalt in die Sinne. Ein Beerenpfad ist ebenfalls integriert. Alle im Duftgarten verbauten Steine stammen aus der Region und sind Ausdruck der bewegten geologischen Geschichte des Kaiserstuhls. Hinter der Touristinformation beginnt an der Riedengartenstraße 4 der Gehweg zum Duftgarten. Das Faltblatt »Naturerlebnis Ihringen« weist den Weg.

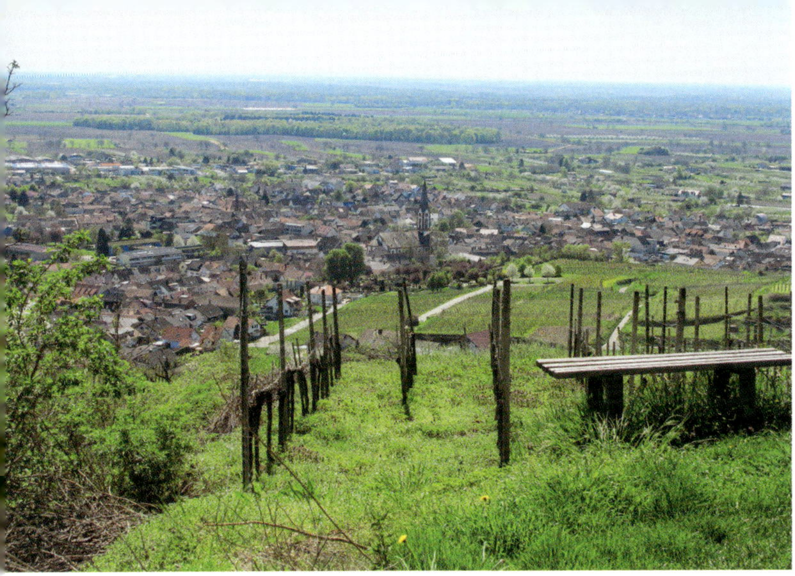

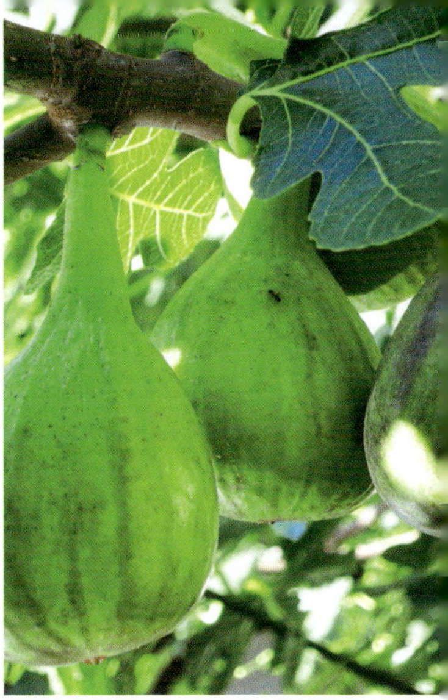

gelben Raute nach links. Nach einem Weinberghäuschen mit Pultdach beschreibt der Weg einen ebenen Bogen durch ein Tal, und wir sehen gegenüber schon ein altes Weinberghäuschen unter einem riesigen Kirschbaum. Nach diesem Kirschbaum geht es nur noch abwärts durch den kleinen Ort Himmelburg bis zur 5 Martinshofschenke.

Zum Gasthaus Zur Lilie Hier schwenken wir links nach Norden auf einen Erdweg mit der Markierung oranger Punkt ein, der an einem Putenstall vorbeiführt. 400 Meter nach der Martinshofschenke und zehn Meter nach dem zweiten großen Zaun gehen wir rechts auf schmalem Pfad durch einen schönen Laubwald aus Buchen, Eichen, Wildkirschen und Robinien den Hang hinauf. Oben an der aussichtsreichen Wegkreuzung geht es auf dem dritten Weg links an einem Zaun entlang in Richtung Lilienhof. Am Hofgut Lilienhof vorbei spazieren wir jetzt wieder auf einer Asphaltstraße weiter abwärts und sind gleich zurück am Parkplatz E Liliental.

Der Paulinerorden auf dem Totenkopf

Der Neunlindenturm, einst von neun Linden umgeben, steht anstelle eines Paulinerklosters oder Kloster des Heiligen Paulus von Theben. Fundamente und auch eine Gruft wurden nachgewiesen. Die Gründung des Petersklosters geht auf Hesso von Baden-Hachberg im Jahr 1387 zurück. Zum Kloster gehörte auch die Einsiedelei auf der nahen Eichelspitze (Tour 19). Der katholische Orden der Pauliner geht auf eine Eremitenbewegung im 13. Jahrhundert zurück. Er wurde 1250 in Ungarn von Eusebius gegründet. Er sammelte die in Ungarn und Kroatien lebenden Eremiten und wählte für ihr Leben die Regel des heiligen Augustinus. Zum Patron und Vorbild bestimmten die Mönche den heiligen Paulus von Theben, der in der kirchlichen Tradition auch als der erste Einsiedler bezeichnet wird. Heute ist der Orden der Pauliner Bewahrer vieler Marienanbetungsstätten, weshalb er als marianischer Orden gilt.

17

Wandern über Wasenweiler

Panoramaweg und alte Kapelle

Leicht | 1:40 Std. | 180 Hm | 5,0 km

Besonderer Genuss: Kultur am Wegrand

Tourencharakter
Leichte, vorwiegend sonnige Tour, größtenteils auf Naturwegen durch Weinberge, Wälder und Ortsgebiet

Ausgangs-/Endpunkt
Parkplatz Merdingerstraße in Wasenweiler
GPS N48°02'54.3" E07°41'08.7"

Anfahrt
Auto Auf der A5 Ausfahrt 60 Teningen und auf der L114 über Bötzingen nach Wasenweiler
Bahn Von Breisach oder von Riegel nach Wasenweiler (www.bahn.de)

Gehzeiten
Parkplatz Merdingerstraße – Dorfbrunnen 0:10 Std. – St.-Vitus-Kapelle 0:25 Std. – Böselsberg 0:30 Std. – Aussichtsplatz 0:15 Std. – Parkplatz Merdingerstraße 0:20 Std.

Einkehr
Gasthaus Zur Sonne, Hauptstraße 21, 79241 Wasenweiler, Tel. 07668/229, www.sonne-wasenweiler.de
Gasthaus Zur Lilie, Lilienhof, 79241 Ihringen, Tel. 07668/9956393, www.lilie-liliental.de
Rasthaus Lenzenberg, Lenzenbergstraße, 79241 Ihringen, Tel. 07668/284, www.lenzenberg.de
Martinshof-Schenke, Martinshöfe 2, 79241 Ihringen, Tel. 07668/7643, www.martinshof-schenke.de

Karten
Kompass 883, 1:25000

Touristinformation
Bachenstraße 38,
79241 Ihringen, Tel. 07668/9343,
www.ihringen-touristik.de

Diese Wanderung führt durch Weinberge auf herrlichen Panoramawegen, die den Blick auf die lange Schwarzwaldkette und den Tuniberg erlauben. Der Weg tangiert auch die mit Kunstschätzen ausgeschmückte St.-Vitus-Kapelle aus dem Hochmittelalter.

Zum Dorfbrunnen Vom Parkplatz in der Ⓐ **Merdingerstraße** starten wir in Richtung Liliental nach Norden bis zur Unteren Dorfstraße und wenden uns links zum ❶ **Dorfbrunnen** gegenüber dem Gasthaus Sonne.

Zur St.-Vitus-Kapelle Vom Brunnen links hinauf bringt uns der Kaiserstuhlweg auf den Panoramaweg hoch, und wir bleiben auch nach den letzten Häusern auf dem Asphaltsträßchen. An einer T-Kreuzung nach zwei 90°-Rechtskurven folgen wir dem Wegweiser zur St.-Vitus-Kapelle nach links hinunter. Am Ende des Asphaltbelags führt links ein kleiner Pfad in Serpentinen in

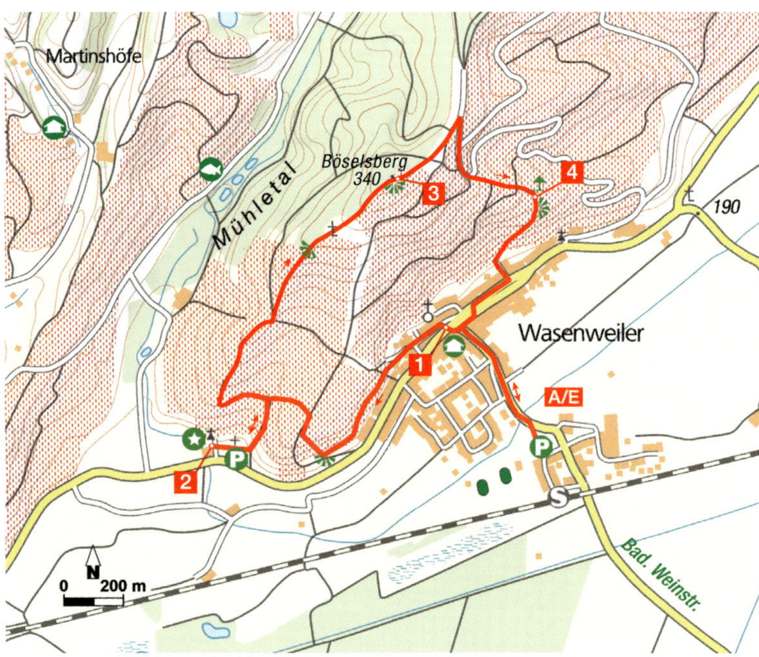

der Böschung hinab und weiter auf einem Wirtschaftsweg zur 2 **St.-Vitus-Kapelle**.

Auf den Böselsberg Danach wandern wir wieder auf dem Wirtschaftsweg hinauf, gehen aber nun nicht den kleinen Pfad hoch. An einer T-Kreuzung wieder auf Asphalt wenden wir uns nach links und an der Gabelung vor dem meist trockenen Tümpel rechts aufwärts. An einer Bank genießen wir den Blick über Ihringen und Breisach in die Vogesen. Nach einem weiteren Aufstieg erreichen wir fast die höchste Stelle auf dem 3 **Böselsberg**. Nach Westen schauen wir über Wasenweiler und den Tuniberg in den Schwarzwald.

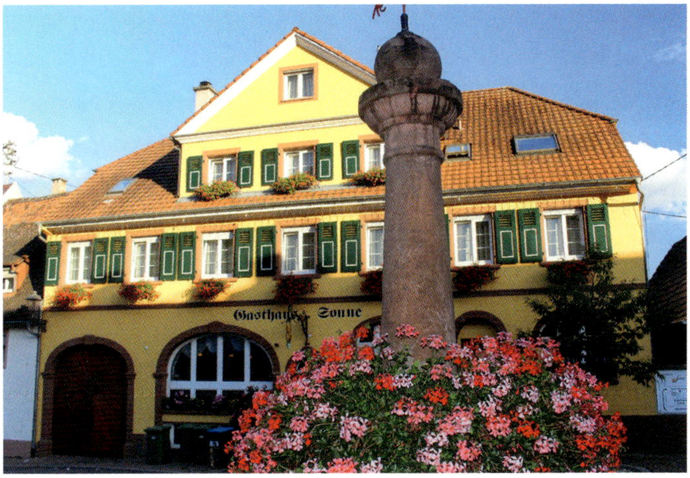

In Wasenweiler steht gegenüber dem Dorfbrunnen das historische Gasthaus Sonne.

Zum Aussichtsplatz Nun geht es abwärts und an einer breiteren Asphaltstraße in spitzem Winkel nach rechts. An einer T-Kreuzung 15 Meter vor einer Bank zeigt uns die Markierung gelbe Raute den Weg halb links über einen Wiesenweg neben den Reben zu einer Treppe mit Geländer, auf der wir in eine enge Lössschlucht hinabsteigen. Wieder auf einem asphaltierten Wirtschaftsweg, an einer Wegkreuzung, bringt uns der blaue Wegweiser des Panoramawegs zum 4 **Aussichtsplatz** mit neuer Schutzhütte und Picknickplatz. Hier stehen die Hügel des Schwarzwalds am Horizont.

Zum Parkplatz Merdingerstraße Rechts des Aussichtsplatzes führt ein historischer Hohlweg nach Wasenweiler hinunter. Auf der Hauptstraße wandern wir nach rechts und an der Straßengabel nach links auf der Unteren Dorfstraße in Richtung Bahnhof. Kurz vor dem Dorfbrunnen und Gasthaus Sonne biegen wir nach links in die E **Merdingerstraße** ein, an der nach 500 Metern der Parkplatz liegt.

Die St.-Vitus-Kapelle

Auf der Landstraße nach Ihringen ist man schnell an der unscheinbaren St.-Vitus-Kapelle aus dem Hochmittelalter vorbeigefahren. Aber in ihrem Innern verbirgt sich ein echter Kunstschatz. Die Fresken aus dem 15. Jahrhundert zeigen neben den Aposteln das Leben und das Martyrium des Heiligen Vitus auf. Ebenfalls beachtenswert sind der mittelalterliche Altar und das Sakramentshäuschen aus dem Jahr 1507. Dabei drohte das Kirchlein 1850 einzustürzen. Erst nach der Restaurierung in jüngster Zeit erstrahlen die Fresken in ihrem heutigen Glanz. Ein Besichtigungswunsch kann angemeldet werden unter Tel. 07668/50 58.

18

Auf dem heißen Badberg

Botanische Juwelen im Trockenrasen

Leicht | 1:40 Std. | 160 Hm | 4,3 km

Besonderer Genuss: Einkehr

Tourencharakter
Leichte, aber sehr sonnige Tour mit steilem Aufstieg, größtenteils auf Naturwegen durch Trockenrasen

Ausgangs-/Endpunkt
Parkplatz Mondhalde in Obergergen GPS N48°05'46.2" E07°39'52.0"

Anfahrt
Auto Auf der A5 Ausfahrt 59 Riegel und auf der L116 über Bahlingen nach Oberbergen
Bus Mit der Linie 295 von Freiburg nach Oberbergen (www.bahn.de)

Gehzeiten
Parkplatz Mondhalde – Badberg Gipfel 0:35 Std. – Schelinger Kreuz 0:15 Std. – Altvogtsburg 0:10 Std. – Badloch 0:20 Std. – Parkplatz Mondhalde 0:20 Std.

Einkehr
Gasthof Rössle, Altvogtsburg 9, 79235 Vogtsburg im Kaiserstuhl, Tel. 07662/909090, www.roessle-vogtsburg.de
Vogelstrauße Oberbergen, Ruländerweg 7A, 79235 Oberbergen, Tel. 07662/80271, www.weingut-vogel.com
Gasthof Neun Linden, Hauptstraße 65, 79235 Oberrotweil, Tel. 07662/80202, www.neun-linden.de

Karten
Kompass 883, 1:25000

Touristinformation
Bahnhofstraße 20, 79235 Vogtsburg-Oberrotweil, Tel. 07662/94011, www.vogtsburg.de

Hinweis
Am schönsten ist es auf dem Badberg am Abend.

Das berühmte Naturschutzgebiet Badberg am Ende des Krottenbachtals ist ein besonders warmer Hügel. Im Badloch kurten Menschen bereits vor 500 Jahren. Weinstuben und Straußenschenken gibt es in Oberbergen genug.

Auf den Badberg Am Ⓐ **Parkplatz Mondhalde** beginnt an der zweiten Informationstafel nach rechts, stets gut markiert mit der gelben Raute, der steile Aufstieg auf den Badberg. Unterwegs geht es an einer Weggabel rechts hinauf und an einem weiteren Abzweig links aufwärts immer in Richtung Badberg. Dann stehen wir auf dem aussichtsreichen, kahlen 433 Meter hohen ❶ **Badberg**. Die historische Nutzung als Mähwiesen hat zur Entstehung der Halbtrockenrasen geführt. Heute muss die Landschaft durch pflegerische Maßnahmen offen gehalten werden, denn gerade Orchideen sind auf das Niederhalten von Konkurrenzpflanzen angewiesen. Die nach Süden ausgerichteten Trocken- und Halbtrockenrasen

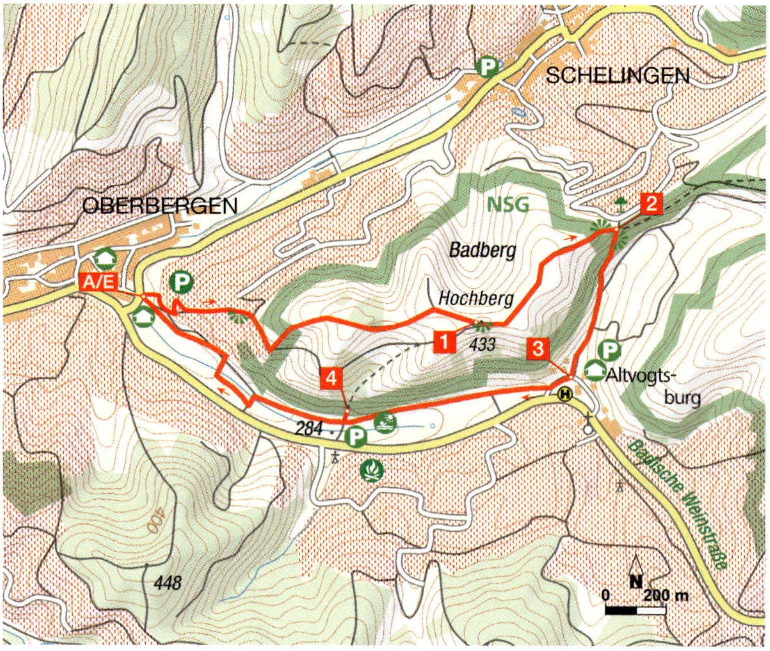

werden im Sommer auf bis zu 70 °C aufgeheizt. Die runden Kuppen, Trockenrasen, Gebüsche und Waldränder gehören zu dem schönsten Landschaftsteilen im Kaiserstuhl. In diesem Naturschutzgebiet wachsen viele wärmeliebende Pflanzen und hier leben Tiere, die es in Deutschland nur im Kaiserstuhl gibt. Federgras, Riemenzunge, Küchenschellen, Orchideen wie Hummelragwurz und Pyramidenorchis sowie Kaiserstuhlanemonen sind hier zu finden. Gottesanbeterinnen, Smaragdeidechsen und Raubspinnen fühlen sich in diesem Schutzgebiet ebenfalls wohl.

Genuss in der Strauße

Das Weingut Vogel in Oberrotweil ist ein Familienbetrieb, in dem es noch die selektive Handlese gibt. In der saisonal geöffneten Straußenschenke lässt sich die Wein- und Esskultur des Kaiserstuhls erleben und genießen. 23 verschiedene Flammkuchen, auch vegan, Feldsalat mit Kracherle, Schäufele mit Brägele, badischer Kartoffelsalat, Bibiliskäs, Wurstsalat, Münsterkäse mit frischem Steinofenbrot und Apfelküchle mit Vanillesauce stehen auf der Speisekarte – im Frühsommer auch Spargel mit Kratzede und im Herbst Zwiebelkuchen (Weingut Vogel, Ruländerweg 7, 79235 Oberbergen, Tel. 07662/80271, www.weingut-vogel.com).

Zum Schelinger Kreuz Wir ziehen weiter nach Osten und hinab zum steinernen 2 **Schelinger Kreuz**, an dem auch einige Picknicktische und ein Pavillon stehen.

Nach Altvogtsburg Hier verlassen wir den Badbergpfad und wenden uns rechts auf dem Weg hinunter nach 3 **Altvogtsburg**.

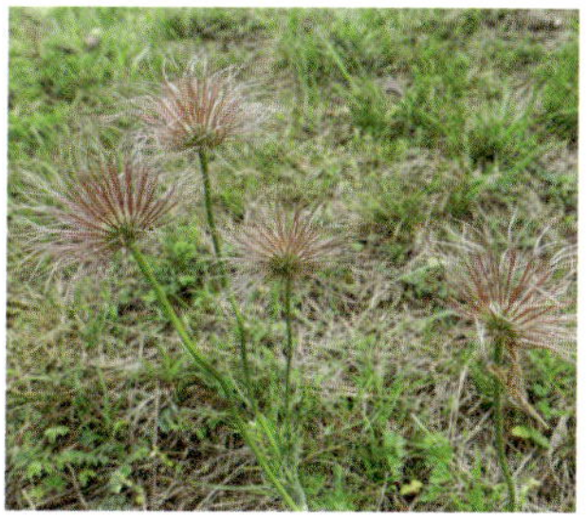

Der bizarre Fruchtstand der Küchenschellen

Zum Badloch Im kleinen Ort gehen wir rechts und bleiben am rechten Hang des Tals. An einem Grillplatz machen wir nach rechts einen Abstecher zum 4 **Badloch**. Die heilkräftige Quelle fördert schwefelhaltiges Mineralwasser, das ganzjährig 21 °C warm ist. Hier gibt es seit dem 14. Jahrhundert Badebetrieb.

Zum Parkplatz Mondhalde Der Krottenbach begleitet den Wiesenweg, der einmal mit der Markierung gelbe Raute eine Obstplantage umgeht, bis wir wieder auf den E **Parkplatz Mondhalde** stoßen. In Oberbergen locken Straußenschenken, Weinstuben und Gasthäuser und in Oberrotweil das Schwimmbad.

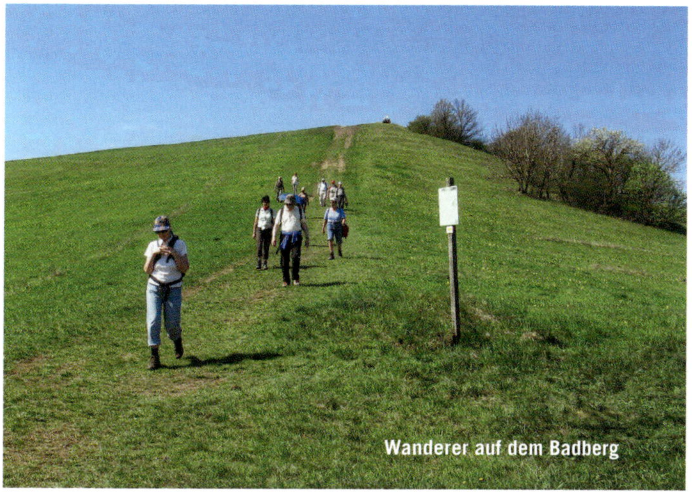

Wanderer auf dem Badberg

19

Vom Vogelsangpass zur Eichelspitze

Kaiserstühler Klassiker

Leicht | 1:20 Std. | 150 Hm | 3,2 km

Besonderer Genuss: Aussicht

Tourencharakter
Leichte, vorwiegend sonnige Tour auf Naturwegen durch Wälder und Wiesen. Steiler, aber kurzer Aufstieg zum Aussichtsturm

Ausgangs-/Endpunkt
Parkplatz am Vogelsangpass
GPS N48°05'10.0" E07°41'32.3"

Anfahrt
Auto Auf der A5 Ausfahrt 60 Teningen und auf der L114 über Bötzingen zum Vogelsangpass
Bahn Von Riegel oder von Breisach nur bis Bötzingen (www.bahn.de)

Gehzeiten
Parkplatz am Vogelsangpass – Kreuzung Blassendobel 0:15 Std. – Aussichtsturm Eichelspitze 0:15 Std. – Robert-Meier-Hütte 0:15 Std. – Kreuzung Blassendobel 0:20 Std. – Parkplatz am Vogelsangpass 0:15 Std.

Einkehr
Löwenstrauße, Hauptstraße 84, 79268 Bötzingen, Tel. 07663/4417, www.loewenstrausse.de
Landgasthof Sonne, Hauptstraße 69, 79268 Bötzingen, Tel. 07663/4600, www.sonne-boetzingen.de

Karten
Kompass 883, 1:25000

Touristinformation
Allmendweg 5, 79268 Bötzingen, Tel. 07663/931013, www.boetzingen.de

Hinweis
Der Aussichtsturm auf der Eichelspitze ist ein begehrter Ausflugsort. Besser Wochenende meiden

Die Aussicht vom Turm auf der Eichelspitze ist das umfassendste Panorama über den Kaiserstuhl, in den Schwarzwald und bis zu den Vogesen. Der Vogelsangpass, bei Radfahrern berüchtigt, war schon immer das östliche Eingangstor in den Kaiserstuhl.

Zur Wegkreuzung Blassendobel Vom Ⓐ **Parkplatz am Vogelsangpass** starten wir über die Bergstraße (L115) in Richtung Eichelspitzturm. Zehn Meter nach der Straße steigen wir an der T-Kreuzung links hinauf. Bei der Weggabel an der Informationstafel für den Badberg nehmen wir den linken Weg aufwärts. Gleich öffnet sich der Blick nach Westen in das Krottenbachtal hinunter. Dort unten ist das kleine Dorf Altvogtsburg und links davon erhebt sich der Badberg (Tour 18). Alle Versuche, auf dem Badberg Wein anzubauen, schlugen fehl. Der Boden wird einfach zu heiß und vor allen Dingen ist er zu trocken. Die Südhänge des Badbergs werden im Sommer auf bis zu 70 °C aufgeheizt.

An einer Bank vorbei geht es weiterhin bergan. 20 Meter nach einer Wegkreuzung, an der ein Wanderweg von Bötzingen heraufkommt, ist die zweite Kreuzung mit dem Namen ❶ **Blassendobel**.

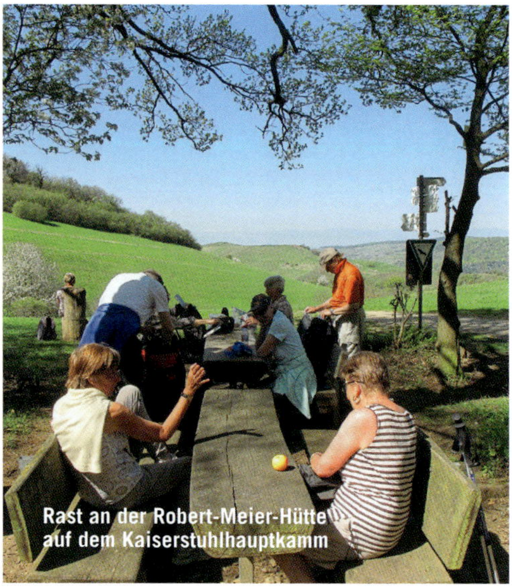
Rast an der Robert-Meier-Hütte auf dem Kaiserstuhlhauptkamm

Zum Eichelspitzturm Der Grenzweg nach rechts in den Wald hinauf ist zwar nur 300 Meter lang, aber sehr steil. Oben stoßen wir zunächst auf einen dreieckigen Grenzstein mit rätselhaften Buchstaben. »GE« steht für

Gemeinde Eichstetten, »SV« für Stadt Vogtsburg und »GB« für Gemeinde Bötzingen.

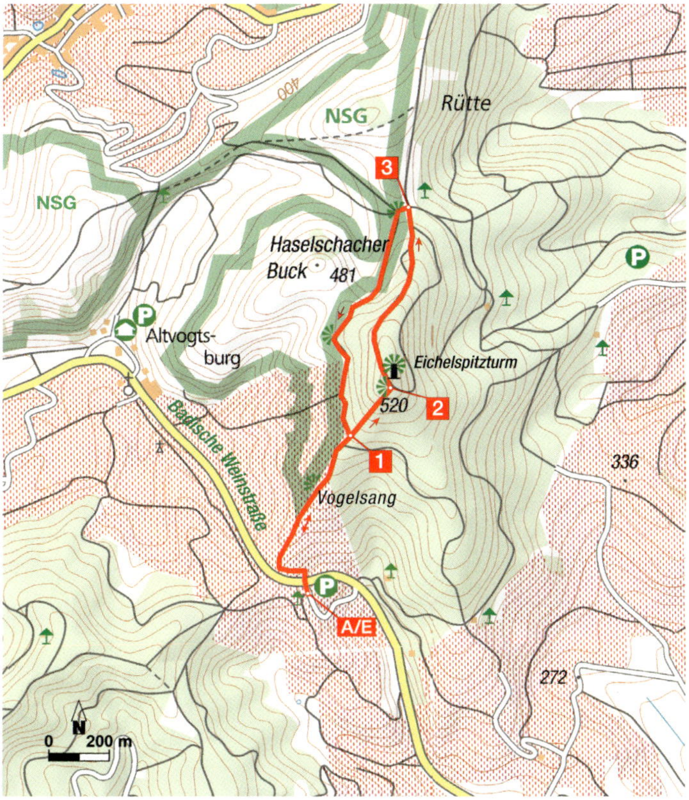

Der 2 **Eichelspitzturm** neben den Resten einer alten mittelalterlichen Einsiedelei muss erst einmal über 143 Stufen bestiegen werden. Die Gesamthöhe des Turms beträgt über 40 Meter. Die Aussichtsplattform liegt auf 28 Metern Höhe und zeigt über den Wipfeln der Douglastannen eine herrliche Rundumsicht.

Zur Robert-Meier-Hütte Am Aussichtsturm und an dem Betriebsgebäude vorbei geht es nun auf breiterem Weg abwärts. Die Weggabelung ist nicht entscheidend, weil sich die Spuren weiter unten wieder treffen. Auf einem Pass ist dann die 3 **Robert-Meier-Hütte** mit einem schönen Picknickplatz erreicht. Hier stehen wir auf dem Halbrund des Kaiserstuhlhauptkamms und schauen über den Haselschacher Buck wieder auf den Badberg, hinunter auf Schelingen und bis in die Vogesen.

Zur Wegkreuzung Blassendobel Zehn Meter vom Waldrand entfernt verläuft der Weg nach links in Richtung Blassendobel und Vogelsangpass. Mit ständiger guter Aussicht nach Westen kommen wir wieder an der Wegkreuzung 1 **Blassendobel** vorbei.

Zum Parkplatz am Vogelsangpass Auf leicht zu findendem Weg erreichen wir bald wieder den Parkplatz am E **Vogelsangpass**.

360°-Panorama

Die Aussicht vom Turm auf der Eichelspitze zeigt ein fantastisches 360°-Panorama. Nach Westen schauen wir hinunter auf Altvogtsburg, auf den Totenkopf (Tour 16) und Badberg (Tour 18). Im Hintergrund stehen die Vogesen mit dem Grand Ballon. Auch die Hochkönigsburg zeichnet sich am Rand der Vogesen ab. Bei guter Sicht reicht der Blick bis in den Schweizer Jura. Im Norden schauen wir rechts von der Katharinenkapelle bis zum Straßburger Münster. Im Osten steht der Schwarzwald von der Hornisgrinde bis zur Freiburger Bucht am Horizont. Im Süden liegt die Kette vom Feldberg bis zum Blauen.

20

Leicht | 2:10 Std. | 120 Hm | 7,2 km

Besonderer Genuss: Einkehr

Tourencharakter
Leichte, vorwiegend sonnige Tour, größtenteils auf befestigten Wegen durch Weinberge, Wiesen, Felder und Ortsgebiet

Ausgangs-/Endpunkt
Parkplatz am Bahnhof in Bötzingen
GPS N48°04‘17.7“ E07°43‘18.4“

Anfahrt
Auto Auf der A5 Ausfahrt 60 Teningen und auf der L114 nach Bötzingen
Bahn Von Riegel oder von Breisach nach Bötzingen (www.bahn.de)

Gehzeiten
Parkplatz Bahnhof – Rathaus 0:05 Std. – Staumauer 0:25 Std. – Pestkapelle St. Alban 0:25 Std. – Bienenhaus 0:25 Std. – Sankt Laurentius 0:35 Std. – Parkplatz Bahnhof 0:15 Std.

Einkehr
Landgasthof Sonne, Hauptstraße 69, 79268 Bötzingen, Tel. 07663/4600, www.sonne-boetzingen.de
Hotel Restaurant Zur Krone, Gottenheimer Straße 1, 79268 Bötzingen, Tel. 07663/94460, www.krone-boetzingen.de
Bistro Café Biomarkt Rinklin, 79356 Eichstetten, Bruckmatten 12, Tel. 07663/939470, www.rinklin-biomarkt.de

Karten
Kompass 883, 1:25000

Touristinformation
Allmendweg 5, 79268 Bötzingen, Tel. 07663/931013, www.boetzingen.de

Bötzinger Lebenselixiere

Wasser und Wein

Der Brunnenpfad und der Schambachtal-Erlebnispfad führen an zwölf Bötzinger Brunnen und anderen Sehenswürdigkeiten vorbei. Die Kapelle St. Alban ist ein gotisches Kleinod. Die Buntehahlegasse ist das Ergebnis jahrhundertelanger Erosion.

Zum Rathaus Am Informationsstand vor dem Bahnhof und auch am Rathausbrunnen gibt es den Flyer zum Brunnenpfad, den wir größtenteils mit dieser Wanderung nachvollziehen werden. Zwölf verschiedene Brunnen zeugen vom Wasserreichtum Bötzingens. Vom Parkplatz am Ⓐ **Bahnhof** in der Bahnhofstraße starten wir auf der Rathausstraße nach Nordwesten. An der Hauptstraße gehen wir nach rechts am Rathausbrunnen und am ❶ **Rathaus** vorbei. Der Bär auf dem Brunnen ist das Wappentier Bötzingens.

Zur Staumauer Nach dem Rathaus laufen wir links zwischen Winzergenossenschaft und alter Schule in der Gartenstraße

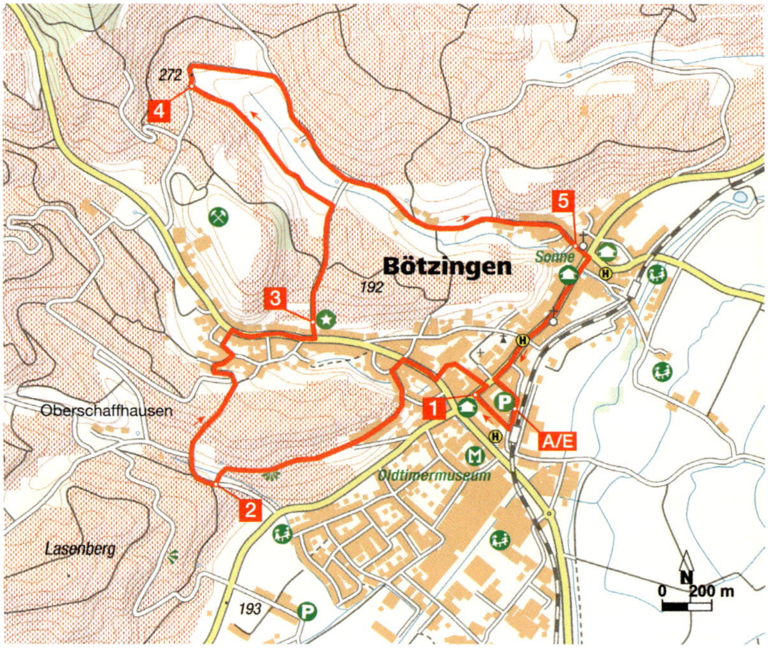

zur Realschule hinauf. Vor der Realschule führt links ein Gehweg weiter. Auf der Bergstraße steigen wir nach rechts bis zur Handwerksgasse hoch und biegen am bronzenen Biggiträgerbrunnen nach links ein. Dieser Brunnen diente einst der Versorgung der hier ansässigen Betriebe. Nach 80 Metern gehen wir links in den Laireweg und bleiben an der Seelenbergstraße geradeaus. Bald laufen wir auf einem aussichtsreichen Weinbergweg in das Tiefental hinein, das von einer 2 **Staumauer** gegen Starkregenereignisse geschützt wird.

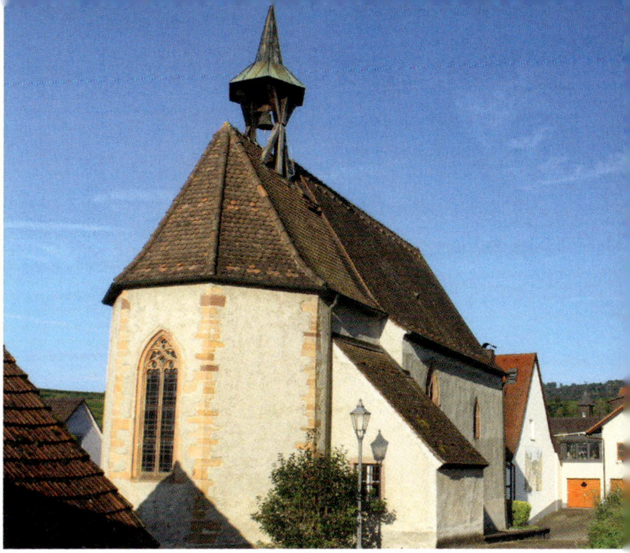

Die Pestkapelle St. Alban birgt bedeutende Kunstschätze.

Zur Pestkapelle St. Alban Nach der Staumauer nehmen wir an der Informationstafel die erste Straße rechts und wandern nun an der Kirschbaumallee entlang. Die eindrucksvolle Lösshohlgasse, in der wir ab der Kreuzung geradeaus hochsteigen, ist die Buntehalegasse. Nach dem höchsten Punkt nehmen wir geradeaus die asphaltierte Rankstraße rechts vom Schuppen abwärts. An einer T-Kreuzung gehen wir rechts hinunter und an der nächsten T-Kreuzung links hinab. Über den Häusern ist der Phonolit-Steinbruch zu sehen, der einen unterirdisch erkalteten Magmapfropfen ausbeutet. Am Sandsteinbrunnen müssen wir rechts und dann nach rechts die Bergstraße abwärts, am schön gestal-

Links: Gotische Spitzbogenmaßwerkfenster an der Kapelle St. Alban

Über dem Portal der Kapelle St. Alban steht der heilige Alban, der seinen Kopf in den Händen hält.

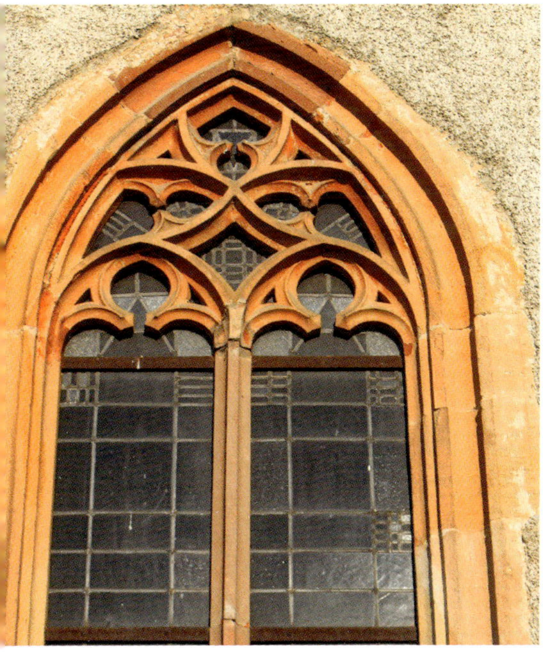

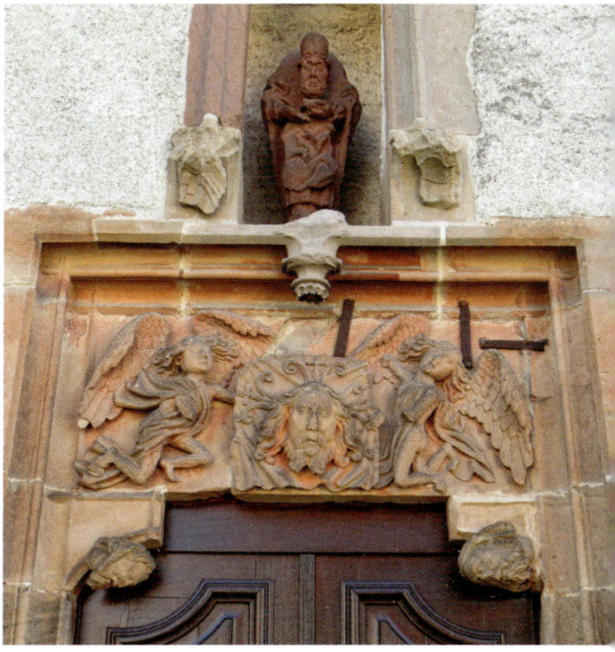

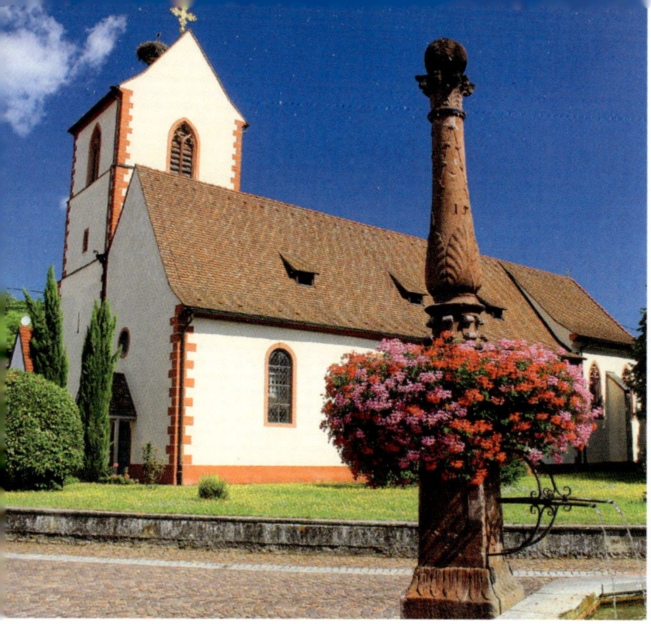

Der Stockbrunnen vor der katholischen Kirche Sankt Laurentius in Bötzingen

Rechte Seite: Stimmung am Mühlbach bei Bötzingen

teten Oberschaffhausener Dorfplatz vorbei. Um den gepflegten Dorfplatz und das Museum für landwirtschaftliche Geräte kümmert sich ein Bürgerverein. Weiter unten steht auf der linken Seite der Bergstraße die ❸ **Pestkapelle St. Alban** aus dem 15. Jahrhundert. In der Gegend wütete damals die Pest, was zu einem Gelübde für den Bau der Kapelle führte. Menschen aus Oberschaffhausen und Bötzingen wollten mit der Kapelle von Gott Schonung erflehen.
Von außen gefällt das Relief über dem Eingang mit zwei Engeln. Die Bildplatte stellt das Schweißtuch der Veronika oder das Grabtuch Christi dar. In einer Nische über dem Portal steht der heilige Alban, der seinen abgeschlagenen Kopf in den Händen hält. Nach der Legende wurde er enthauptet und trug seinen Kopf zu seiner eigenen Bestattung. Er gilt als Schutzheiliger gegen die Pest. Sehr schön sind auch die exzellent ausgeführten gotischen Spitzbogenmaßwerkfenster. Die eigentliche Sensation zeigte sich 1962, als ein ganzer Zyklus 450 Jahre alter Wandmalereien freigelegt wurde. Die sehenswerten Fresken aus der Erbauungszeit zeigen den heiligen Mauritius sowie einen Sebastians- und Albanszyklus (Samstag und Sonntag geöffnet).

Zum gelben Bienenhaus Vor der Pestkapelle wandern wir links einen asphaltierten Hohlweg in die Weinberge hoch. An einer Wegverzweigung wählen wir den mittleren Weg, der hinunter in das liebliche Schambachtal läuft. Das Schambachtal ist eine wasserreiche, fruchtbare Senke mit Obstbäumen, Gemüseanbauflächen und Wein aber auch ein bedeutender Lebensraum für seltene Pflanzen und Tiere. Unten im Tal wandern wir vor einem Garten mit Fichtenhecke auf dem interessanten Schambachtal-Erlebnispfad nach links. Am Lehrpfad werden Lebensräume für Schmetterlinge, Wildbienen, Eidechsen und andere Tiere vorgestellt. Blühstreifen aus Samen von Kaiserstühler Trockenwiesen, Insektenhotels, Hecken, Totholz, Stein- und Reisighaufen bieten Schmetterlingen, Wildbienen und dem Mauswiesel Nahrung und ein Zuhause. Ein Schmetterlingspanorama informiert über die am Kaiserstuhl vorkommenden Schmetterlingsarten. Der Schaubienenkasten gewährt Einblick in das Leben eines Bienenvolks. Weiter hinten im Schambachtal wandern wir an einer Weggabel an einem gelben ❹ **Bienenhaus** nach rechts.

Am gemütlichen Oberschaffhausener Dorfplatz

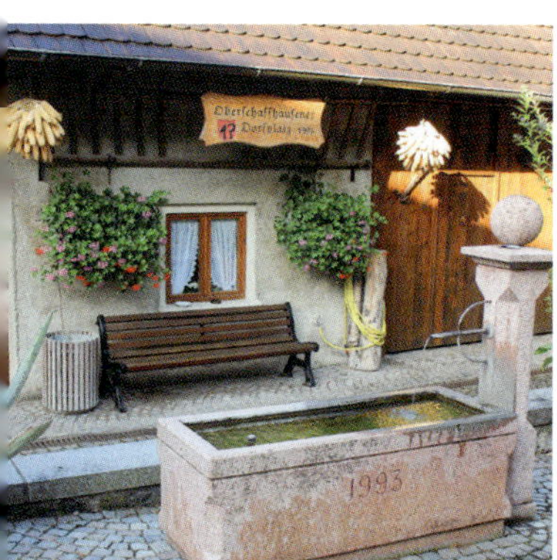

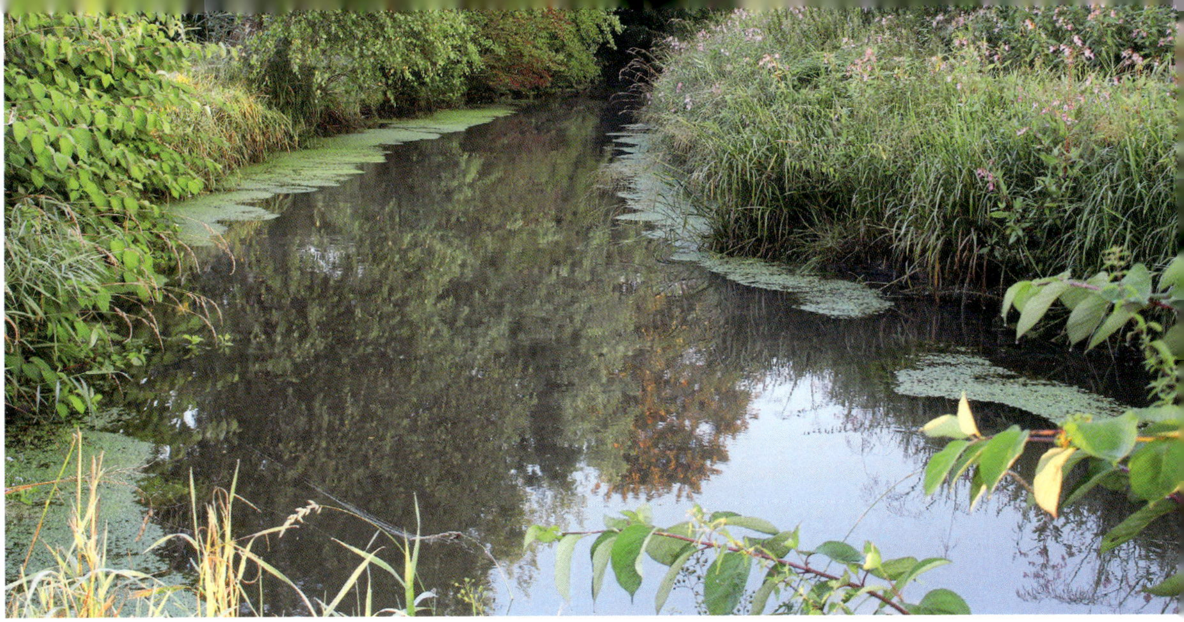

Zur Kirche Sankt Laurentius Vom hinteren Schambachtal heraus bleiben wir zunächst auf dem Schambachweg geradeaus. 350 Meter vor dem Schambachhof können wir mit Kindern nach rechts einen kurzen Abstecher zum Wasserspielplatz machen. Auf dem folgenden Weg tangieren wir noch ein weiteres Weingut und einige der markanten Bötzinger Brunnen. Dabei geht der Schambachweg in die Sieglegasse über, und wir erreichen an der Hauptstraße schließlich die Kirche 5 Sankt Laurentius. An der Kreuzung vor der Kirche steht ein alter Stockbrunnen und gegenüber lockt die gemütliche Löwenstraußе.

Zum Parkplatz am Bahnhof Auf der Hauptstraße gehen wir nach rechts und an der alten Schule kurz vor der Winzergenossenschaft nach links in der Schulstraße zum Parkplatz am E Bahnhof zurück. Bötzingen hat neben seinen Brunnen genug Wasser zur Abkühlung erhitzter Wanderer, so auch im Freibad in der Schwimmbadstraße.

Gaumenfreuden in der Löwenstrauße

Die Löwenstrauße ist mit dem gemütlichen Innenhof und dem romantischen Kellergewölbe etwas Besonderes. Ausgeschenkt werden weiße und rote Weine aus dem eigenen Weingut. Alle Weine sind aus biologischem Anbau nach den ECOVIN-Richtlinien hergestellt. Der Weinberg wird als ganzheitliches Ökosystem gesehen, in dem die Artenvielfalt von Pflanzen und Tieren erhalten werden muss sowie die Bodenfruchtbarkeit durch geeignete Kulturmaßnahmen gewährleistet wird. Als Besonderheit bietet die Löwenstrauße zusätzlich zu den üblichen Speiseangeboten einer badischen Strauße wie Flammkuchen, Zwiebelkuchen, »Brägele« (Bratkartoffel) usw. eine vegane, eine vegetarische und eine glutenfreie Speisekarte. Die Löwenstrauße hat vier Wochen im Frühjahr und vier Wochen im Herbst geöffnet (Löwenstrauße, Hauptstraße 84, 79268 Bötzingen, Tel. 07663/44 17, www.loewenstrausse.de).

21

Eichstettener Besonderheiten

Leckerer Käse und andere Raritäten

Leicht | 2:40 Std. | 110 Hm | 8,4 km

Besonderer Genuss: Einkehr

Tourencharakter
Leichte, vorwiegend sonnige Tour auf befestigten Wegen durch Weinberge, Felder und Ortsgebiet

Ausgangs-/Endpunkt
Parkplatz am Bahnhof in Eichstetten
GPS N48°05'33.8" E07°44'50.6"

Anfahrt
Auto Auf der A5 Ausfahrt 60 Teningen und auf der L114 nach Eichstetten
Bahn Von Riegel oder von Breisach nach Eichstetten (www.bahn.de)

Gehzeiten
Parkplatz am Bahnhof – Aumühle 0:10 Std. – Samengarten 0:35 Std. – Grillhütte 0:35 Std. – Breitenwegerhof 0:30 Std. – Treppenweg 0:30 Std. – Parkplatz am Bahnhof 0:20 Std.

Einkehr in Eichstetten
Gasthof Rebland, Nimburger Straße 15, Tel. 07663/2511, www.gasthof-rebland.de
Café Mitnander, Hauptstraße 32, Tel. 07663/9425867, www.mitnander.de
Café Cappuccino, Hauptstraße 53, Tel. 07663/949339, www.cafe-cappuccino.de
Bistro Café Biomarkt Rinklin, Bruckmatten 12, Tel. 07663/939470, www.rinklin-biomarkt.de

Karten
Kompass 883, 1:25000

Touristinformation
Hauptstraße 43, 79356 Eichstetten am Kaiserstuhl, Tel. 07663/93230, www.eichstetten.de

Die mittelalterliche Brücke und der Pumpenturm in Eichstetten sind etwas Eigenständiges. Die Wanderung führt durch den Ort und über die umliegenden Weinberge. Am Weg liegen eine Biohofkäserei und der Samengarten mit allerlei Raritäten.

Zur Aumühle Vom Parkplatz am Ⓐ **Bahnhof** in Eichstetten starten wir nach Norden zum schon sichtbaren Pumpenturm an der mittelalterlichen Brücke über die Dreisam. Die Fünf-Bogen-Brücke in Eichstetten gehört zu den besonderen Brückenbauten der Region und wurde im Jahr 1745 errichtet, was auch in einem der Scheitelsteine eingemeißelt ist. Die Fundamente stammen aus dem 16. Jahrhundert. Es wird vermutet, dass die verwendeten Sand- und Gneissteine aus dem abgebrochenen Kloster Tennenbach stammen. An der alten Steinbrücke, die auch heute noch dem Schwerlastverkehr standhält, erkennen wir auch den Zusammenfluss von Mühlbach, Nägelgraben und Herremühlebach zur alten Dreisam. Wasseramsel und Eisvogel haben an den vielen Wasserläufen der Ebene ihren Lebensraum. Der Pumpenturm wurde erst 1926 erbaut und zur Bewässerung der Wiesen in der Dreisamniederung genutzt, weil man sich wegen der im Wasser mitgeführten Nährstoffe einen Düngeeffekt erhoffte. Inzwischen ist der Turm im Besitz von Schleiereulen, Mauerseglern und Mörtelbienen.
Auf der hölzernen Bogenbrücke südlich der Steinbrücke überqueren wir den Mühlbach und laufen an diesem nach rechts entlang. An der Reithalle links vorbei und danach rechts, kommen wir an die historische ❶ **Aumühle**, in der fast 700 Jahre Mehl gemahlen, Hanf gestampft und Öl gepresst wurde.

Zum Samengarten Hier überqueren wir auf der Brücke den Mühlbach und die Schienen der Kaiserstuhlbahn. An der Bötzinger Straße müssen wir rechts und nach 60 Metern links in die Burgtalstraße. Am Ende der Straße geht es rechts und dann gleich links auf dem Altweg nach Westen, 1,5 Kilometer weiter bis zum ❷ **Samengarten** der Stiftung Kaiserstühler Garten. Die Pflanzensammlung dient dem Erhalt der regionalen Kulturpflanzenviel-

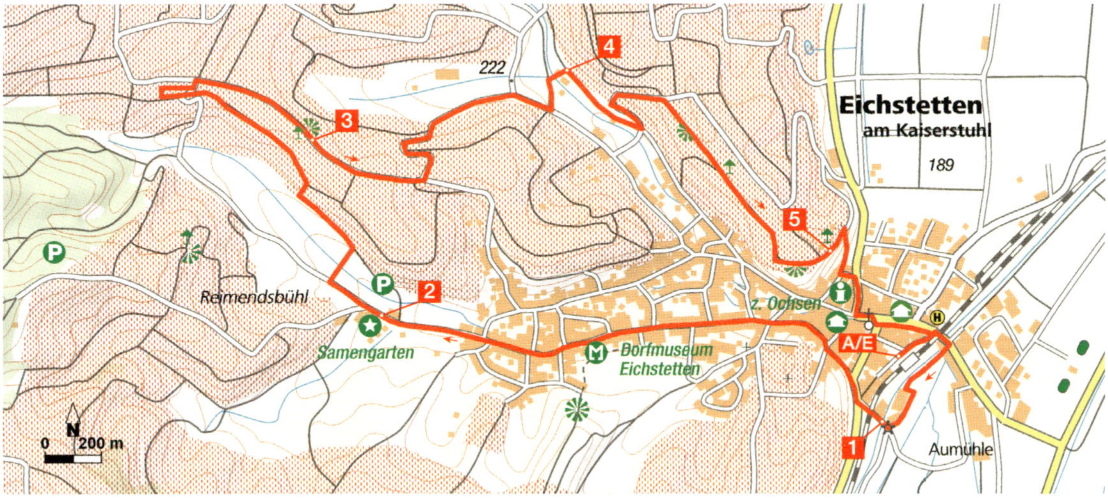

falt. Auf der linken Seite lassen sich verschiedenste Kultur- und Nahrungspflanzen und im gegenüberliegenden Baumareal unterschiedliche Obstbäume besichtigen. Interessierte können sich öffentlichen Führungen anschließen und entsprechend der Saison auch Gemüse kaufen (www.kaiserstuehler-garten.de).

Zur Grillhütte An der Kreuzung nach dem Samengarten bleiben wir geradeaus, biegen hinter den Obstbäumen nach rechts und vor dem Hang nach links. An der Weggabel an der Staumauer müssen wir rechts hinauf und oben in den Reben wieder nach rechts. Vor dem Hang geht es links auf dem Schotterweg aufwärts. Nach einer lang gezogenen Linkskurve und wieder auf

Links: Die alte Brücke, der Pumpenturm und der Kirchturm in Eichstetten ergeben ein hübsches Ensemble.

Unten: Auch Nahrungspflanzen wie hier die Artischocke werden im Samengarten gezeigt.

Ganz unten: Im Samengarten erfreuen bunte Blumenwiesen.

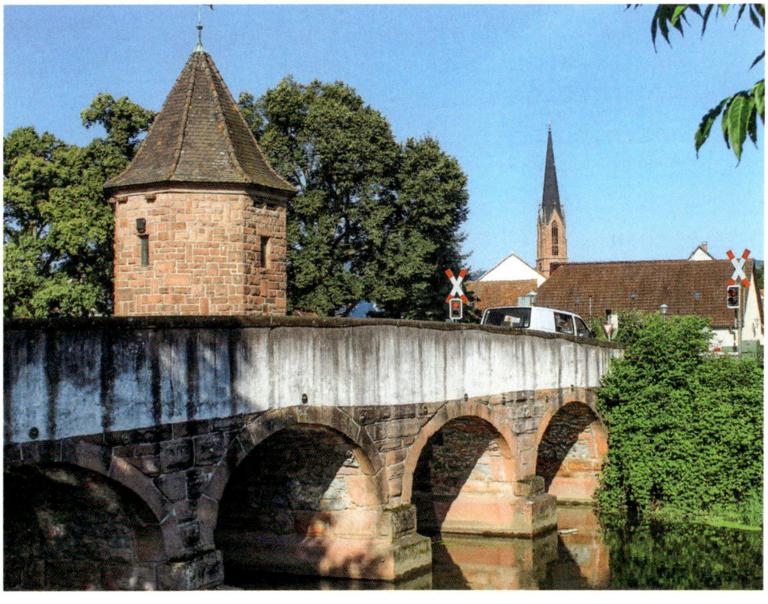

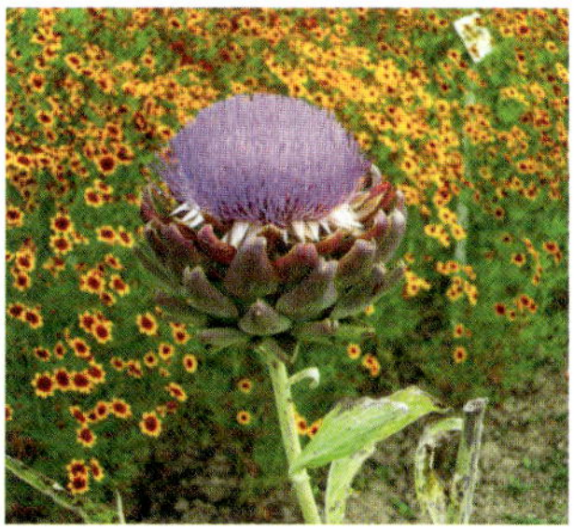

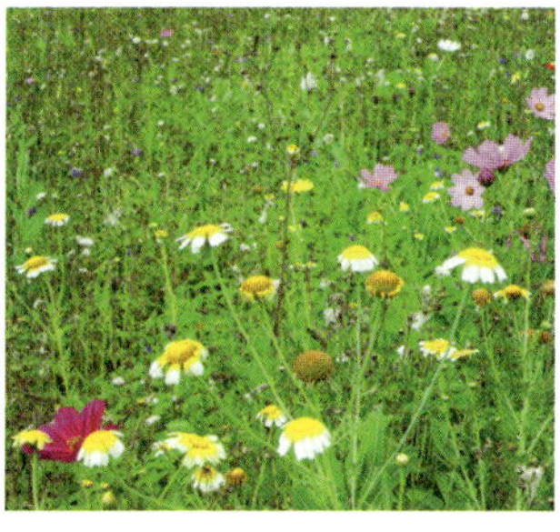

Asphalt gehen wir die enge Rechtskurve und an der T-Kreuzung rechts bergan in Richtung Buchäcker. An der Kreuzung in den oberen Reben müssen wir auf dem asphaltierten Weinbergweg nach rechts und erreichen schließlich die ❸ **Grillhütte**, einen guten Picknickplatz mit Aussicht über die Reben.

Zum Breitenwegerhof Nach der Grillhütte sehen wir in der Ferne die Bergkirche auf dem Nimberg (Tour 22). An der zweiten Kreuzung gehen wir links, dann in einem Bogen links hinunter und unten nach rechts. Von hier erblicken wir den noch halb versteckten Kirchturm von Eichstetten. In den unteren Reben geht es wieder nach links in das Löcherntal hinunter. Hier liegt der fruchtbare Talboden, auf dem viel Gemüse angebaut wird. Eichstettener Bauern begannen schon vor 60 Jahren mit dem Bioanbau von Gemüse. Der Ort nennt sich denn auch gerne Wein- und Gemüsedorf und feiert jedes Jahr ein Gemüsefest.
An der zweiten Kreuzung auf dem Talboden schlendern wir nach links und folgen dem Wegweiser in die Demeter-Hofkäserei im ❹ **Breitenwegerhof**. Hier gibt es leckeren Käse und Wurst im Direktverkauf.

Zum Treppenweg Wir gehen durch den Hof und biegen nach dem Kuhstall nach rechts auf die Endinger Straße ab. Am Staudamm steigen wir in spitzem Winkel nach links aufwärts. Weiter oben nehmen wir in den Reben vor dem Hang die zweite Straße nach rechts aufwärts. Am Ende der Steigung gehen wir mit der Markierung rote Raute an der Bank nach rechts immer an der Hangkante entlang. An einigen Bänken können wir jeweils über Eichstetten schauen. Funde aus der Steinzeit bis zur Zeit der Römer belegen eine frühe Besiedelungsgeschichte. Nach dem Dreißigjährigen Krieg war das Dorf fast ausgestorben. Um 1850 schrumpfte die Bevölkerung noch ein-

Genuss vom Breitenwegerhof

Auf dem Breitenwegerhof wird seit 60 Jahren biologisch-dynamisch gewirtschaftet. Der Hof ist im Eigentum von 520 Anteilseignern einer Bürgeraktiengesellschaft. Zum Hof gehören Kühe, Schweine, Hühner und Bienenvölker. Die Kühe suchen sich ihr Grünfutter selbst, bekommen Heu von den hofeigenen Wiesen und biologisches Futter aus eigenem Anbau. Aus der gesamten Milch der Kühe werden in der eigenen Hofkäserei verschiedene Käsespezialitäten hergestellt. Die Hühner haben viel Auslauf mit immer frischem Grün und werden mit Biofutter ernährt. Dadurch können Bioeier von frei laufenden Hühnern in bester Qualität angeboten werden. Die Schweine dürfen in der Erde wühlen und fressen Gemüsereste einer Demeter-Gärtnerei. Das ergibt Wurstspezialitäten von ganz besonderer Qualität. Die Bienenvölker erhalten als Bestäuber die Vielfalt der Pflanzen und Tierwelt. Der Knüller ist der handgefertigte Käse aus der Hofkäserei. Das Sortiment erstreckt sich von Weichkäse über Schnittkäse bis zu Hartkäse in verschiedenen Variationen sowie Quark, Frischkäse und Joghurt. Ein herrlicher Genuss zum Mitnehmen (Breitenwegerhof, Endinger Straße 55, 79356 Eichstetten, Tel. 07663/91 27 27, www.breitenwegerhof.de).

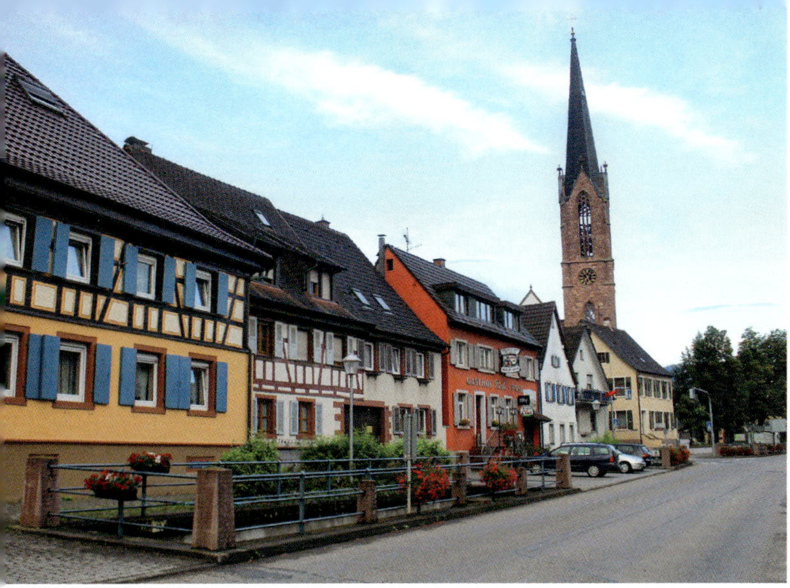

Am Dorfbach in Eichstetten

mal durch Auswanderung nach Amerika. An einer Kreuzung, an der links in 80 Metern Entfernung ein Wasserbehälter steht, nehmen wir rechts den 5 **Treppenweg** abwärts.

Zum Bahnhof Zehn Meter nach der Kreuzung am Schützenhaus steigen wir rechts den schmalen Fußweg hinunter. Unten gehen wir auf der Straße Am Wannenberg nach links und auf der Bahlinger Straße nach rechts an der Zehntscheuer aus dem Jahr 1555 vorbei. Am Renaissancerathaus, das in seiner heutigen Form aus dem Jahr 1567 stammt, laufen wir links auf der Hauptstraße, am besten rechts des Dorfbachs entlang, zum Parkplatz am E **Bahnhof** zurück.

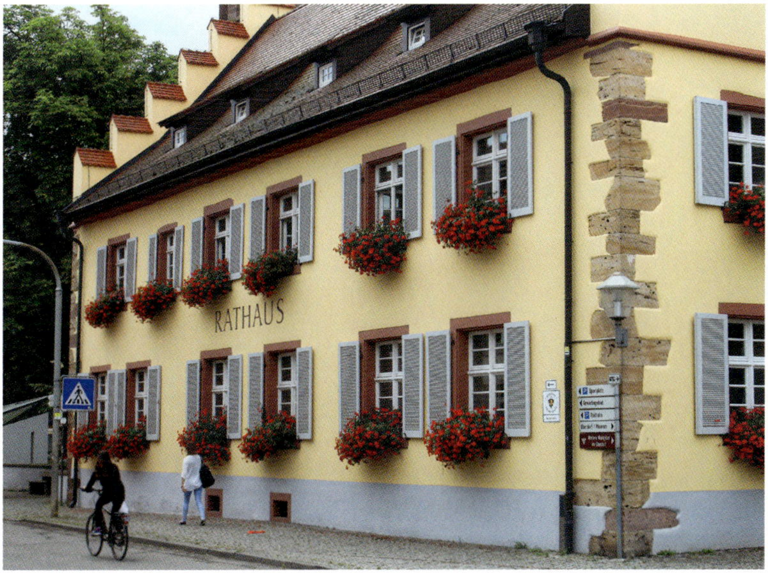

Das historische Rathaus in Eichstetten

22

Zur Bergkirche auf dem Nimberg

Beckebergli und Antoniterkloster

Leicht | 2:40 Std. | 130 Hm | 8,3 km

Besonderer Genuss: Ruhe und Natur

Tourencharakter
Leichte, aber sonnige Tour, meist auf befestigten Wegen durch Weinberge und Ortsgebiet

Ausgangs-/Endpunkt
Parkplatz Breisacher Straße in Nimburg
GPS N48°06'22.9" E07°46'18.5"

Anfahrt
Auto Auf der A5 Ausfahrt 60 Teningen und auf der L114 nach Nimburg
Bahn Von Riegel oder von Breisach nach Nimburg (www.bahn.de)

Gehzeiten
Parkplatz Breisacher Straße – Bergkirche 0:25 Std. – Feldkreuz Hohkinzig 0:45 Std. – Alte Schule 0:25 Std. – Ziegelbreite 0:15 Std. – Wasserbehälter 0:15 Std. – Beckebergli 0:20 Std. – Parkplatz Breisacher Straße 0:15 Std.

Einkehr
Gasthaus Kaiserstuhl, Breisacher Straße 17, 79331 Nimburg, Tel. 07663/2261, www.guldenfels.de
Landgasthof Rebstock, Wirtstraße 2, 79331 Bottingen, Tel. 07663/93500, www.rebstock-bottingen.de
Gaststätte Krone, Bottinger Straße 29, 79331 Nimburg, Tel. 07663/1614, www.krone-nimburg.de
Gasthaus Bahnhöfle, Breisacher Straße 15, 79331 Nimburg, Tel. 07663/13 56

Karten
Kompass 883, 1:25 000

Touristinformation
Bahlinger Straße 30, 79331 Teningen, Tel. 07641/58060, www.teningen.de

Vom alten Nimburg mit seinem markanten Burgberg erstreckt sich diese Wanderung über die gesamte Hochfläche des Nimbergs mit überraschenden Aussichten. Unterwegs liegt die Bergkirche, ein Überrest des verschwundenen Antoniterklosters.

Zur Bergkirche Nimburg Vom Parkplatz an der Ⓐ **Breisacher Straße** gehen wir auf der Kaiserstuhlstraße nach Süden und beachten an der Gabelung deren Fortsetzung nach rechts. An einer Kreuzung sehen wir voraus den Nimburger Burgberg Beckebergli, bleiben geradeaus und setzen unseren Weg auf der Straße Im Klettenacker aufwärts fort. Vor dem letzten Haus biegen wir auf dem Weg Alter Kirchpfad nach rechts ab, gehen aber nach nur 30 Metern nach links auf dem Wiesenweg weiter. Hier besteht gute Aussicht in den Kaiserstuhl und bald voraus auf die Bergkirche. An der Kreuzung vor der Kirche, an der wir geradeaus bleiben, liegt rechts das nie versiegende Kinderbrünneli, um das sich einige Sagen ranken. Von der Straße steigen wir

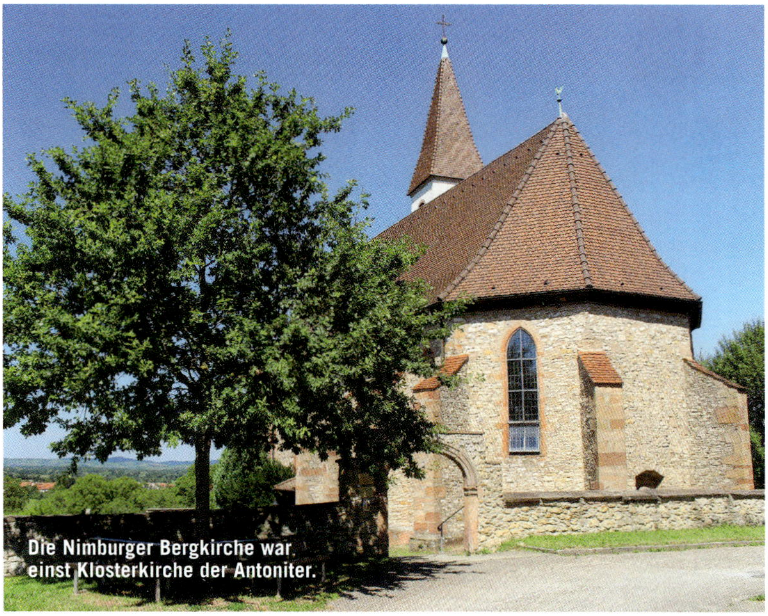

Die Nimburger Bergkirche war einst Klosterkirche der Antoniter.

links auf der Treppe zum alten Friedhof hinauf und stehen vor der ❶ **Bergkirche Nimburg**. Die Bergkirche ist das heutige Gotteshaus von Nimburg, aber auch die ehemalige Kirche eines Antoniterklosters. Rund um die Kirche mit den künstlerisch wertvollen Fresken gab es früher auch das Dorf Obernimburg, das aber wie auch das Kloster verschwunden ist. Die Fresken stammen möglicherweise sogar aus der Zeit, als die Gemeinschaft der Antoniter 1456 ein kleines Kloster zur Krankenpflege errichtet hatte. Auf dem Nimberg wurden auch Funde aus der römischen Zeit und Artefakte aus der Steinzeit zu Tage gefördert.

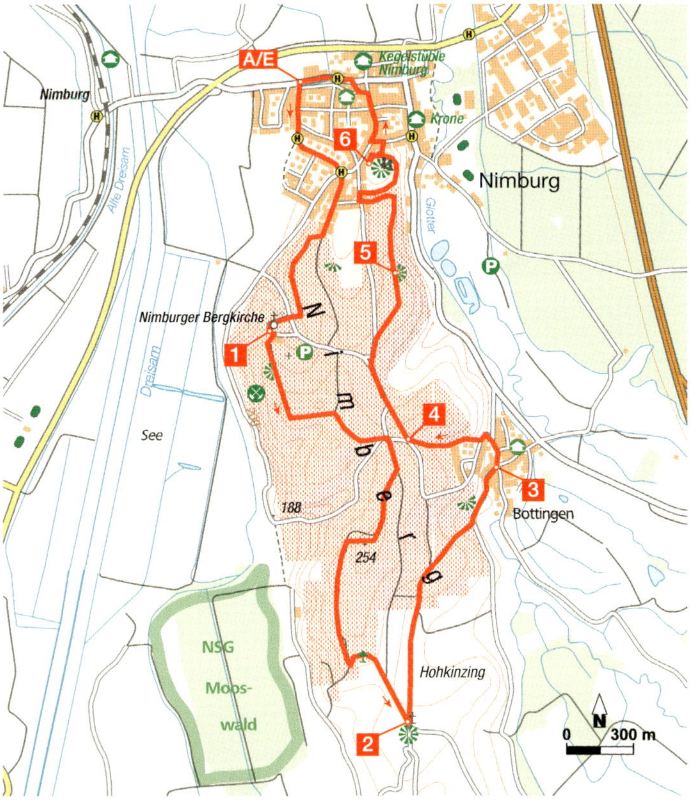

Zum Feldkreuz Hohkinzig

Durch die obere Friedhofstüre wandern wir nach Süden, auf dem Weg rechts entlang des neuen Friedhofs, in Richtung Bottingen. Weiter oben knickt der Weg mit der Markierung gelbe Raute nach links. An einer T-Kreuzung vor einer kleinen Streuobstwiese gehen wir nach rechts und an der nächsten T-Kreuzung jetzt auf einem betonieren Sträßchen nach links hinunter. An einer Kreuzung nehmen wir die zweite Straße nach rechts in Richtung Hohkinzig und nehmen an einer Gabelung den rechten Weg. An einer Kreuzung nach einem Picknicktisch schlendern wir rechts mit Blick auf Eichstetten entlang eines Gartenzauns abwärts. Weiter unten knickt der Weg nach links und führt unter der Starkstromleitung

Tauben nutzen jede Nische im Maßwerkfenster der Nimburger Bergkirche.

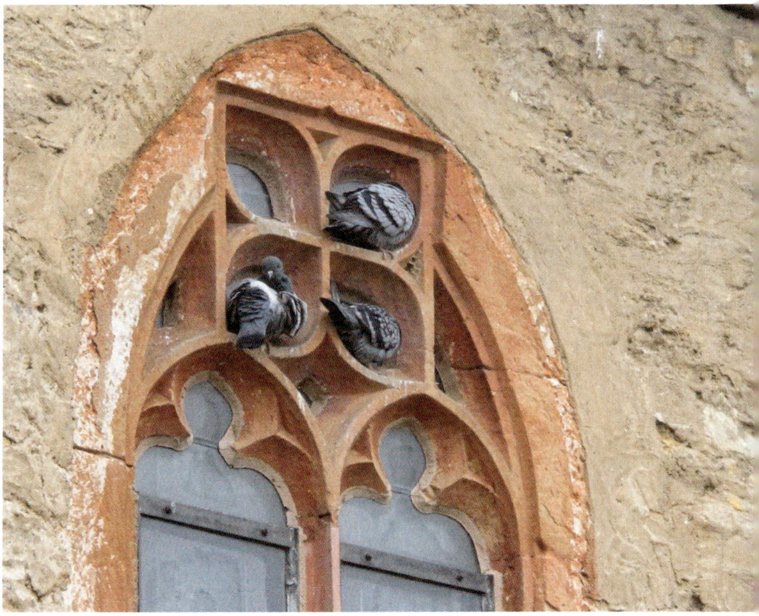

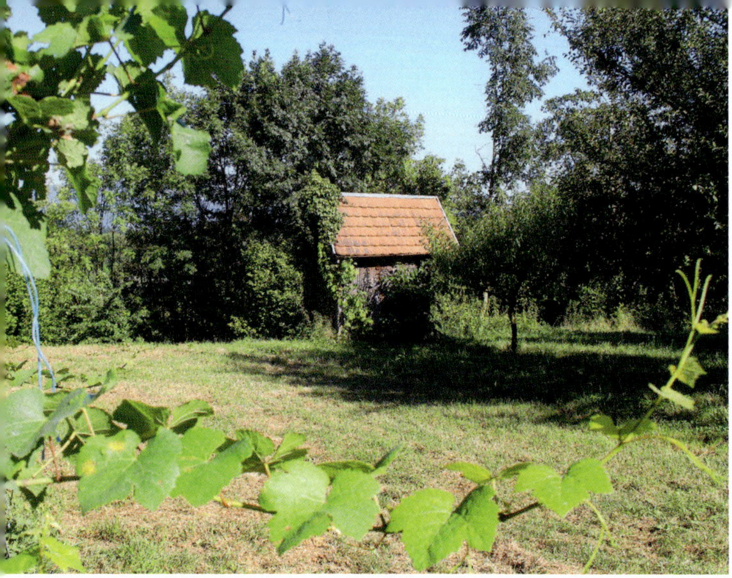

hindurch. An einer T-Kreuzung müssen wir in spitzem Winkel nach links auf den Weg, der gleich auf Asphalt abwärts an der Bammert-Hütte vorbeiführt. 20 Meter vor dem Feldkreuz gehen wir an der Kreuzung in spitzem Winkel nach links. Gute Aussicht in den Schwarzwald vom Kandel bis zum Schauinsland bietet der Standort direkt am ❷ **Feldkreuz Hohkinzig**, befinden wir uns doch hier 70 Meter über der Ebene.

Zur alten Schule Etwa 20 Meter vor dem Feldkreuz wandern wir nun nach Norden und dann an Abzweigen geradeaus weiter. Erst an einer Kreuzung mit einem Picknicktisch gehen wir rechts in einem alten Hohlweg hinunter und unten auf der Straße weiter nach Bottingen hinein. In Bottingen halten wir uns an der ❸ **Alten Schule** mit Glockenturm und Storchennest auf der Dorfstraße links. Das stille Dorf Bottingen wurde das erste Mal im Jahr 751 urkundlich erwähnt und ist damit über 200 Jahre älter als Nimburg.

Zur Kreuzung Ziegelbreite An der nächsten Kreuzung in Bottingen wandern wir links leicht aufwärts und dann links in der Weinbergstraße hoch. Nach 70 Metern steigen wir rechts den historischen Wirtschaftsweg mit der gelben Raute hoch in die Weinberge und erreichen die Kreuzung ❹ **Ziegelbreite**. Tatsächlich gibt es auf dem Nimberg auch Lehmschichten, und in früheren Zeiten wurden hier Ziegel gebrannt.

Zum Wasserbehälter Hier gehen wir rechts nach Norden in Richtung Nimburg und Beckebergli. Ein historischer Handelsweg von

Kleinräumige Biotope auf dem Nimberg

Obschon auch auf dem Plateau des Nimbergs großflächige Rebflächen entstanden, so blieben dort insgesamt doch mehr kleinräumige Lebensbereiche erhalten als im Kaiserstuhl. Am Nimberg wurde nie eine umfassende Flurbereinigung wie im Kaiserstuhl und am Tuniberg durchgeführt. Damit blieben alte Hecken und Raine in ihren Kleinbiotopen erhalten. Auch viele alte solitäre Obstbäume wachsen noch auf dem Nimberg, die einen Lebensraum für Fledermäuse und große Höhlenbrüter bieten. Am Nimberg ist die größte Dichte in der Feldhasenpopulation im Breisgau zu finden. Feldhase, Dachs und Rebhuhn sind eben auf diese kleinräumigen Biotope mit vernetzten Rückzugs- und Deckungsmöglichkeiten angewiesen. Die Fledermaus braucht für ihr Ortungssystem ebenfalls Hecken und Baumreihen als Leitlinien.

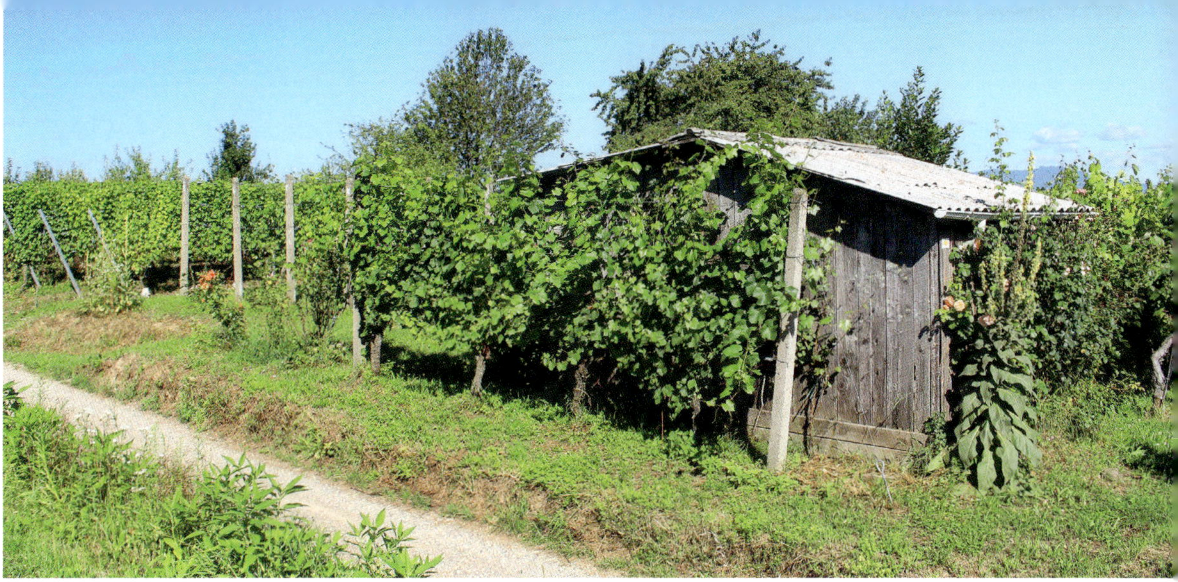

Nimburg nach Freiburg hat hier tiefe Hohlwege geschaffen. Links und rechts des Nimbergs lagen einst die unpassierbaren Sümpfe der Dreisam und der Glotter. In den Hohlwegen ist die Lössauflage des Nimbergs zu erkennen, die ähnlich wie im Kaiserstuhl durch Anwehung entstand.

An einer Gabelung mit einem Walnussbaum in der Mitte wandern wir rechts, und an der nächsten Kreuzung wieder rechts mit der gelben Raute weiter. Ein kleiner Abstecher leitet rechts zum Aussichtspunkt auf einem 5 **Wasserbehälter**, von dem sich der Schwarzwald überblicken lässt.

Großer Artenreichtum auf kleinem Raum findet sich auf dem Nimberg.

Linke Seite: Auf dem Nimberg stehen noch viele alte Rebhisli.

Auf das Beckebergli An einer T-Kreuzung im Hohlweg vor dem Burgberg müssen wir links abwärts, dann auf der Langstraße in Nimburg nach rechts und nach nur 20 Metern gleich wieder nach rechts aufwärts. Schneckenförmig steigt der Weg vorbei an Gärten auf das 6 **Beckebergli**, auf dem vom 11. bis 14. Jahrhundert die Burg der Grafen von Nimburg stand. Die Rundumsicht ist überraschend gut. Im Osten steht der Schwarzwald, nach Süden schauen wir über den Nimberg mit der Bergkirche und im Westen erhebt sich der Kaiserstuhl mit der Michaelskapelle bei Riegel.

Zum Parkplatz Breisacher Straße Wir steigen wieder hinunter, nehmen aber nach einem Drittel des Abstiegs an der Markierung gelbe Raute links den Weg über eine Wiese und die Treppe. Unten in Nimburg gehen wir auf der Burgstraße links und an der Langstraße rechts bis zum Rathaus. Auf dem Rathausparkplatz sind alte Grenzsteine aufgestellt, die von den historischen Gemarkungen zeugen. Am Rathaus gehen wir nach links und sind gleich am Parkplatz in der E **Breisacher Straße** zurück. Einen erfrischenden Abschluss bietet der nahe Baggersee an der Otto-Lilienthal-Straße.

Sonnenblumen gedeihen in dem milden Klima prächtig.

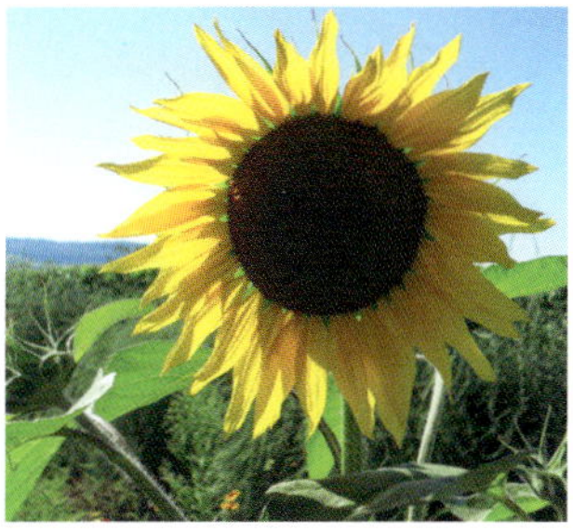

23

Von Gottenheim auf den Tuniberg

Rebhisli und Römerbad

Leicht 2:40 Std. 100 Hm 9,1 km

Besonderer Genuss: Ruhe und Natur

Tourencharakter
Leichte, vorwiegend sonnige Tour, größtenteils auf befestigten Wegen durch Weinberge und Ortsgebiet

Ausgangs-/Endpunkt
Parkplatz am Bahnhof in Gottenheim
GPS N48°03'05.6" E07°43'29.5"

Anfahrt
Auto Auf der A5 Ausfahrt 60 Teningen und auf der L114 und L116 nach Gottenheim
Bahn Von Freiburg bis Gottenheim (www.bahn.de)

Gehzeiten
Parkplatz am Bahnhof – Kirche Sankt Stephan 0:10 Std. – Pavillon 0:15 Std. – Wölfle 0:20 Std. – Feldkreuz 0:15 Std. – Römerbad 0:25 Std. – Parkplatz am Bahnhof 1:15 Std.

Einkehr
Gutsschenke Hess, Hauptstraße 12, 79288 Gottenheim, Tel. 07665/6322, www.weingut-hess.com
Hunne-Strauße, Rathausstraße 2, 79288 Gottenheim, Tel. 07665/6207, www.weingut-hunn.de
Restaurant Zur Krone, Hauptstraße 57, 79288 Gottenheim, Tel. 07665/6712, www.krone-gottenheim.de
Strauße Scheunenstrauße, Umkircher Straße 11, 79112 Waltershofen, Tel. 07665/7451, www.scheunenstrausse.de

Karten
Kompass 883, 1:25000

Touristinformation
Hauptstraße 25, 79288 Gottenheim, Tel. 07665/98110, www.gottenheim.de

Vom Weinort Gottenheim steigt die Wanderung durch Hohlwege hinauf in die kleinräumigen Rebflächen und setzt sich auf dem netten Rebhisliweg fort. Auf dem Weg liegen die Reste eines Römerbads, das die frühe Besiedelung der Gegend belegt.

Zur Kirche Sankt Stephan Vom Parkplatz vor dem **A Bahnhof Gottenheim** starten wir in die Bahnhofstraße nach Süden und biegen links in die Hauptstraße. Am Weingut Hess und am schönen Rathaus mit Treppengiebel biegen wir rechts in die Rathausstraße und laufen an der Hunnestrauße vorbei. Damit stehen schon zwei Straußenwirtschaften zur Auswahl für eine Einkehr am Schluss der Wanderung. Nach der Hunnestrauße gehen wir

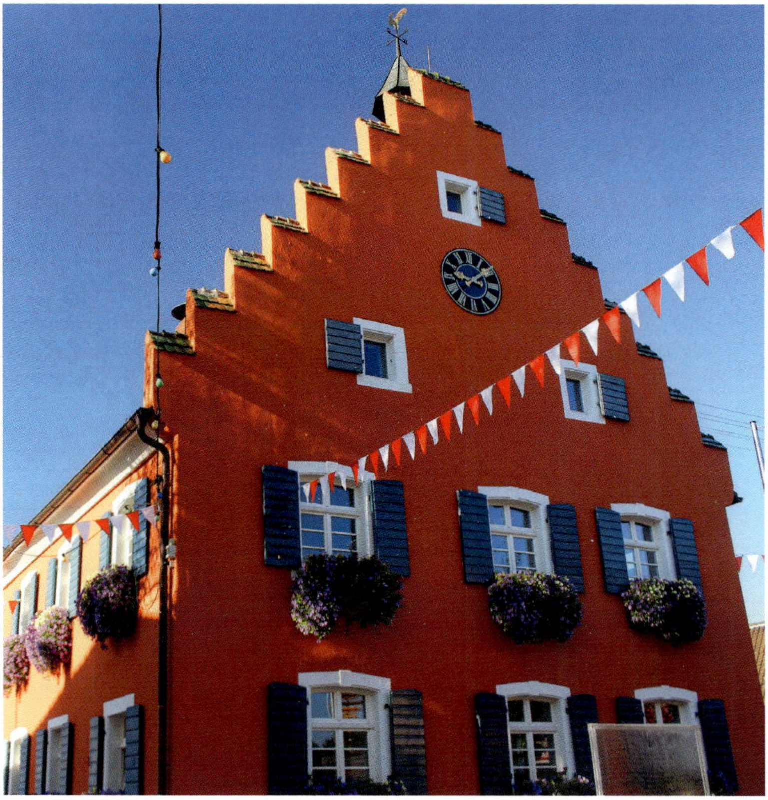

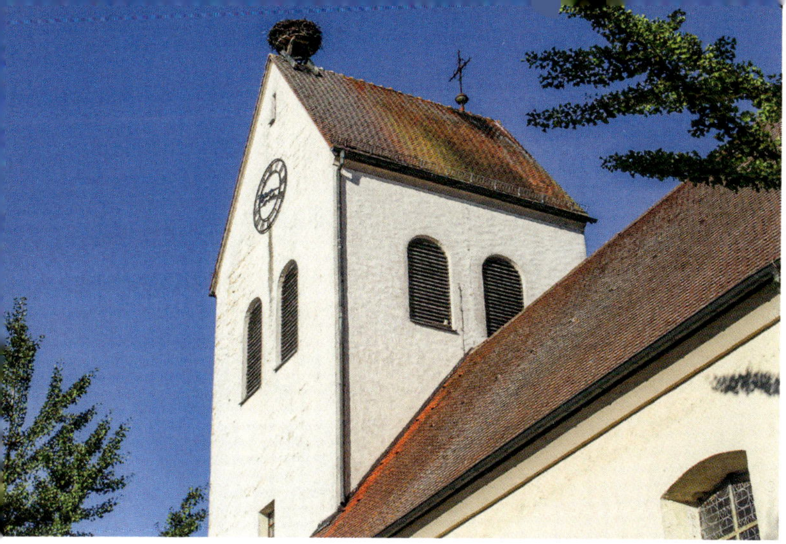

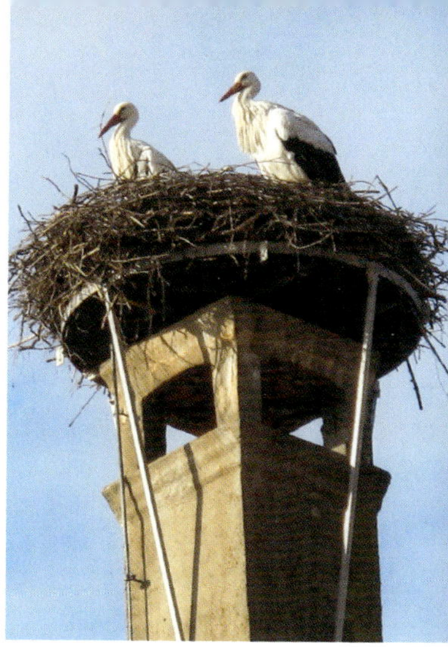

Störche auf der Kirchturmspitze schätzen den Rundblick.

Links: Die Kirche Sankt Stephan in Gottenheim wurde 1727 erbaut und hat eine barocke Ausstattung.

Linke Seite: Am schmucken Rathaus in Gottenheim

links die schmale Straße zur ❶ **Kirche** hoch, nicht ohne die Störche auf dem Turm zu beobachten (noch näher zu sehen unter http://85.220.149.7/cgi-bin/guestimage.html). Die katholische Kirche Sankt Stephan wurde 1727 erbaut und ist das Wahrzeichen von Gottenheim. Auf dem Seitenaltar ist ein bedeutendes Bildnis aus dem Jahr 1892 zu sehen, das St. Gallus am Bodensee predigend zeigt. Gottenheim hat eine leidvolle Geschichte erlebt. 1350, 1564 und 1633 kam die Pest nach Gottenheim und löschte ganze Familien aus. Im Dreißigjährigen Krieg überfielen die Breisacher die bei Gottenheim stehenden Schweden. Dabei wurde das Dorf zerstört, von der Kirche blieb nur der Turm stehen.

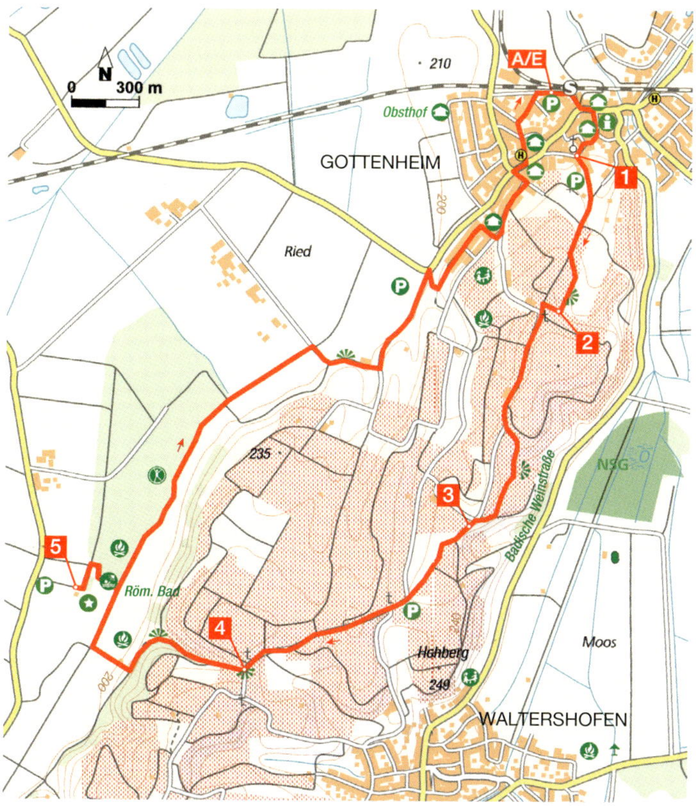

Zum Pavillon Nach der Kirche folgen wir links der Rebhislitour aufwärts am Friedhof vorbei, einen Hohlweg hinunter und dann geradeaus wieder aufwärts. 100 Meter nach der Madonna im Weinberg verlassen wir das Sträßchen nach links und orientieren uns an der Beschilderung Rebhislitour. Diese Route führt durch interessante kleinräumige Wein- und Obstbaumflächen mit vielfältigen Lebensräumen. Auf der gesamten Rebhislitour werden auch Heilkräuter vorgestellt. Vom ❷ **Pavillon** auf dem Wasserbehälter bietet sich eine gute Aussicht über Freiburg in den Schwarzwald und über Wasenweiler in den Kaiserstuhl und in die Vogesen.

Gottenheimer Rebhisli

In den Gottenheimer Weinbergen auf dem Tuniberg stehen noch mehr als 100 sogenannte Rebhisli (Weinberghütten). Im Gottenheimer Gebiet wurde keine umfassende Flurbereinigung durchgeführt, wie in vielen anderen Rebenlandschaften so auch im Kaiserstuhl. Daher gibt es in den Gottenheimer Weinbergen neben den liebenswerten Rebhisli auch noch viele typische Kleinterrassen, kleinräumige Wein- und Obstbaumflächen, schmale Feldwege und wilde Böschungen mit wertvollen kleinen Lebensräumen für Pflanzen, Reptilien, Insekten und Vögel. Große alte Obstbäume geben den Höhlenbrütern wie Meisen, Wendehals und Eulen ausreichend Lebensraum und Schutz. Verschiedene Fledermausarten sind hier heimisch und nehmen in den Biotopen einen wichtigen Platz ein. Die Rebhislitour zeigt diese reizende Welt.

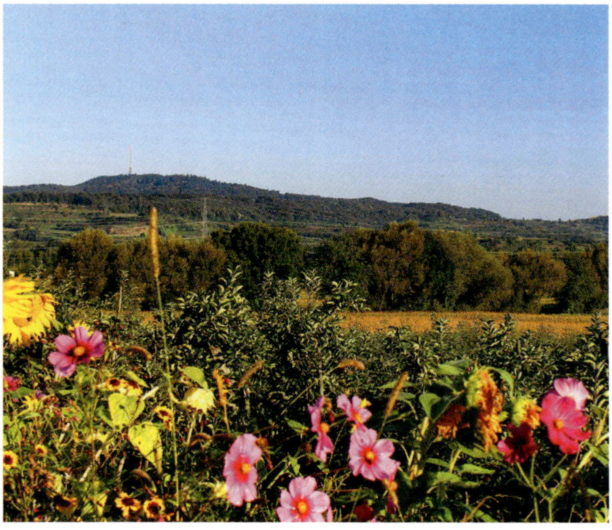

Zum Wölfle Vom Wasserbehälter steigen wir die Treppe hinab und gehen links weiter und an der Hohlwegkreuzung mit dem Bildstöckle geradeaus. An der Weggabel mit dem Namen Einpflanz bleiben wir links an der Hangsohle. An zwei weiteren Gabelungen bleiben wir jeweils rechts auf der Hangkante und haben wieder freie Sicht zur Kette des Schwarzwalds, von der Hornisgrinde im Norden bis zum Blauen im Süden. Dann stoßen wir nach einem gemauerten Rebhäusle an eine Kreuzung asphaltierter Straßen, an dem ein Stein mit der Aufschrift ❸ **Wölfle** steht.

Zum Feldkreuz Hier verlassen wir den Rundweg der Rebhislitour geradeaus. An der Kreuzung mit einer Baumgruppe und einem kleinen Parkplatz gehen wir geradeaus aufwärts an einem hölzernen Wegkreuz vorbei auf den Tuniberghöhenweg hinauf und erreichen schließlich ein steinernes ❹ **Feldkreuz** mit Treppe zu einer erhöht liegenden Bank.

Zum Römerbad Zehn Meter nach dem Feldkreuz wandern wir rechts auf dem Wiesenweg zwischen Obstbäumen und Reben abwärts. Am Ende der Obstbäume schlendern wir den mit Lianen fast zugewachsenen romantischen Hohlweg hinunter. Am Schild »Kelten und Römer am Tuniberg« sehen wir unten in der Ebene ein Dach, das die Reste des römischen

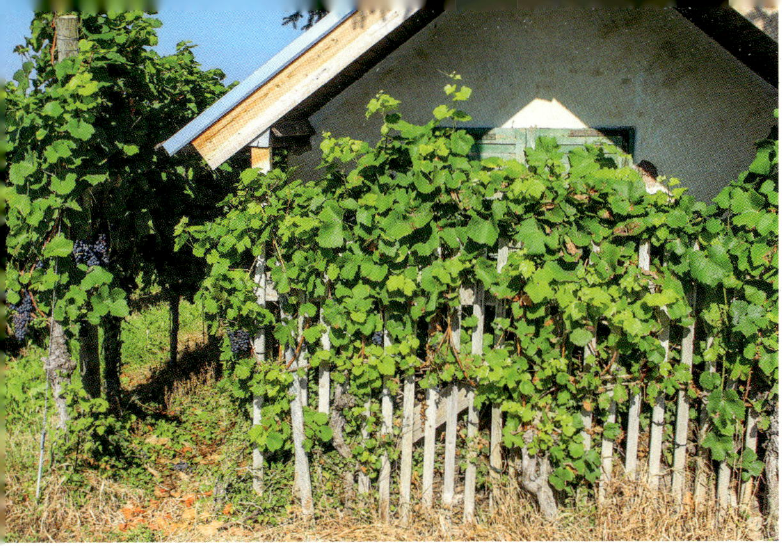

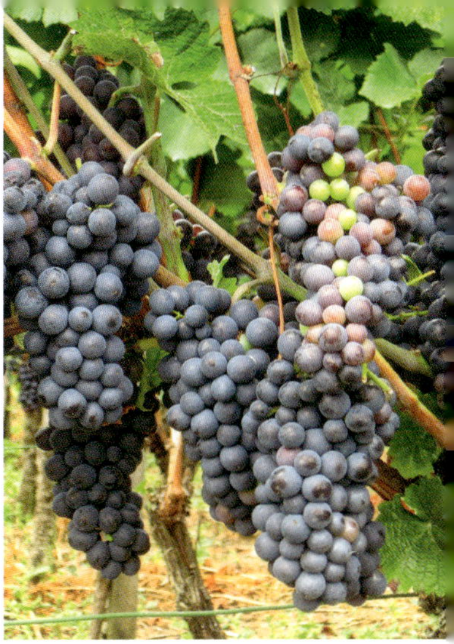

Bads schützt. Im 1. Jahrtausend v. Chr. bewohnten Kelten den Tuniberg, weil sie fruchtbare Lössgebiete und ein mildes Klima für ihre Siedlungen bevorzugten. Der Name Tuniberg entstammt dem keltischen Wort »tuni«, was Zaun bedeutet. Ab dem 1. Jahrhundert n. Chr. lebten hier Römer in Gutshöfen, die Villa Rustika genannt werden, und betrieben Wein- und Obstbau.
Hier an der Informationstafel wandern wir nach links und nach dem verfallenen Gartenhaus nach rechts in die Ebene hinunter. Unten in den Feldern gehen wir an der Kreuzung rechts auf die drei Walnussbäume zu, deren Stämme auffällig weiß gekalkt sind. Beim Jagdansitz am Waldrand spazieren wir links und im Wald noch einmal links zum **5 Römerbad**, von dem allerdings nur noch die abgedeckten Fundamente erhalten sind. Eine ergiebige Informationstafel erläutert die Einzelheiten.

Zum Bahnhof Gottenheim Nach der Besichtigung gehen wir zurück zum Jagdansitz und wandern links am langen Waldrand entlang und nach dem Wald längs ausgedehnter Pferdekoppeln. An der Kreuzung mit einer Asphaltstraße gehen wir rechts auf die Straße Im Ried. An der T-Kreuzung vor der Böschung wenden wir uns nach links und an einer weiteren Böschung wieder links. An dem Wanderparkplatz kurz vor der stark befahrenen Straße K 4995 gehen wir in spitzem Winkel nach rechts hoch auf eine ruhigere Route. Oben halten wir uns links und an der Carl-Frey-Straße wieder links. Am Schild Sackgasse müssen wir rechts hinauf und oben auf der Tunibergstraße links, die am Ende nach links abwärts knickt. Am Gasthof Krone gehen wir rechts und am Gasthof Adler links in die Schulstraße. Vielleicht auch geradeaus, wer noch in den zu Anfang tangierten Straußenwirtschaften einkehren möchte. Vor der Schule gehen wir rechts zum **E Bahnhof Gottenheim** zurück.

Der Tuniberg gilt bei Kennern als »Burgunderoase«.

Links: Die vielen Rebhisli auf dem Tuniberg werden immer noch genutzt.

Linke Seite: Blick vom Tuniberg auf den Kaiserstuhl mit Totenkopf und Eichelspitze

Rebhisli auf dem Tuniberg

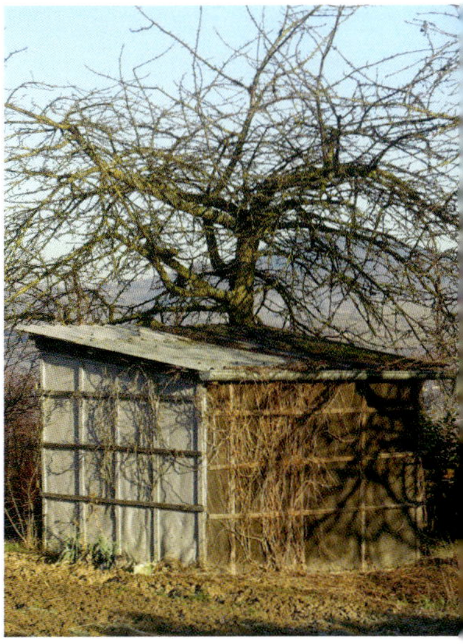

24

Von Munzingen auf den Tuniberg

Attila und Erentrudis

Vom Weinort Munzingen an der südlichen Spitze des Tunibergs führt diese Tour hinauf auf die Rebflächen zur historischen Erentrudiskapelle auf dem 1000-jährigen Kultplatz. Der sagenumwobene Attilafelsen erhebt sich über Niederrimsingen.

Leicht | 3:20 Std. | 160 Hm | 10,6 km

Besonderer Genuss: Kultur am Wegrand

Tourencharakter
Leichte, vorwiegend sonnige Tour auf befestigten Wegen durch Weinberge und Ortsgebiet

Ausgangs-/Endpunkt
P&R-Parkplatz in Munzingen
GPS N47°58'04.5" E07°41'43.7"

Anfahrt
Auto Auf der A5 Ausfahrt 63 Freiburg-Süd und auf der Freiburger Landstraße über Tiengen nach Munzingen
Bus Mit den Linien 33, 35, 46, und 241 von Freiburg (www.vag-freiburg.de)

Gehzeiten
P&R-Parkplatz – Erentrudiskapelle 0:30 Std. – Sechswegekreuzung 1:05 Std. – Kreuzung Grümling 0:15 Std. – Wasserbehälter 0:10 Std. – Lagerhalle 0:55 Std. – P&R-Parkplatz 0:25 Std.

Einkehr
Griestal Strauße, Griestal 2, 79112 Opfingen, Tel. 07664/400675, www.griestal-strausse.de
Winzerschenke Kapellenblick, Große Roos 10, 79112 Munzingen, Tel. 07664/2341, www.winzerschenke.de
Hotel-Restaurant s'Badische Wirtshaus im Schloss Reinach, Sankt-Erentrudis-Straße 12, 79112 Munzingen, Tel. 07664/4070, www.schlossreinach.de

Karten
Kompass 883, 1:25000

Touristinformation
Rathausplatz 4, 79098 Freiburg im Breisgau, Tel. 0761/3881880, www.freiburg.de

Zur Erentrudiskapelle Vom Ⓐ **P&R-Parkplatz** in Munzingen laufen wir auf der Windhäuslegasse nach Nordwesten aufwärts. An der Gabelung nach den letzten Häusern wandern wir links in der Straße Zum Steingrüble am Sportplatz vorbei und erreichen eine Abbruchwand des alten Kalksteinbruchs Steingrüble. In einer Höhle fanden sich frühsteinzeitliche Besiedelungsspuren. Tiere und Pflanzen, die sich an die harten Bedingungen an der Felswand angepasst haben, haben hier einen neuen Lebensraum gefunden.

Am Steinbruch gehen wir geradeaus aufwärts und vor dem Schild »Arbeiten im Weinberg« nach rechts auf den Wiesenweg unterhalb der Kapelle. An einer Gabelung müssen wir in spitzem Winkel nach links an den Wasserbehältern vorbei und stei-

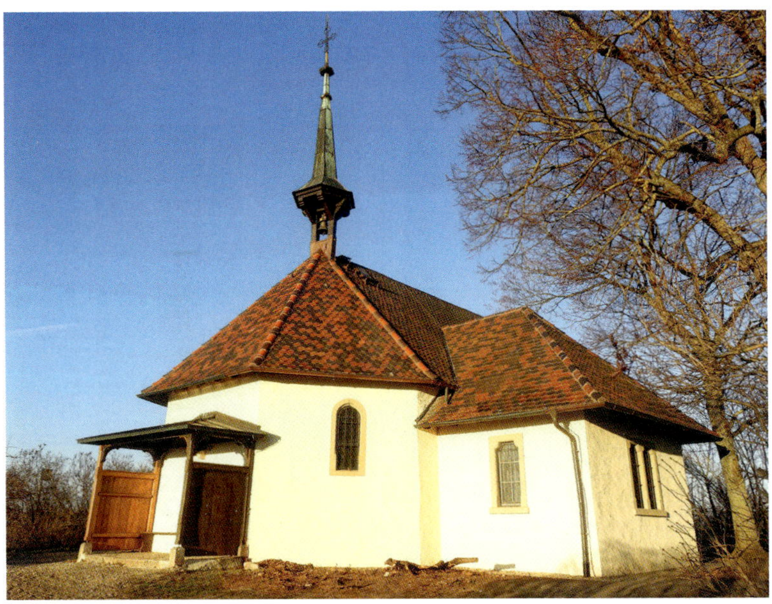

gen zur 1 Erentrudiskapelle hinauf. Auf dem Kapellenberg ergibt sich eine großartige Aussicht in den Schwarzwald, vom Kandel über Freiburg und über den Schauinsland bis zum Blauen. Die Erentrudiskapelle wurde Ende des 17. Jahrhunderts gebaut. Hier oben auf dem Kapellenberg sind 6000 Jahre Siedlungsgeschichte nachweisbar. Die Kapelle wurde bis 1843 als Einsiedelei bewohnt.

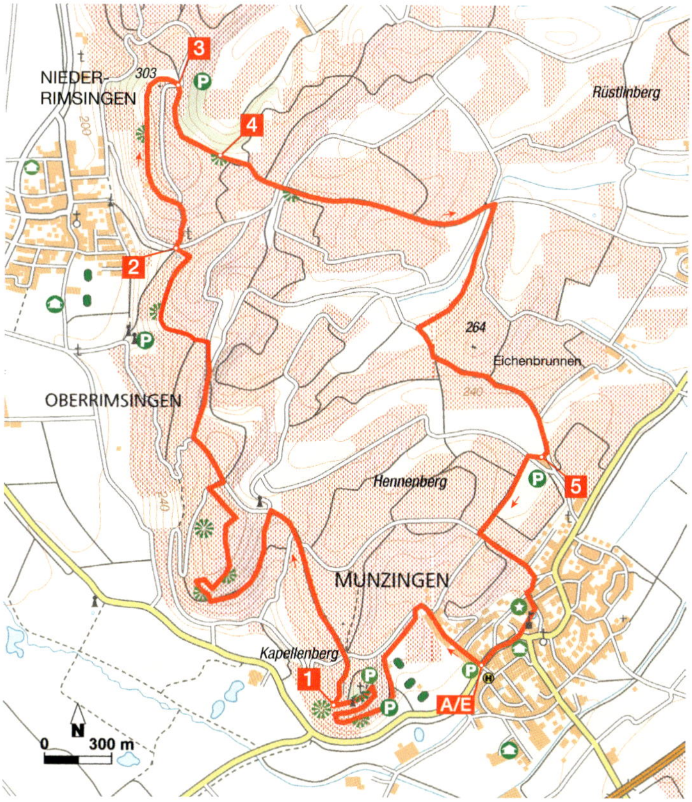

Zur Sechswegekreuzung Vom Eingang der Kapelle führt ein kleiner Weg am Hang Richtung Nordwesten hinunter. Geradeaus gehen wir auf der asphaltierten Straße weiter und orientieren uns an der nächsten Kreuzung mit Brunnen geradeaus in Richtung Attilafelsen. An der Kreuzung vor dem Flurbereinigungsdenkmal wenden wir uns nach links auf den Panoramarundweg. An einer Weggabelung gehen wir rechts hoch und kommen an eine T-Kreuzung am geologischen Aufschluss des Hauptrogensteins. Vor 170 Mill. Jahren lagerten sich in einem Jurameer um Kristallisationskerne Kalk ab, die an Fischrogen erinnern. Der Tuniberg ist eine Kalkscholle in der Rheinebene.

Linke Seite: Die Erentrudiskapelle steht am südlichen Ende des Tunibergs mit Aussicht über das Markgräflerland.

Der alte Steinbruch Steingrüble ist zu einem schützenswerten Biotop geworden.

An der T-Kreuzung vor der Felswand gehen wir links und kommen mit einer Rechtskehre auf die obere Geländekante. Wegen der guten Aussicht bleiben wir auf dem Asphaltsträßchen. An einer T-Kreuzung laufen wir rechts und nach 20 Metern an der großen Kreuzung links Richtung Attilafelsen, begleitet von der Muschel des Jakobswegs. An der T-Kreuzung mit Blick auf Ober- und Niederrimsingen schauen wir auch auf den Rhein, nach Breisach und in die Vogesen. Hier verlassen wir

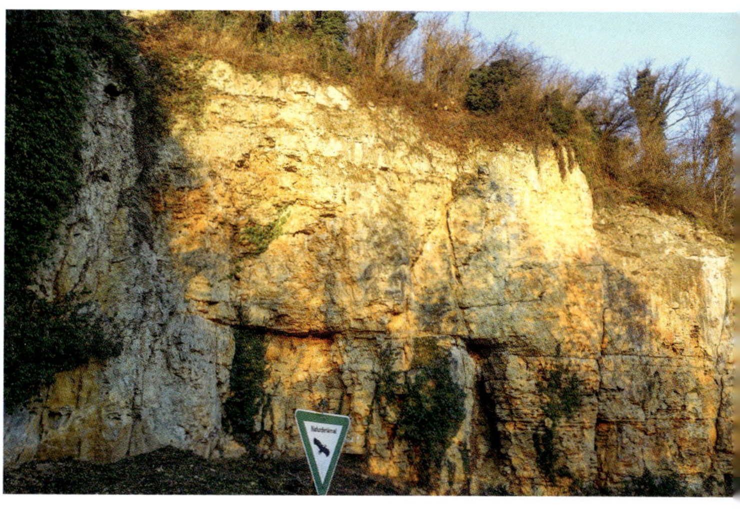

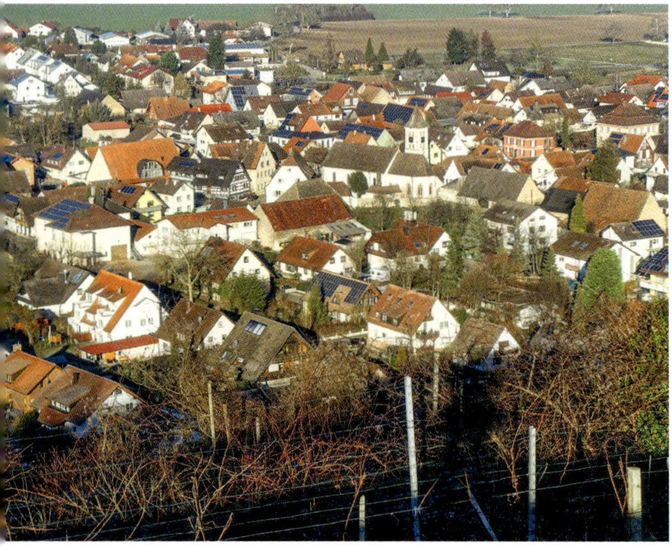

den Jakobsweg schon wieder nach rechts und wandern weiter entlang der Hangkante. An einer Gabelung gehen wir links Richtung Maiblumengasse und folgen nach 100 Metern der gelben Raute links, an einem gemauerten Rebhäuschen vorbei auf den Panoramaweg, der uns gleich Niederrimsingen von oben zeigt. Der Turm der Sankt-Laurentius-Kirche in Niederrimsingen stammt aus dem 11. Jahrhundert und ist damit einer der ältesten im Breisgau. An einer 2 **Sechswegekreuzung** an einem Wasserbehälter mit Antennen nehmen wir die zweite Straße rechts aufwärts Richtung Attilafelsen am Feldkreuz vorbei.

Niederrimsingen aus der Vogelperspektive

Zur Kreuzung Grümling Weiter oben wandern wir nach links auf dem Naturweg weiter, bald mit Blick voraus auf Breisach mit dem markanten Münsterberg. An einer Rechtskurve schauen wir dann auf die Weinlage Attilafelsen vor dem Kaiserstuhl. Der Attilafelsen ist nur eine Lösswand vor den Weinbergen. Da Löss aber den Gesteinen zugerechnet wird, ist der Begriff Felsen nicht falsch. Nach einer Sage wird das Grab von Attila dem Hunnenkönig auf dem Tuniberg vermutet. Dann erreichen wir die 3 **Kreuzung Grümling**, an der wir rechts müssen.

Wanderweg mit Aussicht auf dem Tuniberg

Zum Wasserbehälter Am Ende des Walds steht links an der Kreuzung Am Wäldele ein 4 **Wasserbehälter**. Hier könnten wir nach links einen Umweg zur beliebten Griestalstrauße machen.

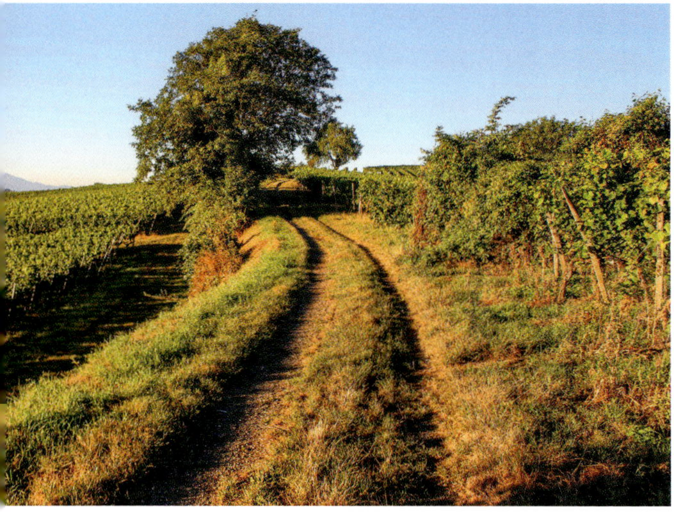

Zur Lagerhalle Vom Wasserbehälter geht es immer geradeaus abwärts mit Blick in den Schwarzwald. Unten im Wolkental wandern wir an der Kreuzung mit Baumgruppe auf dem Wiesenweg am Fuß der Böschung nach rechts. Am Ende des Naturwegs geht es auf dem Asphaltsträßchen links und an einer Kreuzung weiter oben gehen wir halb links. Dann geht es nur noch geradeaus abwärts, zu der schon bald sichtbaren 5 **Lagerhalle** des Winzervereins Munzingen.

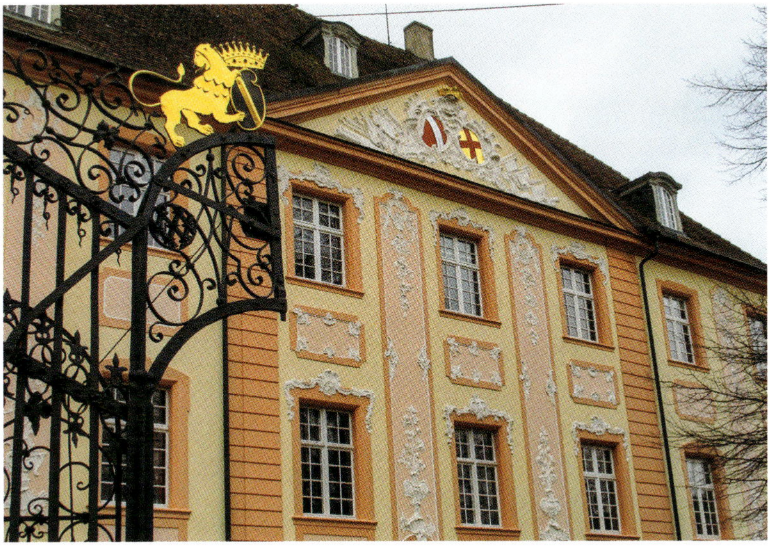

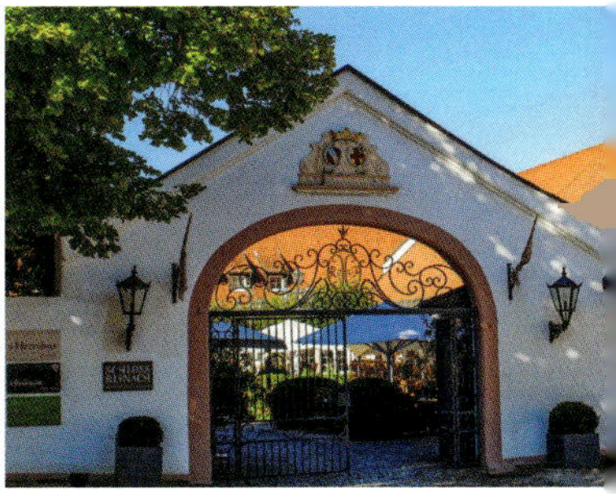

Das Schloss Reinach, ehemals Gutshof, ist heute Hotel und Restaurant.

Links: Das Schloss Munzingen wurde im Rokokostil umgestaltet.

Zum P&R-Parkplatz Rechts an der Lagerhalle vorbei schlendern wir auf eine weitere Lagerhalle weiter oben zu. An der T-Kreuzung nach der zweiten Lagerhalle gehen wir links den Hohlweg Kinziggasse hinunter. An der mächtigen Linde laufen wir rechts in den Dorfgraben und dann links den Schloßbuck am reich verzierten Renaissanceschloss vorbei. Das Schloss Munzingen wird immer noch von der Gräflichen Familie Von Kageneck bewohnt. Ihr Vorfahr Johann Friedrich Reichsfreiherr von Kageneck ließ es 1672 erbauen. 1745 gefiel den Schlossherren dann der Rokokostil besser und es wurde dahingehend verändert.

Nach der Schlossmauer sehen wir auf der anderen Seite der Straße einen kleinen Rundturm, »Gigili« genannt. Es ist der Überrest eines Wasserschlosses, das im Dreißigjährigen Krieg zerstört wurde. An dem Platz vor dem Schloss gehen wir rechts den Fußweg zwischen den Häusern hinab direkt auf das Tor von Schloss Reinach zu. Erbaut als Gutshof gehörte es einst zum zerstörten Wasserschloss. Am Schloss Reinach rechts vorbei weiter auf der Sankt-Erentrudis-Straße sind wir in kurzer Zeit wieder am E P&R-Parkplatz zurück.

Munzinger Geschichte und Genuss

Die Endung im Ortsnamen »-ingen« zeigt, dass Munzingen eine Gründung der Alemannen ist. Schriftlich wurde Munzingen das erste Mal im Jahr 845 genannt. Im Mittelalter herrschten das Geschlecht der Üsenberger und die Herren von Staufen über den Ort. Die Habsburger hatten die Macht zur Zeit der vorderösterreichischen Führung, daher blieb der Ort katholisch. Es folgte die badische Markgrafenzeit. Heute ist Munzingen bei Feinschmeckern als hervorragendes Spargelanbaugebiet bekannt. In der Weinlage Kapellenberg bauen die Winzer überwiegend Burgundertrauben an und bauen den Saft zu vorzüglichen Spätburgunderweinen aus.

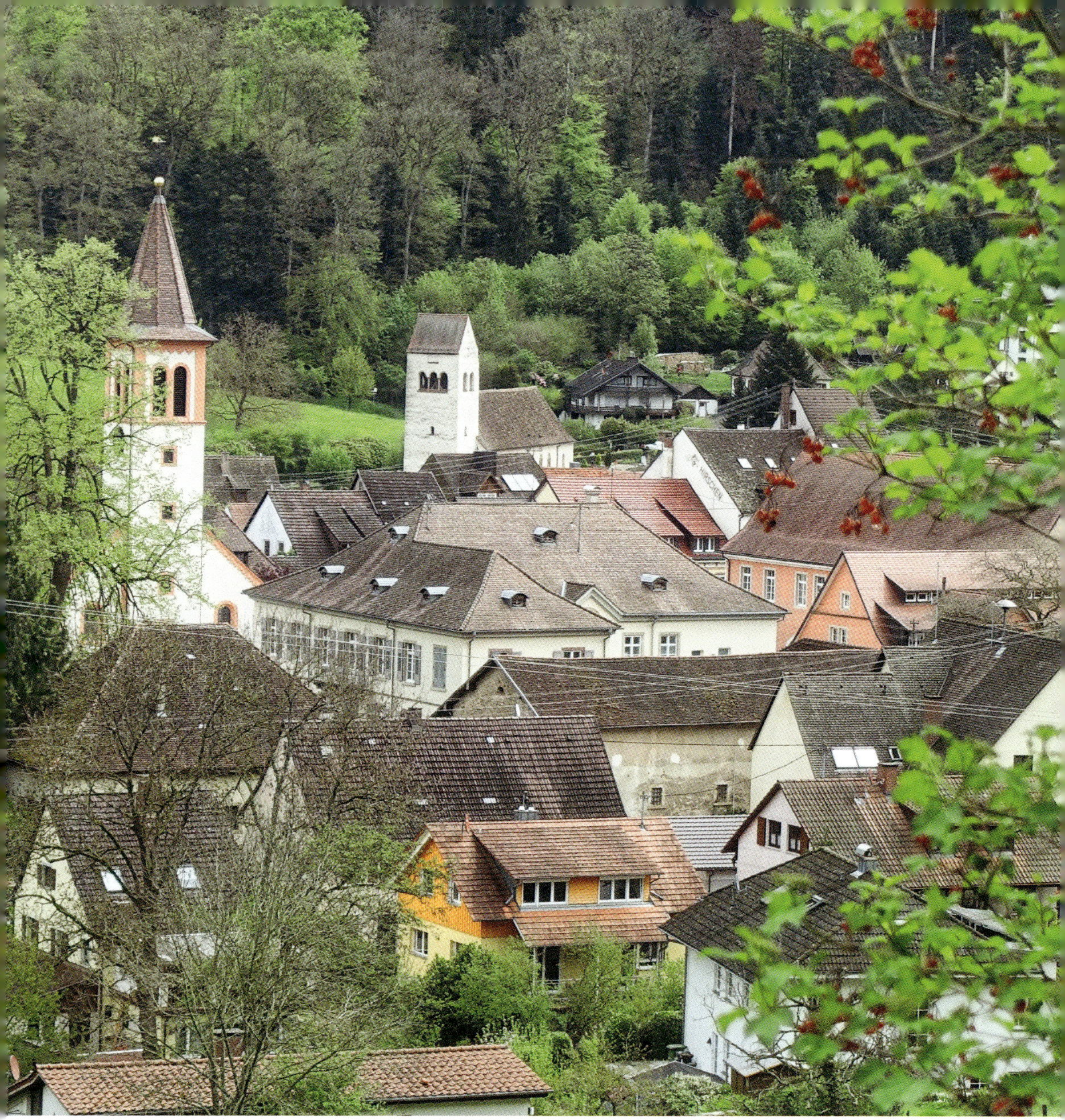

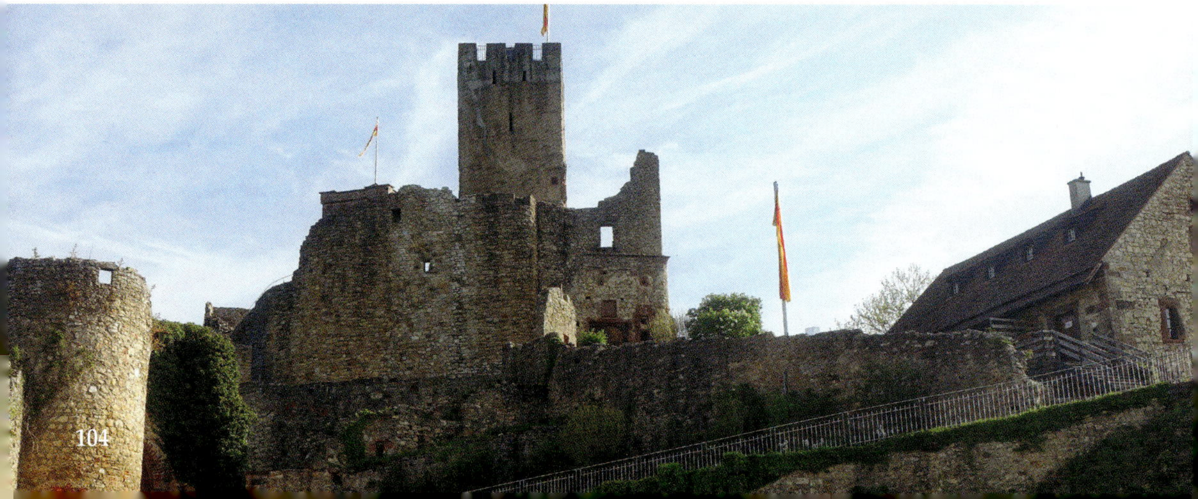

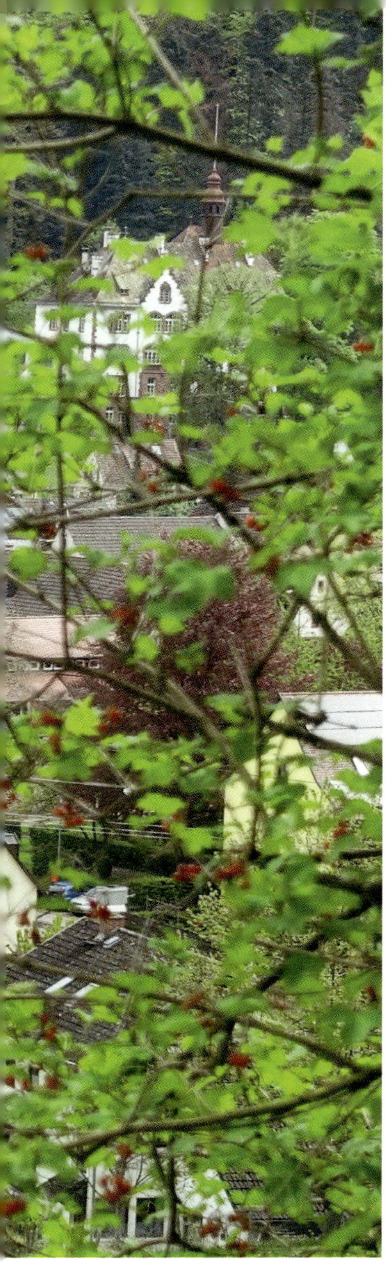

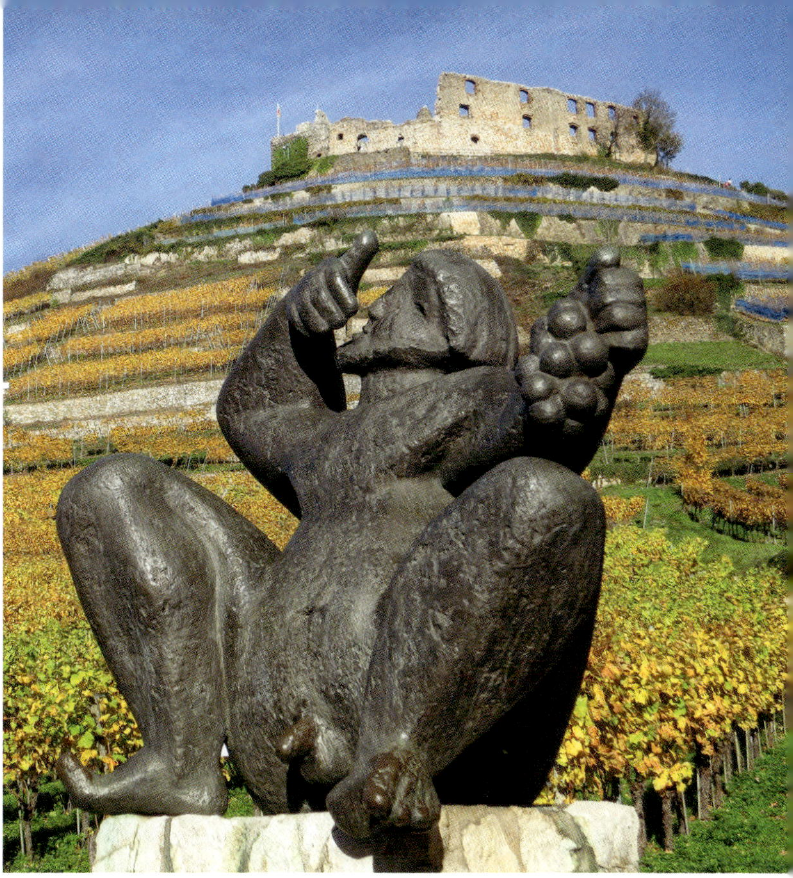

Touren im Breisgau und Markgräflerland

Oben links: Blick vom Bubenberg über Sulzburg (TOUR 31). Oben rechts: Bacchus sitzt vor dem Staufener Schlossberg (TOUR 29). Unten rechts: Die klassizistische Weinbrenner-Kirche in Heitersheim (TOUR 30). Unten links: Auf der Burgruine Rötteln (TOUR 36)

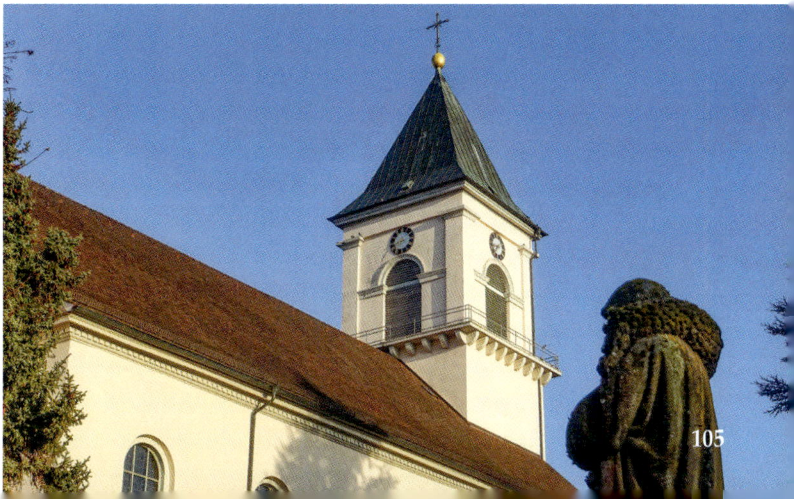

25

Zur Schneeburg auf dem Schönberg

Kapelle und Ruine mit Aussicht

Leicht | 2:00 Std. | 260 Hm | 5,7 km

Besonderer Genuss: Ruhe und Natur

Tourencharakter
Leichte, vorwiegend sonnige Tour, größtenteils auf Naturwegen durch Wälder und Wiesen. Der Höhenunterschied erfordert etwas Kondition.

Ausgangs-/Endpunkt
Parkplatz Berghauser Kapelle oberhalb von Ebringen
GPS N47°57'05.7" E07°47'14.6"

Anfahrt
Auto Auf der A 5 Ausfahrt 63 Freiburg-Süd, dann B 31 und B 3 über Ebringen zur Berghauser Kapelle
Bahn Von Freiburg bis Ebringen oder mit dem **Bus** Linie 7240 von Freiburg (www.bahn.de)

Gehzeiten
Parkplatz Berghauser Kapelle – Schönberg 0:50 Std. – Hedwigsbrunnen 0:15 Std. – Schönberghof 0:10 Std. – Ruine Schneeburg 0:10 Std. – Parkplatz Berghauser Kapelle 0:35 Std.

Einkehr
Gasthaus Schönberghof, Oberer Schönberghof 1, 79285 Ebringen, Tel. 07664/7222, www.gasthaus-schoenberghof.de
Hotel Restaurant Zum Ochsen, Basler Straße 50, 79227 Schallstadt, Tel. 07664/6139950, www.hotel-ochsen.de

Karten
Kompass 890, 1:25 000

Touristinformation
Rathausplatz 4, 79098 Freiburg im Breisgau, Tel. 0761/3881880, www.freiburg.de

Hinweis
Besser Wochenende meiden

Die Wanderung beginnt an der historischen Berghauser Kapelle mit Aussicht in den Schwarzwald. Vom einst strategisch wichtigen Schönberg und von der Ruine Schneeburg haben wir eine noch bessere Sicht, auch über Ebringen in die Vogesen.

Auf den Schönberg Die Berghauser Kapelle St. Trudpert inmitten ausgedehnter Streuobstwiesen wurde 1748 errichtet. Neben der Kapelle befindet sich eine kleine Eremitage. Schon im 12. Jahrhundert gab es hier das Dorf Berghausen mit einer Pfarrkirche. Lange Zeit war die Wallfahrt Maria vom guten Rat zur Berghauser Kapelle lebendig. Noch heute gibt es einen Kreuzweg von Ebringen herauf. Heute wird die Kapelle mit Rokokoausstattung gerne für Hochzeiten genutzt.

Vom **A Parkplatz an der Berghauser Kapelle** überqueren wir die kleine Landstraße, die Ebringen mit Wittnau verbindet, und biegen gleich nach rechts aufwärts in Richtung Schönberg ein.

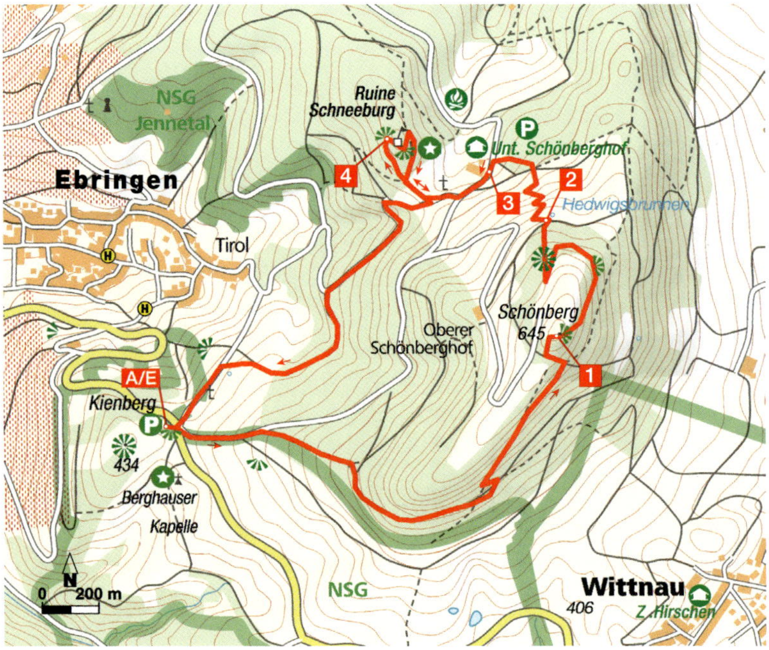

Die Ruine Schneeburg zeichnet sich von hier aus wie ein Scherenschnitt auf einem Nebenhügel des Schönbergs ab. 50 Meter nach einem Abzweig mit Schranke wandern wir rechts in Richtung Schönberg. An einer dicken zweistämmigen Buche gehen wir mit der Markierung gelbe Raute geradeaus und bleiben auch weiterhin der gelben Raute treu. Viel weiter oben schwenken wir in einen Forstweg ein. Durch die Bäume sind rechts die Häuser von Bollschweil und später die Anwesen von Sölden und Wittnau im Hexental zu erkennen (Tour 26). An einem Abzweig müssen wir dann links in spitzem Winkel auf den Pfad in Richtung Schönberg-Gipfel hinauf. Am Ende einer Weide mit herrlichem Blick in die Vogesen steigen wir rechts den Pfad mit vielen Wurzeln aufwärts und erreichen den Gipfel des ❶ **Schönbergs** mit dem Antennenmast. Hier oben ist der Verlauf des Hexentals zu überblicken. Der Schönberg zeigt sich als Scholle, getrennt durch den Grabenbruch des Hexentals. Der Name Hexental soll sich aus dem Wort Hagstal entwickelt haben. Bereits vor über 100 000 Jahren war der Schönberg besiedelt. 1644 tobte im Dreißigjährigen Krieg am Westhang des Schönbergs zwischen Bayern und Franzosen die Schlacht um Freiburg. 7000 Soldaten kamen zu Tode, ehe sich die Franzosen wieder zurückziehen mussten.

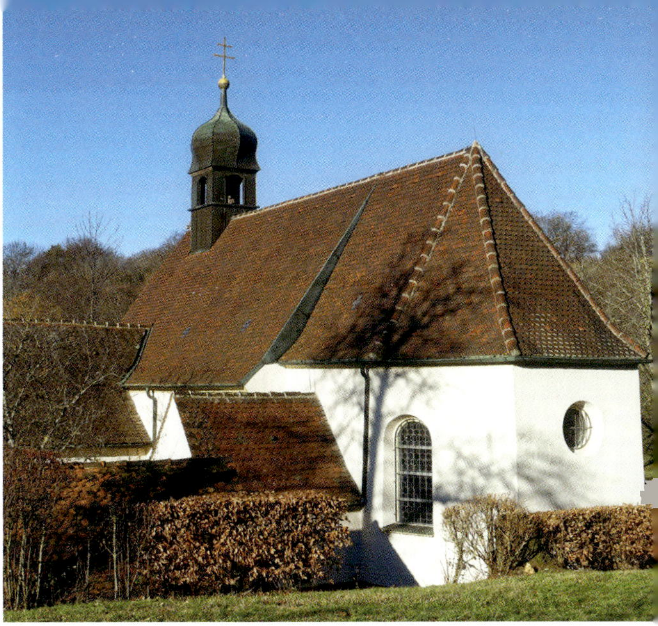

Die Berghauser Kapelle gehörte einst zu einem abgegangenen Dorf.

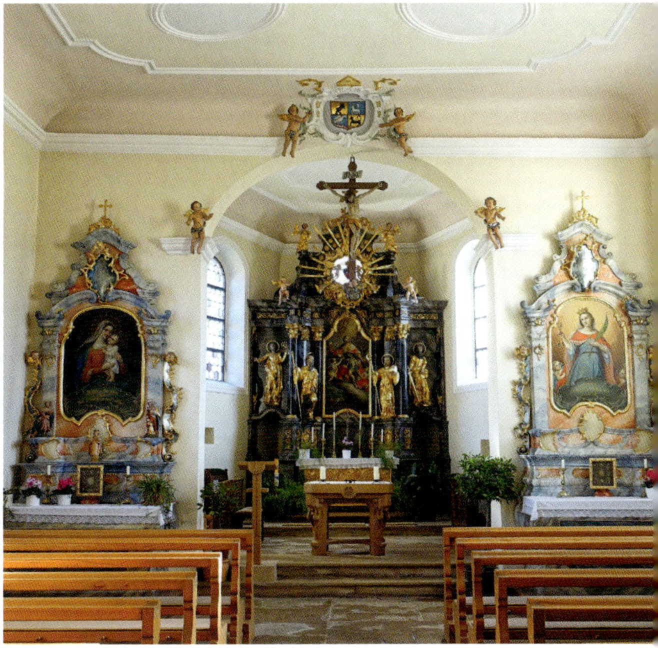

Eine prachtvolle Rokokoausstattung in tiefem Blau schmückt die Berghauser Kapelle.

Zum Hedwigsbrunnen Wir laufen in Richtung Norden auf der rechten Seite der großen Wiese hinunter und schauen an einer Bank über Freiburg. Hier steigen wir den steilen Pfad durch den Wald hinunter. Unten müssen wir an einer T-Kreuzung auf einem breiteren Weg nach rechts und erreichen die Kreuzung am ❷ **Hedwigsbrunnen** mit Picknickplatz.

Zum Schönberghof Am Hedwigsbrunnen steigen wir auf einem Pfad in Serpentinen hinunter in Richtung Schönberghof. Unten an der Kreuzung nach

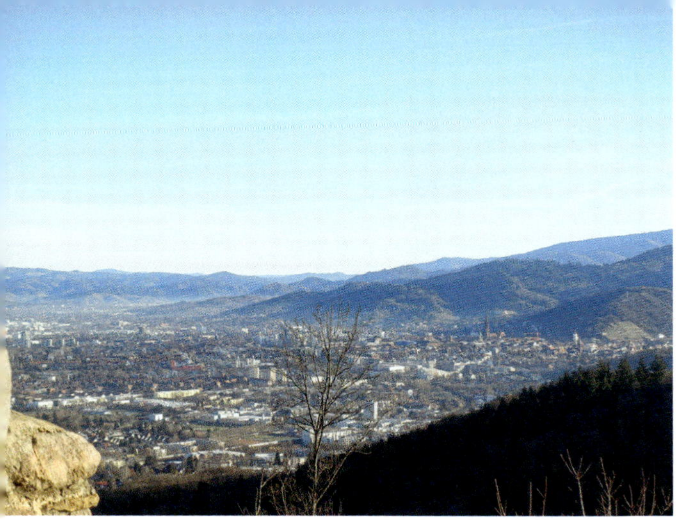

Aussicht von der Ruine Schneeburg auf Freiburg

den Viehweiden gehen wir halb links durch den Wald und treffen direkt auf das Gasthaus ❸ **Schönberghof**. Am Gasthof steht Schönberghof an der Fassade, wenn auch auf allen Wegweisern immer Schönberger Hof geschrieben steht. Egal, der herrliche Gastgarten lädt zur Einkehr. Der Schönberghof wurde erstmals 1312 urkundlich erwähnt. Der Bauernhof gehörte einst den Herren von Hornberg und diente zur Versorgung der Schneeburg. Im Dreißigjährigen Krieg wurde das Anwesen zerstört und war lange Zeit unbewohnbar. Erst im 17. Jahrhundert wurde es wieder aufgebaut, 1865 dann das erste Gasthaus eröffnet. Landwirtschaft gibt es immer noch. Heute ist der Schönberghof aber vor allen Dingen ein beliebtes Ausflugslokal.

Zur Ruine Schneeburg Auf dem Asphaltsträßchen vor dem Schönberghof gehen wir nach links aufwärts in Richtung Schneeburg. An der Weggabel müssen wir rechts auf den Steinebödenweg mit einer Walnussbaumallee und an dem Abzweig nach dem Wegkreuz wieder rechts. An einer Gabelung im Wald am Schild Kulturdenkmal Schneeburg bleiben wir geradeaus steil aufwärts und steigen dann links hinauf zur ❹ **Ruine Schneeburg**. Die Burg stammt wohl aus dem 13. Jahrhundert. Sie war zumindest zeitweise im Besitz der Familie Schnewlins, worauf auch der Name Bezug nimmt. Ein Haufen von aufständischen Markgräfler Bauern soll 1525 die Schneeburg angegriffen haben. In Folge der großen Zerstörungen war die Burg nicht weiter bewohnbar und verkam zur Ruine. Sigmund von Falkenstein entschied sich gegen einen Wiederaufbau und ließ sich unten im Dorf das bequemere Ebringer Schloss errichten. Die Ruine auf dem Schönberg ist heute ein guter

Geologie des Schönbergs

Das Schönbergmassiv ist ein Vorgebirge des Schwarzwalds. Im Süden liegt die Staufener Bucht und im Norden Freiburg. Im Westen erstreckt sich die Rheinebene. Der Schönberg ist als Scholle vom Schwarzwald abgetrennt und liegt in der Bruchzone des Oberrheingrabens. Verwerfungen, Grabenbrüche und Vulkanismus formten die Oberflächenstruktur. In Kalksteinbrüchen wurden Steine gebrochen. Der Kalkstein wird Hauptrogenstein genannt, da er eine körnige Oberfläche aufweist, die an Fischrogen erinnert. Es finden sich am Schönberg sogar zwei vulkanische Tuffschlote und ein Basaltgang. Des Weiteren gibt es alte Tongruben am Berg. Der Mösleschacht ist das bekannteste Relikt des einstigen Eisenerzabbaus. Im unteren Bereich ist das Massiv mit einer mächtigen Lössschicht bedeckt. Nur auf der Ostseite fällt der Schönberg steil in das Hexental ab.

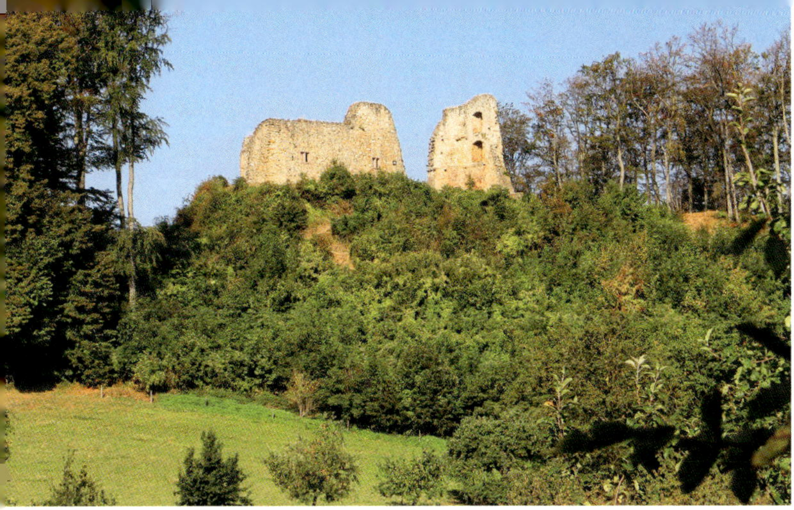

Die Ruine Schneeburg steht auf einem Nebengipfel des Schönbergs.

Aussichtsplatz, mit Sicht über Ebringen in die Vogesen und nach Freiburg vor dem Schwarzwald.

Zur Berghauser Kapelle Von der Schneeburg steigen wir auf der anderen Seite auf der Treppe hinab und unten an dem Sträßchen mit der Walnussbaumallee rechts hinunter. In einer Rechtskurve gehen wir am Abzweig mit einer Schranke nach links und kommen im schönen Buchenwald an den Gebäuderesten eines Erzbergwerks vorbei. Nach dem Wald laufen wir geradeaus über die Wiese hinunter und im Angesicht von Ebringen auf dem Asphaltsträßchen weiter, das uns direkt an den Parkplatz an der E **Berghauser Kapelle** zurückbringt.

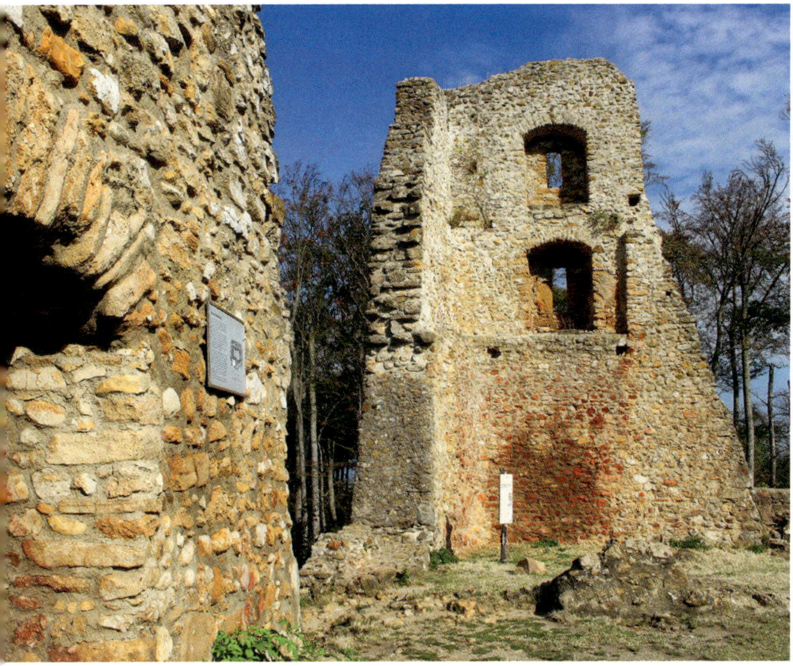

Die Schneeburg wurde im 13. Jahrhundert erbaut.

26

Von Wittnau nach Bollschweil

Im bezaubernden Hexental

Leicht | 3:00 Std. | 150 Hm | 9,4 km

Besonderer Genuss: Kultur am Wegrand

Tourencharakter
Leichte, vorwiegend sonnige Tour, größtenteils auf befestigten Wegen durch Wälder, Wiesen, Felder und Ortsgebiet

Ausgangs-/Endpunkt
Parkplatz Kirche in Wittnau
GPS N47°56‘48.6“ E07°48‘49.1“

Anfahrt
Auto Auf der A5 Ausfahrt 63 Freiburg-Süd und auf der B31 und B3 über Ebringen nach Wittnau
Bus Mit der Linie 7208 von Freiburg (www.vag-freiburg.de)

Gehzeiten
Parkplatz Kirche Mariä Himmelfahrt in Wittnau – Gaisbühl 0:30 Std. – Friedhof in Bollschweil 0:35 Std. – Kirche Sankt Hilarius in Bollschweil 0:20 Std. – Kirche St. Fides und Markus in Sölden 1:00 Std. – Parkplatz Kirche Mariä Himmelfahrt in Wittnau 0:35 Std.

Einkehr
Landgasthof Zum Hirschen, Schönbergstraße 11, 79299 Wittnau, Tel. 0761/40 21 37, www.hirschen-wittnau.de
MilchCafé, Bürglestraße 14, 79294 Sölden, Tel. 0761/155 11 296
Dorfgasthaus Bolando, Leimbachweg 1, 79283 Bollschweil, Tel. 07633/959 99 10, www.bolando.de

Karten
Kompass 890, 1:25 000

Touristinformation
Kirchweg 2, 79299 Wittnau, Tel. 0761/456 47 90, www.wittnau.de

Von Wittnau am Fuß des Schönbergs wandern wir im Hexental nach Südwesten. Über Bollschweil gelangen wir an der östlichen Flanke des Tals fast auf die Ausläufer des Schwarzwalds und erleben so das bezaubernde Hexental von zwei Seiten.

Nach Gaisbühl Wittnau wurde als »Witunauia« erstmals im Jahr 786 in der Schenkungsurkunde des Klosters St. Gallen erwähnt. Das Wort setzt sich aus den althochdeutschen Begriffen »Witun« für Wald und »Auia« für Aue zusammen, was zu Wittnau wurde. Die Ⓐ **Kirche Mariä Himmelfahrt** entstand 1795 als letzte barocke Kirche im Breisgau.
Von der Kirche in Wittnau starten wir auf der Straße In den Haseln mit der Markierung des Bettlerpfads nach Süden in Richtung Bollschweil. An allen Kreuzungen und Abzweigen durch den Grabenbruch des Hexentals bleiben wir stets geradeaus. Die Straße In den Haseln wird zum Gaisbühlweg. Links sind die Kirche von Sölden und voraus der Burgberg von Staufen (Tour 29) zu sehen. Auch der westliche Ortsrand von Sölden, die Siedlung ❶ **Gaisbühl**, wird geradeaus durchschritten.

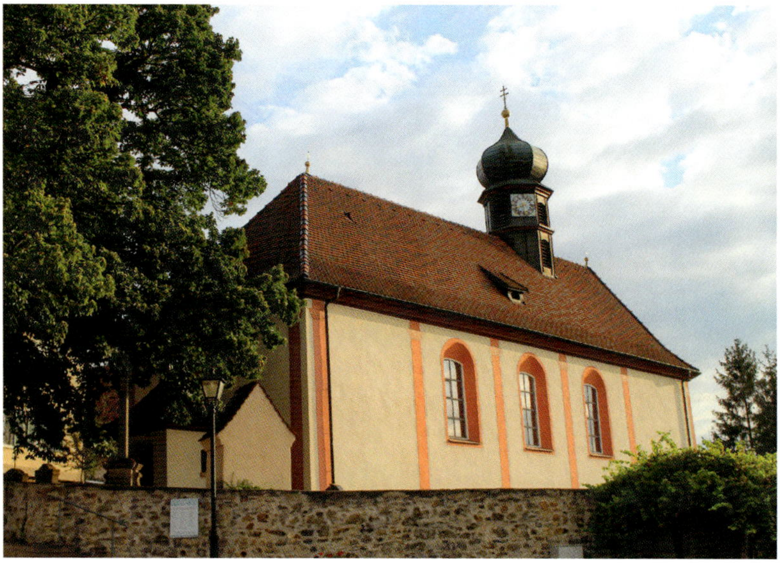

Zum Friedhof in Bollschweil Nach Gaisbühl ist in der Ferne bereits die Kirche von Bollschweil zu sehen. An einem Feldkreuz gehen wir rechts über das Heidenbächle und nach der Brücke gleich links. Am Weg liegt eine Mariengrotte mit Brunnen. An einer Weggabelung an einem Zaun eines Wasserschutzgebiets gehen wir links hinauf. Nach dem Tennisplatz steigen wir vor einer Bank den Gehweg links durch den Wald hinauf zum 2 **Friedhof in Bollschweil**, an dem wir geradeaus in den Ölbergweg laufen.

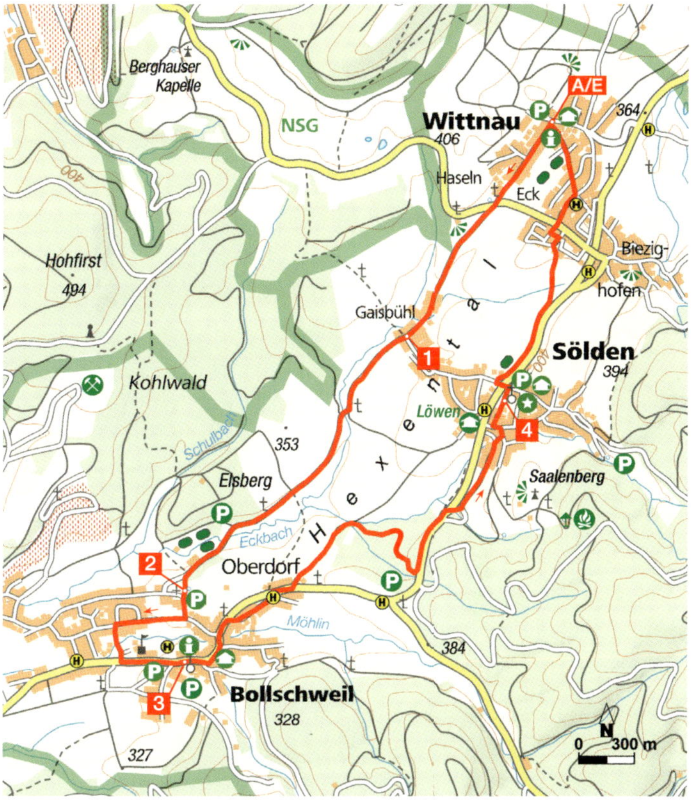

Zur Kirche in Bollschweil An der T-Kreuzung vor dem Kindergarten Sankt Josef führt ein Gehweg geradeaus auf die Kirche zu. Wir wandern jedoch auf der General-von-Holzing-Straße nach rechts, um noch das Schloss Bollschweil zu sehen. Auf dem kleinen Mühlenweg gehen wir nach links und geradeaus durch das Tor des Grundstücks das zum Schloss Bollschweil gehört. Das Bollschweiler Schloss wurde in französischem Stil

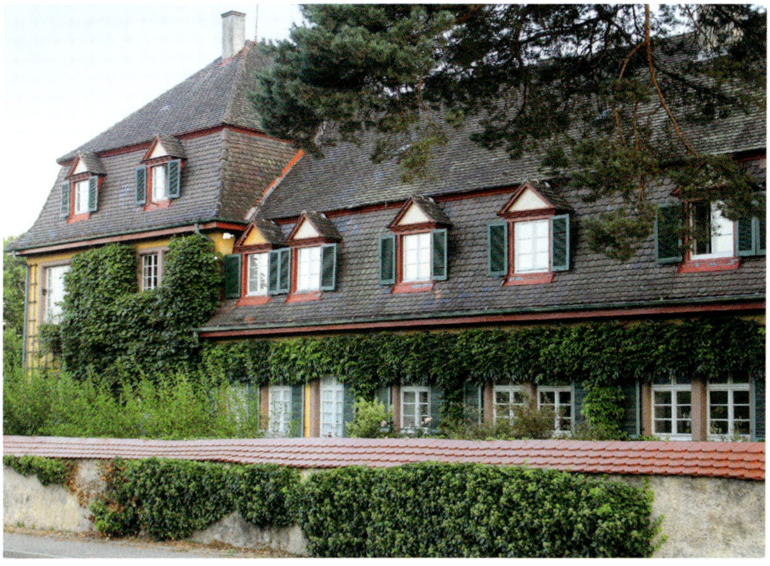

Linke Seite: Die Kirche in Wittnau ist die zuletzt gebaute barocke Kirche des Breisgaus.

Im Schloss Bollschweil lebte einst die Schriftstellerin Marie Luise Kaschnitz.

Sakraler Kunstgenuss

In der Kirche St. Fides und Markus in Sölden ist die illusionistische Deckenmalerei beachtenswert, die eine Kuppel vortäuscht. Unter den Zuhörern der Predigt des Markus ist auch Freiherr Schnewelin-Bernlapp abgebildet. Diese Scheinarchitektur wurde 1938 restauriert und auch durch klassizistische Elemente in den Simsen erweitert. Die Kirche hat dadurch ein neoklassizistisches Raumbild erhalten. Der alte Taufstein aus rotem Sandstein stammt aus dem Jahr 1544 und ist aus dem Kloster St. Peter, dessen Wappen er trägt. Das Heilige Grab ist eine seltene barocke Bildwand aus dem Jahr 1761 mit Szenen aus dem Leben Jesu, die aber nur in der Karwoche aufgestellt wird. Der elegante Tabernakel am Hochaltar ist Breisgauer Rokoko in edelster Form. Auf dem Tabernakeltürchen kontrastiert der weiße Körper Jesu auf dem Kreuz. Der Mittelteil ist von zwei Reliquienschreinen flankiert. Putten sowie dekoratives Blatt- und Blütenwerk schmücken besonders das Dach und die Seiten des Tabernakels. Ein Kunstwerk des Schwarzwälder Klosterbildhauers Matthias Faller, das im Jahr 1768 mit dem Hochaltar entstand.

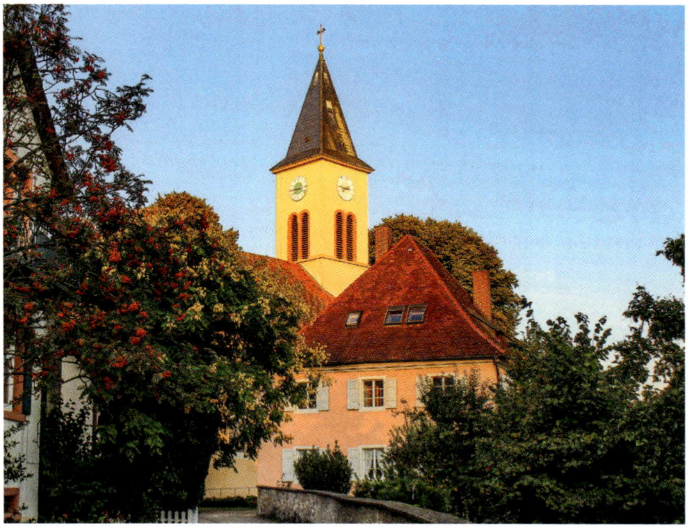

Ende des 18. Jahrhunderts erbaut und wird immer noch von der Familie Holzing-Berstett bewohnt. Im Schloss lebte einst auch die Schriftstellerin Marie Luise Kaschnitz.

An der Schlossmauer rechts vorbei kommen wir zur Hexentalstraße (L122), der wir nach links in Richtung Ortsmitte folgen. Im Dorf erreichen wir auf der rechten Seite die 3 **Kirche Sankt Hilarius**. Die Pfarrkirche wurde im Jahr 1844 im klassizistischen Weinbrenner-Stil erbaut.

Zur Kirche St. Fides und Markus in Sölden Geradeaus weiter kommen wir zum liebevoll gestalteten Dorfplatz am alten Rathaus, mit dem ehemaligen Milchhisli und einem witzigen Brunnen. Daneben steht das Dorfgasthaus Bolando, das durch eine Bürgergenossenschaft aus einem historischen Bauernhaus entstand und zu Deutschlands erstem genossenschaftlichen Dorfgasthaus wurde.

Fast am Ende des Dorfs weichen wir rechts auf die ruhigere Straße Am Kupferacker aus, die später wieder in die Hexentalstraße einmündet. Nach dem Haus Nr. 18 auf der Hexentalstraße biegen wir links in die Anliegerstraße, die zu einem Feldweg mit Blick auf Wittnau am Fuß des Schönbergs wird (Tour 25). Ein Stück des Wegs begleitet uns das Rainbächle. An einer Kreuzung mit einem Jagdansitz müssen wir rechts hinauf. An der Hexentalstraße wandern wir

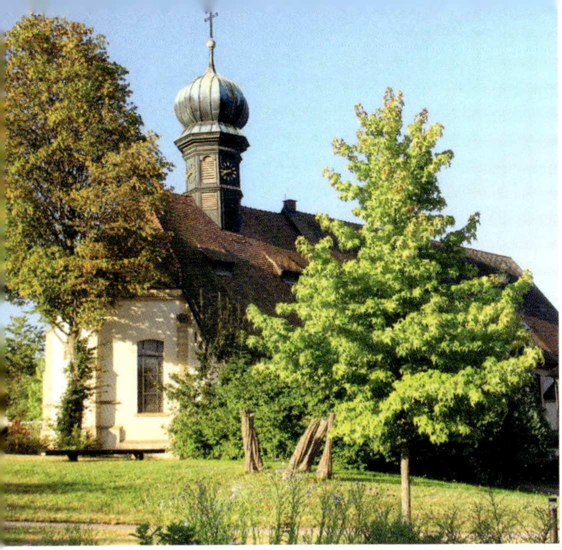

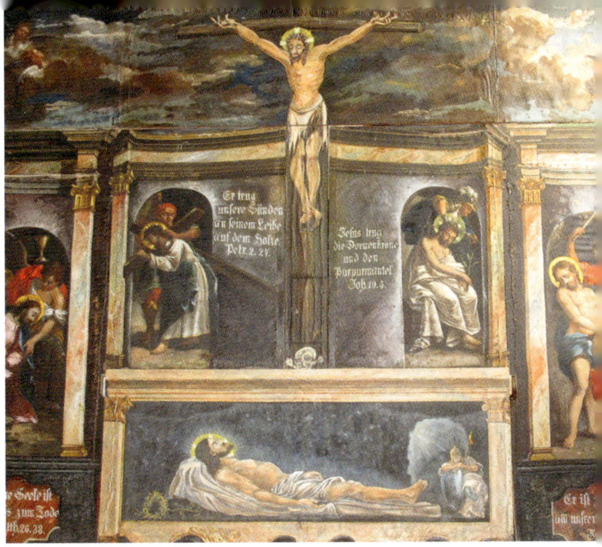

Das Heilige Grab ist eine seltene barocke Bildwand, die aber nur in der Karwoche aufgestellt wird.

Links: Die Kirche des Klosters Sölden entstand in der Zeit der Gotik, wurde aber Barock gestaltet.

links auf dem Geh- und Radweg weiter und kommen dann rechts durch einen Tunnel unter der Hexentalstraße durch. Dann geht es links hinauf auf Sölden zu. Der Ort wurde im Jahr 805 das erste Mal in einer Schenkungsurkunde an das Kloster Lorsch aufgeführt. Doch Spuren alter Besiedelung reichen bis in das Jahr 500 n. Chr. zurück. Auf dem Mattenhofweg laufen wir in Sölden ein. An einer Straßengabelung gehen wir rechts und nach 40 Metern links in der Seelenbergstraße aufwärts. An der T-Kreuzung geht es dann nach links und nach 50 Metern rechts in den kleinen Kirchweg, der zu einem Gehweg wird. An der Bushaltestelle können wir rechts durch das schmale Tor in den Klosterhof gelangen. Das Benediktinerinnenkloster des Cluniazenserinnen-Ordens wurde von Graf Gerald von Scherzingen im Jahr 1115 gestiftet. Ein Schild am Tor weist das Kloster als Cluniazensisches Erbe aus. Der Name entstammt der Ausrichtung des Ordens an die strenge Benediktinerreform von Cluny im französischen Burgund. Die Säkularisation führte 1807 zur Auflösung des Klosters. In der ursprünglich gotischen und barockisierten **4** **Kirche St. Fides und Markus** sind einige Kunstschätze zu finden.

Zur Kirche Mariä Himmelfahrt in Wittnau Aus dem Kloster gehen wir nach Norden hinaus und gleich links durch den Tunnel unter der Staufener Straße (L 122) hindurch. Dann folgen wir nach rechts dem Geh- und Radweg in Richtung Wittnau am Sportplatz vorbei. Auf dem Feldweg nach dem Feldkreuz verlassen wir nach links die Staufener Straße und streben Wittnau zu. Im Wohngebiet gehen wir auf dem Wasenacker links und dann rechts auf der Alemannenstraße weiter. Nach dem Feuerwehrhaus und der Bushaltestelle erreichen wir nach links auf dem Kirchweg schließlich wieder den Parkplatz an der **E** **Kirche Mariä Himmelfahrt in Wittnau**.

Linke Seite: Die Kirche in Bollschweil ist im klassizistischen Weinbrenner-Stil erbaut.

27

Batzenberg und Schneckental

Durch das Markgräfler Rebenmeer

Leicht | 2:40 Std. | 180 Hm | 7,9 km

Besonderer Genuss: Einkehr

Tourencharakter
Leichte, vorwiegend sonnige Tour, größtenteils auf befestigten Wegen durch Weinberge und Ortsgebiet

Ausgangs-/Endpunkt
Parkplatz Batzenberghalle
GPS N47°56'17.7" E07°45'08.3"

Anfahrt
Auto Auf der A5 Ausfahrt 63 Freiburg-Süd und auf der B31, B3 und L125 nach Pfaffenweiler
Bus Mit der Linie 7240 von Freiburg nach Pfaffenweiler (www.bahn.de)

Gehzeiten
Parkplatz Batzenberghalle Pfaffenweiler – Rebendenkmal 0:35 Std. – Kirche Mariä Himmelfahrt Kirchhofen 0:35 Std. – Bellenhöhe 0:40 Std. – Servatiuskapelle 0:15 Std. – Stubenplatz Pfaffenweiler 0:20 Std. – Parkplatz Batzenberghalle Pfaffenweiler 0:15 Std.

Einkehr
Zehner's Stube, Weinstraße 39, 79292 Pfaffenweiler, Tel. 07664/6225, www.zehnersstube.de
Strauße Zur alten Küferei, Weinstraße 4, 79292 Pfaffenweiler, Tel. 07664/7130, www.weingut-hug.de
Restaurant Reblandklause, Weinstraße 20, 79292 Pfaffenweiler, Tel. 07664/8425
Gasthaus Krone, Herrenstraße 5, 79238 Kirchhofen, Tel. 07633/5213

Karten
Kompass 890, 1:25 000

Touristinformation
Weinstraße 40, 79292 Pfaffenweiler, Tel. 07664/979697, www.pfaffenweiler.de

Die Wanderung führt von Pfaffenweiler im Schneckental über den solitären Batzenberg, der die Umgebung überragt und damit großartige Aussicht in jede Richtung bietet. Zurück geht es über Kirchhofen mit seinem Wasserschloss.

Zum Rebendenkmal Vom Parkplatz an der **A Batzenberghalle** in Pfaffenweiler starten wir auf der Jahnstraße nach Südwesten, biegen rechts in die Weinstraße ein und überqueren am Kreisverkehr die Schneckentalstraße (L125). Geradeaus aufwärts erobern wir den Batzenberg, müssen aber dabei einmal einer Rechtskehre und an einem Picknickplatz mit Feuerstelle einer Linkskehre folgen. Auf dem Kammweg wandern wir links auf dem Wiiwegli und Jakobsweg an der Schutzhütte und am Parkplatz vorbei zum **1 Rebendenkmal**, das an höchster Stelle des Batzenbergs steht. Der Batzenberg bildet eine riesige Rebenfläche und bietet wegen seiner Alleinstellung als abgetrennte Schol-

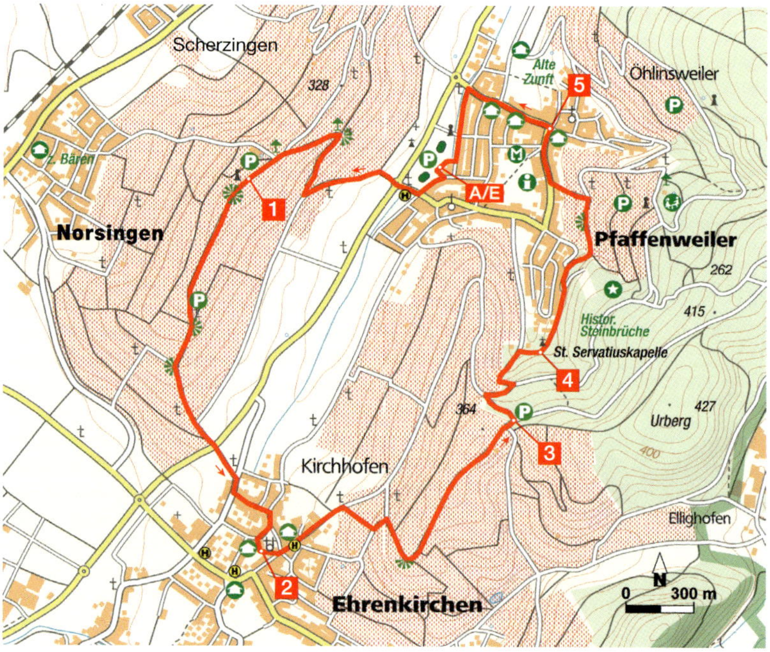

le des Schwarzwalds eine überragende Aussichtsplattform. Eine steinerne Platte mit Richtungspfeilen erleichtert die Orientierung. Im Norden sehen wir bis nach Freiburg hinein. Im Osten liegt hinter dem Schneckental mit Pfaffenweiler und Ehrenkirchen der Schwarzwald mit dem Schauinsland. Im Westen stehen vor der Kette der Vogesen der Tuniberg (Tour 24) und der Kaiserstuhl. Im Süden zeichnet sich die Ruine der Burg Staufen (Tour 29) vor dem Blauen mit der Antenne ab.

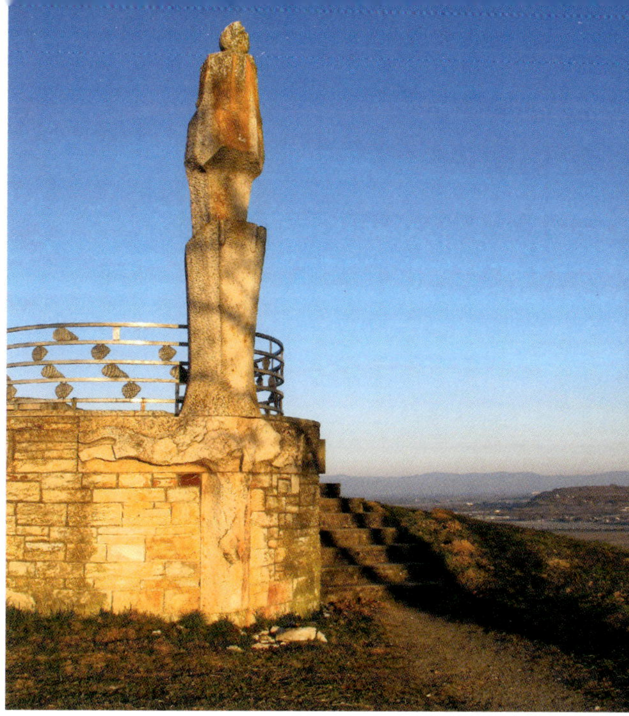

Zur Kirche Mariä Himmelfahrt in Kirchhofen Wir wandern am Rebendenkmal geradeaus weiter nach Süden, vorbei an dem Wegkreuz mit den drei Linden und der schönen Sicht auf Kirchhofen abwärts. Unten kommen wir auf der Brücke über die Schneckentalstraße (L125) und gehen an der T-Kreuzung in Kirchhofen rechts auf die Lairenstraße. Nach 100 Metern biegen wir links in die Batzenbergstraße ein und vor der Kirche nach rechts in die Herrenstraße. Rechts steht das schöne Herbster-Haus, in dessen Hof ein alter Brennkessel zu bewundern ist. Gegenüber steigen wir auf der Treppe zur Kirchhofener 2 **Kirche Mariä Himmelfahrt** hinauf. Der große Kirchhof mit den Kastanien gibt dem Ortsmittelpunkt ein heiteres Flair. Die Kirche ist eigentlich spätgotisch einzuordnen, was sich in den Netzgewölben der Seitenschiffe zeigt. Im 18. Jahrhundert erfuhr sie jedoch innen und außen eine deutliche Barockisierung. Lediglich das geschnitzte Gnadenbild der Muttergottes stammt aus dem 15. Jahrhundert.

Am Rebendenkmal auf dem Batzenberg besteht beste Aussicht bis in die Vogesen.

Die Wallfahrtskirche Mariä Himmelfahrt in Kirchhofen ist ein architektonisch ausgewogener Bau.

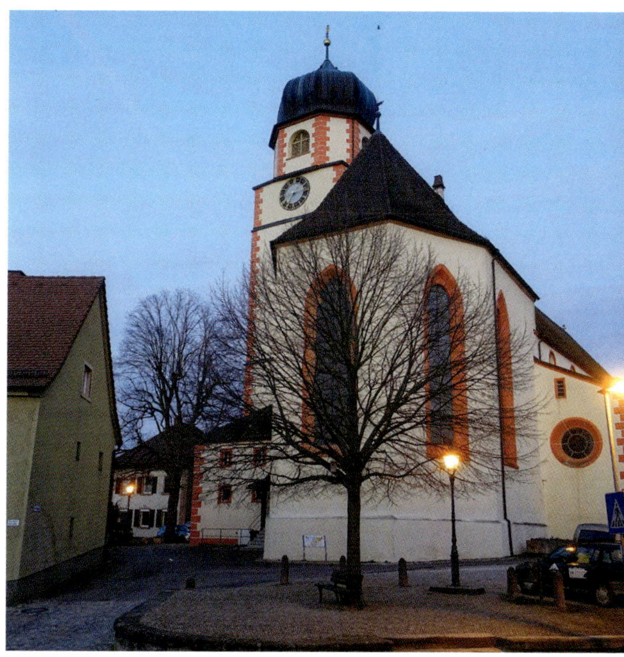

Zur Bellenhöhe Vom Kirchplatz mit dem großen Brunnen wandern wir am Gasthaus Adler nach links in der Schloßstraße weiter. Nach 100 Metern steht links das ehemalige Wasserschloss Kirchhofen mit seinen schmucken Ecktürmen. Der kaiserliche Rat und Feldoberst Lazarus von Schwendi ließ die Anlage zu seinem Wohnsitz ausbauen.

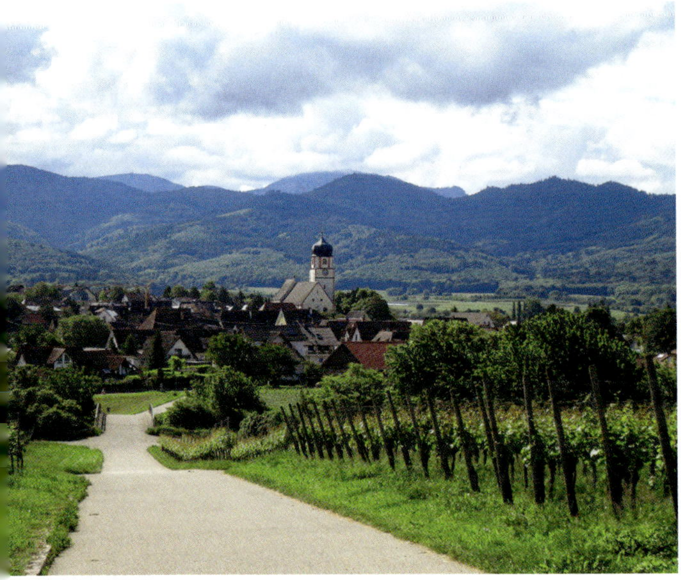

Weiter in der Schloßstraße kommen wir an eine große Kreuzung in den Reben. Hier gehen wir die zweite Straße mit der Markierung des Wiiweglis rechts hinauf. An der T-Kreuzung weiter oben folgen wir dem Wegweiser nach links zur Bellenhöhe. Vor dem Feldkreuz und vor der Bank müssen wir rechts weit bergan. An der Kreuzung mit dem alten Grenzstein wandern wir mit der gelben Markierung links, schauen uns aber zuerst das Panorama an. Vor dem Schwarzwald steht die Ölbergkapelle über Kirchhofen (Tour 28). Im Süden ist die Staufener Burg zu sehen. Die Rheinebene und die Vogesen liegen vor uns ausgebreitet. Die Bruchzone des Rheingrabens zwischen Vogesen und Schwarzwald sank einst 4000 Meter ab. Heute ist der Rheingraben mit gewaltigen Ablagerungen auf das jetzige Niveau verfüllt. Am höchsten Punkt der Bellenhöhe vorbei kommen wir zum Waldparkplatz 3 **Bellenhöhe**.

Kirchhofen erwartet die Wanderer vom Batzenberg.

Zur Servatiuskapelle Vor dem Parkplatz im Wald laufen wir links hinunter in Richtung Pfaffenweiler. Nach dem Wald wandern wir in spitzem Winkel mit der gelben Raute rechts. An einer T-Kreuzung im Wald gehen wir links hinunter und an der nächsten T-Kreuzung wieder rechts. An der Weggabelung bei den drei

Rechts: Am einstigen Wasserschloss in Kirchhofen sind noch drei der vier Ecktürme gut erhalten.

Eine kulturhistorische Rarität ist der Bildstock vor der Servatiuskapelle aus dem 16. Jahrhundert.

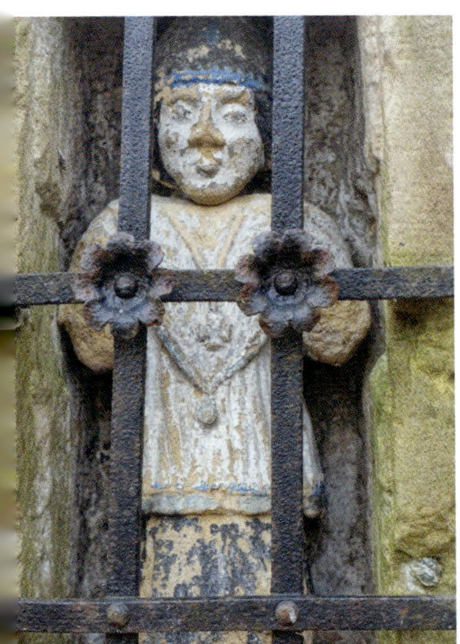

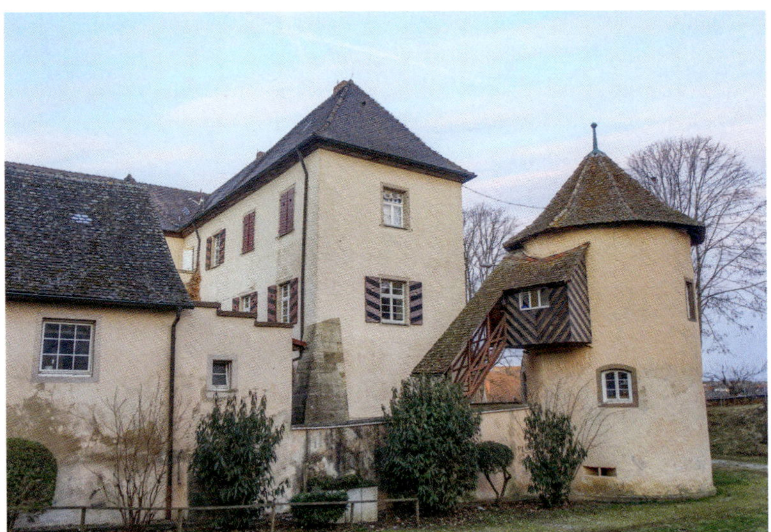

Garagen schlendern wir rechts zur ❹ **Servatiuskapelle**. Beachtenswert ist der Bildstock aus dem Jahr 1597.

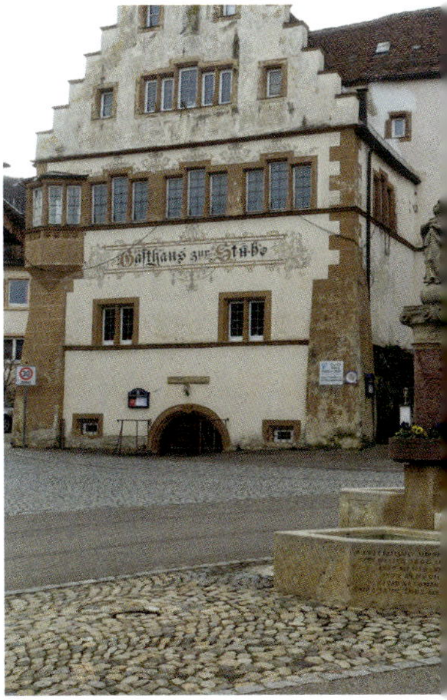

Das historische Gasthaus Stube am Stubenplatz in Pfaffenweiler

Zum Stubenplatz Nach der Kapelle geht es links auf dem Steinbruchweg vorbei an den ersten Häusern von Pfaffenweiler. An einer T-Kreuzung bleiben wir geradeaus entlang einer Rebenfläche. Links unten ist jetzt die Kirche Sankt Columba zu sehen. Der Turm stammt noch aus dem 14. Jahrhundert. Innen gibt es Reste von Fresken aus dem 15. Jahrhundert, mit der Darstellung von Szenen aus dem Leben der Heiligen Columba. In den 1970er-Jahren wurde die Kirche zu einem achteckigen Bau vergrößert. Alte Bauteile stehen jetzt kontrastreich neben der modernen Architektur.
An der T-Kreuzung gehen wir auf dem Hasenweg links hinunter und unten auf der Weinstraße nach rechts an der Viehwaage, am Milchhäusel, am Schneckenbrunnen und an dem Weinhaus mit der Touristinformation vorbei. Am ❺ **Stubenplatz** mit dem alten Brunnen steht auch das Renaissancegasthaus Stube, mit dem Treppengiebel aus dem Jahr 1575. Der Name Stube verweist auf die Amtsstube, die ebenfalls in diesem Haus untergebracht war.

Zum Parkplatz an der Batzenberghalle Wir müssen nun auf der Fortsetzung der Weinstraße links hinunter am Restaurant Reblandklause und an der einladenden Strauße Zur alten Küferei vorbei. Auf der Duffenbachstraße laufen wir links entlang des kleinen Duffenbachs zurück zum Parkplatz an der Ⓔ **Batzenberghalle**.

Weine aus dem Markgräflerland

Im Markgräflerland liegen die Anbaugebiete von Spätburgunder, Müller-Thurgau und Gutedel. Die Spezialität des Markgräflerlands ist der leichte weiße Gutedel, der allein auf 40 Prozent der Anbaufläche kultiviert wird. Der Gutedel ist eine Rebe, die schon vor 5000 Jahren in Ägypten angebaut wurde. Nahezu jedes Dorf hat seine eigene Winzergenossenschaft.
Typische Gerichte, die in Straußenwirtschaften und Winzerschenken zum Wein angeboten werden, sind: »Bibiliskäs« (quarkähnlicher Frischkäse mit frischem Schnittlauch), dazu »Brägeli« (Bratkartoffeln, oft mit Speck und Zwiebeln), oder »Gschwelldi« (Pellkartoffeln), im Herbst »Zwiebelwaie« (Zwiebelkuchen) oder Flammkuchen belegt mit Speck und Zwiebeln. Im Frühsommer passt zu den Weinen aus dem Markgräflerland natürlich der berühmte regional angebaute frische Spargel.

28

Auf den Ölberg über dem Hexental

Berühmtes Panorama und Steinzeithöhle

Leicht | 2:10 Std. | 140 Hm | 6,6 km

Besonderer Genuss: Einkehr

Tourencharakter
Leichte, vorwiegend sonnige Tour, meist auf Naturwegen durch Weinberge, Wälder, Wiesen, Felder und Ortsgebiet

Ausgangs-/Endpunkt
Parkplatz Ehrenstetter Grund
GPS N47°54'24.9" E07°46'11.4"

Anfahrt
Auto Auf der A5 Ausfahrt 63 Freiburg-Süd und auf der B31 und B3 über Kirchhofen nach Ehrenstetten, dort auf der Schwarzwaldstraße zum Parkplatz
Bus Mit der Linie 7208 von Freiburg nach Ehrenstetten (www.vag-freiburg.de)

Gehzeiten
Parkplatz Ehrenstetter Grund – Himmelsstäpfele 0:35 Std. – Ölbergkapelle 0:10 Std. – Eckbachsteg 0:40 Std. – Schopbachhütte 0:20 Std. – Streicherkapelle 0:15 Std. – Parkplatz Ehrenstetter Grund 0:10 Std.

Einkehr
Lorenz-Strauße, Krozinger Straße 13, 79238 Ehrenkirchen, Tel. 07633/9299050, www.lorenz-strausse.de

Karten
Kompass 890, 1:25000

Touristinformation
Jengerstraße 6, 79238 Ehrenkirchen, Tel. 07633/80 40, www.ehrenkirchen.de

Hinweis
Die schmalen Pfade im steilen Hang des Ölbergs erfordern Trittsicherheit und Schwindelfreiheit.

Die Wanderung tangiert die Kapelle auf dem Ölberg, die an aussichtsreicher Stelle steht. Allbekannte Panoramafotos über das Markgräflerland entstehen meist von diesem Standort aus. Steinzeitliche Höhlen und plätschernde Bäche sind spannende Beiwerke.

Zu den Himmelsstäpfele Vom Parkplatz im Ⓐ **Ehrenstetter Grund** starten wir auf dem historischen Bettlerpfad und Wiiwegli nach Nordosten, die Treppe hinunter in Richtung Lourdesgrotte. An der Wegkreuzung auf der Wiese nach dem Ehrenstetter Ahbach gehen wir links genau auf den Ehrenstetter Kirchturm zu. Die spätgotische Kirche Sankt Georg wurde 1912 eingeweiht. Die Vorgängerkirche aus dem 14. Jahrhundert wurde geschickt in die neue Kirche integriert. Die alte Kirche bildet heute den Altarraum und die Sakristei. Rechts oberhalb der Kirche ist auch die Ölbergkapelle zu sehen. Der Blick zurück zeigt weiter hinten die

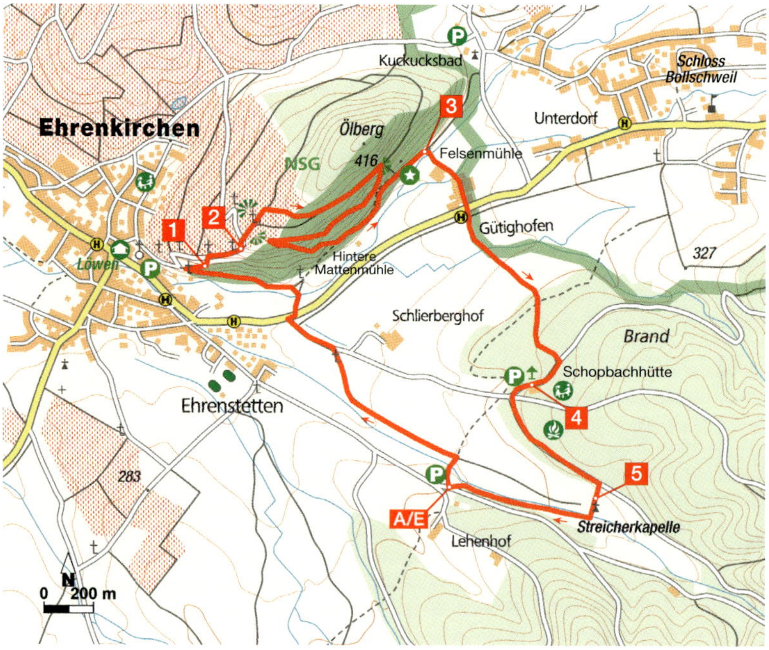

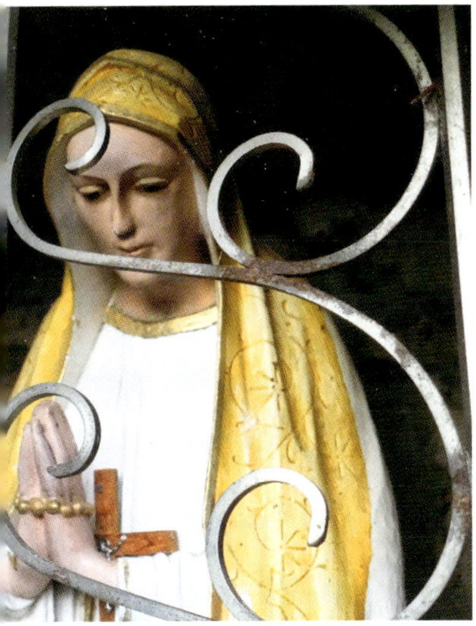

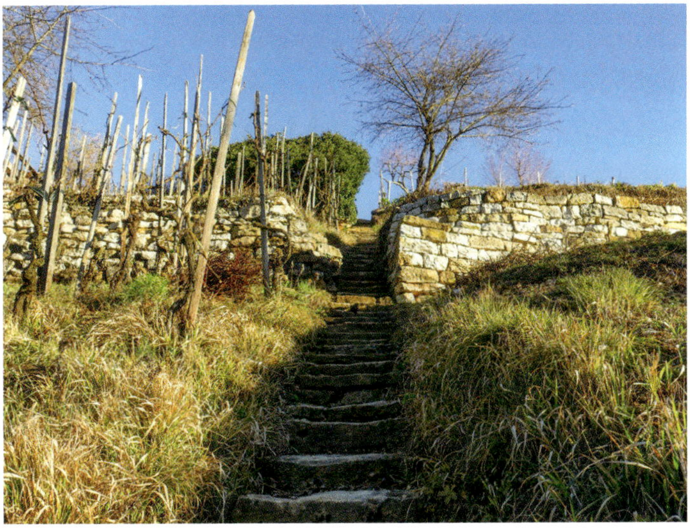

Streicherkapelle im Ehrenstetter Grund, die wir auf dem Rückweg tangieren.

Auf den Himmelsstäpfele am Ölberg

Links: An der Lourdesgrotte im Ehrenstetter Grund

Vor Ehrenstetten überqueren wir die Hexentalstraße (L122) in den Feldweg, der auf einer Brücke die Möhlin überwindet. 40 Meter nach dem Bach folgen wir der Fahrspur nach links mit der Markierung gelbe Raute. An einer Weggabel vor einem Garten müssen wir rechts hinauf. Am Ende des schmalen Pfads gehen wir auf dem asphaltierten Sträßchen nach rechts und erreichen nach 20 Metern den Beginn des 1 **Himmelsstäpfele**. Die steile Treppe in die Weinberge hinauf sieht aus, als würde man in den Himmel hinaufsteigen. Die Trockenmauern aus Kalkstein sind eine arbeitsaufwendige Abstützung der Rebhänge.

Die Ölbergkapelle mit Panorama über das Markgräflerland steht an südlichster Stelle des Ölbergs.

Zur Ölbergkapelle Wir steigen die Himmelsstäpfele durch das Naturschutzgebiet Ölberg Ehrenstetten hinauf und wandern oben auf dem Weg mit den modernen Mosaik-Kreuzwegstationen rechts zur 2 **Ölbergkapelle** hoch. Die Ölbergkapelle wurde 1954 zum Gedenken an die in den Weltkriegen gefallenen Soldaten erbaut. Der Blick reicht in den Schwarzwald und in die Vogesen. Zu Füßen liegen Kirchhofen und Ehrenstetten, die zu einer Gemeinde mit dem

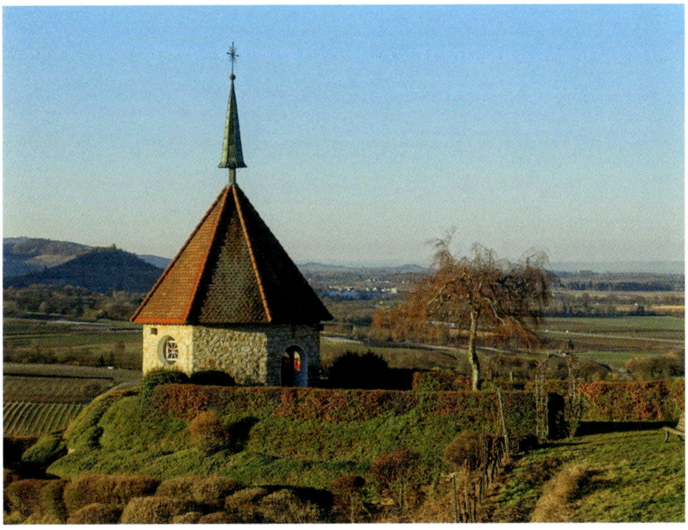

Namen Ehrenkirchen zusammengefügt wurden. Ehrenstetten wurde 1139 das erste Mal urkundlich erwähnt. Doch schon zur Steinzeit war die Gegend besiedelt. Nach Nordosten schauen wir in das Hexental bis nach Bollschweil (Tour 26). Im Süden steht die Staufener Burg auf dem solitären Burgberg (Tour 29). Weit schweift der Blick über das Markgräflerland und über die Rheinebene. Im Westen steht der Batzenberg (Tour 27) vor den Vogesen. Die Picknickplätze an der Kapelle locken zum Verweilen. Manche Menschen meinen: »Hier beginnt der Süden Europas.« Nicht nur der herrliche Ausblick und der Wein geben dieser Ansicht Nahrung.

Strauße oder Winzerschenke?

Ein Besen mit bunten Bändern wird vor das Tor gehängt, wenn das Weingut geöffnet hat. Von dem Besen (Besenwirtschaft) kommt der Name Strauße. In einer Strauße werden selbst erzeugter Wein und kleine Speisen aus eigener Herstellung im Weinkeller oder in der Scheune angeboten. Eine Strauße darf nur vier Monate im Jahr geöffnet haben und ist auf maximal 40 Sitzplätze beschränkt. Nicht wenige ehemalige Straußе haben eine Konzession angestrebt und zählen nun zu den Winzerschenken, mit längeren Öffnungszeiten und großer Anzahl von Sitzplätzen. Wie auch immer, besonders lecker wird es im Frühsommer, wenn der Betrieb auch Spargelanbau betreibt. In Ehrenkirchen ist zum Beispiel die interessante Lorenz-Straußе. In der alten Scheune mit unzähligen Spiegeln werden Weine und badische Gerichte serviert (Straußenwirtschaft Lorenz, Krozinger Straße 13, 79238 Ehrenkirchen, Tel. 07633/9299050, www.lorenz-strausse.de). Wann nun die Öffnungszeiten aller Straußen sind, erfährt der Genießer zuverlässig aus den Straußen-Kalendern (www.straussen-kalender.de und Straußen-App).

Zum Eckbachsteg Von der Ölbergkapelle gehen wir auf dem Steinzeitpfad aufwärts und nehmen 150 Meter oberhalb der Kapelle an der Gabelung mit dem Wegkreuz den rechten Weg. An der kurz darauf folgenden Weggabel verlassen wir den Steinzeitweg nach rechts. Wir kommen an einer Ruhebank mit einem alten Feldahorn vorbei und wandern dann durch die Rebflächen. Am Abzweig an einer Bank am Waldrand laufen wir in spitzem Winkel rechts hinunter, mit ständiger Aussicht in die Kette der Schwarzwaldberge vom Schauinsland bis hinunter zum Blauen mit der Antenne. Weiter unten treffen wir wieder auf den Steinzeitweg, der in spitzem Winkel nach links hinabführt. Der Weg wird zu einem kleinen Pfad. An einer Gabelung bleiben wir auf dem linken Pfad oben, der wieder um einiges ansteigt. Wieder weiter unten treffen wir auf die Teufelsküche, eine Felswand aus Hauptrogenkalkstein mit einigen Höhlen. Die natürlichen Kavernen wurden teilweise von Menschen vergrößert. In den Höhlen hausten während der Altsteinzeit vor 35 000 Jahren Rentierjäger. Funde von Knochen und Werkzeugen aus Feuerstein belegen dies. Die Haupthöhle ist in zehn Metern Höhe in einer Steilwand schwer erreichbar. Nach den Höhlen gibt es auch noch Mauerreste der geheim-

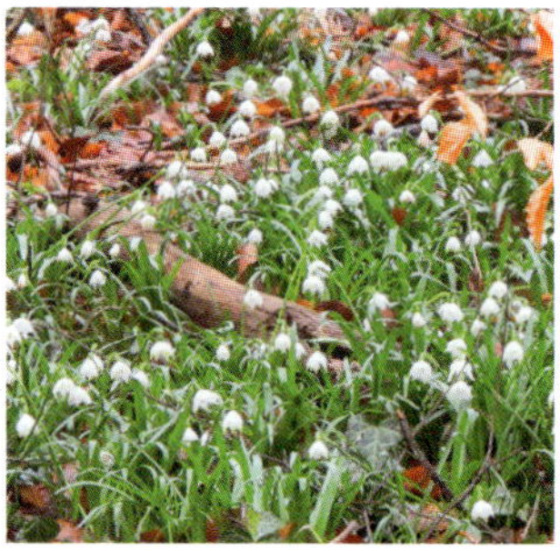

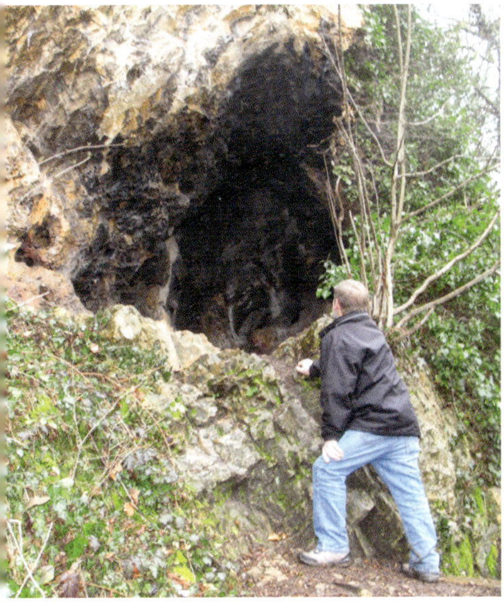

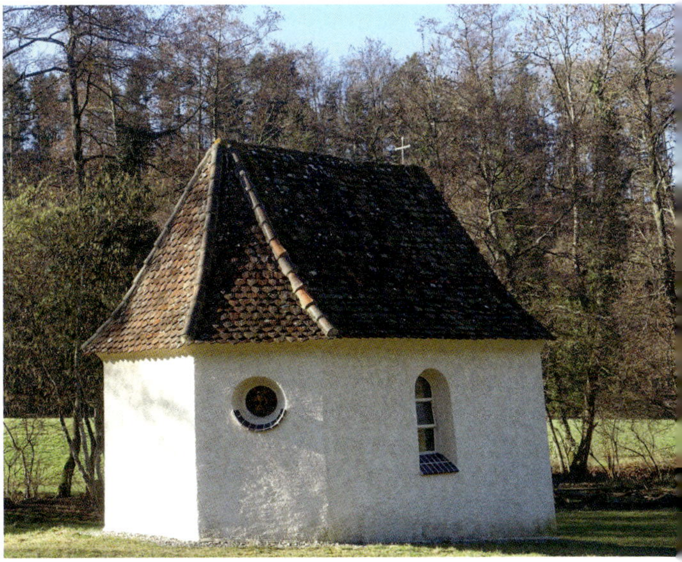

nisvollen Burg Hauenfels, die 1200 bis 1600 bewohnt war. Kurz danach überqueren wir auf dem 3 Eckbachsteg das Gewässer und folgen dem Sträßchen nach rechts.

Die Streicherkapelle im Ehrenstetter Grund

Links: An den steinzeitlichen Höhlen Teufelsküche bei Gütighofen

Linke Seite: Frühlingsknotenblumen gehören zu den ersten Frühjahrsboten.

Zur Schopbachhütte Im Weiler Gütighofen führt eine Brücke über die Möhlin. Das kleine Gütighofen ist seit dem 13. Jahrhundert belegt. Das älteste Haus ist die Felsenmühle. Die Hexentalstraße (L 122) wird geradeaus überquert und es geht über Wiesen und Felder dem Wald zu. Auf der linken Seite ist Bollschweil mit dem Schloss zu sehen. An der Kreuzung im Wald bleiben wir geradeaus und schwenken dann nach rechts in eine Forststraße ein, die in kurzem Auf und Ab zur 4 Schopbachhütte führt. Hier ist mit den Picknicktischen, dem Spielplatz und mit dem Brunnen ein schattiger Rastplatz für heiße Tage.

Zur Streicherkapelle Nach der Schopbachhütte wandern wir auf der zweiten Forststraße nach links in Richtung Ehrenstetter Grund. Nach 500 Metern nehmen wir den Weg nach rechts zur 5 Streicherkapelle.

Zum Parkplatz Ehrenstetter Grund Nun müssen wir den Ehrenstetter Ahbach überqueren und folgen ihm nach rechts. Der Wiesenweg wird zu einer Forststraße, die direkt an den Parkplatz im E Ehrenstetter Grund zurückführt.

Meister des Rokoko

Die Wentzinger Straße in Ehrenstetten ist benannt nach Johann Christian Wentzinger, der in Ehrenstetten geboren wurde und von 1710 bis 1797 lebte. Er war Architekt, Maler und Bildhauer. Er wird zu den profiliertesten Rokokokünstlern Süddeutschlands gezählt. Das Freiburger Museum für Stadtgeschichte am Münsterplatz ist in seinem ehemaligen Wohn- und Atelierhaus Zum Schönen Eck (Wentzingerhaus) beherbergt.

29

Staufen und seine Burgruine

Im Städtle der Genüsse

Leicht | 2:40 Std. | 170 Hm | 7,4 km

Besonderer Genuss: Kultur am Wegrand

Tourencharakter
Leichte, vorwiegend sonnige Tour auf befestigten Wegen durch Weinberge, Wiesen und Ortsgebiet

Ausgangs-/Endpunkt:
Parkplatz am Schladererplatz
GPS N47°52'47.4" E07°43'51.0"

Anfahrt
Auto Auf der A5 Ausfahrt 64 a Bad Krotzingen und auf der L 120 und B3 über Bad Krotzingen nach Staufen
Bahn Von Freiburg nach Staufen (www.bahn.de)

Gehzeiten
Parkplatz am Schladererplatz – Weinbrunnen 0:10 Std. – Burgruine 0:25 Std. – Winzerhof Kerber 0:25 Std. – Gotthardkapelle 0:45 Std. – Weinbrunnen 0:30 Std. – Parkplatz am Schladererplatz 0:25 Std.

Einkehr in Staufen
Winzerhof Kerber, Auf der Breite 1, Tel. 07633/5705, www.aufderbreite.de
Restaurant Kornhaus, Hauptstraße 57, Tel. 07633/5401
Café Decker, Hauptstraße 70, Tel. 07633/5316, www.cafe-decker.de

Karten
Kompass 890, 1:25 000

Touristinformation
Hauptstraße 53, 79219 Staufen im Breisgau, Tel. 07633/80536, www.staufen.de

Hinweis
Staufen ist ein beliebter Ausflugsort. Möglichst Wochenende meiden.

Im entzückenden Städtchen Staufen steuert die Wanderung auf die aussichtsreiche Burgruine auf dem Schlossberg. Durch Obstbaumebenen und Weinberge führt sie zur Gotthardkapelle hoch über der Stadt. Zuletzt gibt es in Staufen vieles zu entdecken.

Zum Weinbrunnen Vom Parkplatz am Ⓐ **Schladererplatz** in Staufen starten wir am Flüsschen Neumagen flussabwärts nach Norden. Die Brücke vor dem Café Decker ist sehenswert, denn sie ist die einzige Gusseisenbrücke in Baden-Württemberg. Vor dem ebenso beachtenswerten Café Decker gehen wir auf der Hauptstraße rechts zum Marktplatz mit schönem Rathaus und Brunnen, die beide 1546 erbaut wurden. Die reich verzierte Fassade, die Erker und der Volutengiebel machen das Rathaus zu einem der schönsten Häuser der Stadt. Der Marktplatz bleibt die »Gute Stube« Staufens, wenn auch die gewaltigen Risse in den Häusern ein Manko sind. Ein Problem, das in Staufen seit 2007 für Diskussionen und Bestürzung sorgt. Bei Bohrungen zur Gewinnung von Erdwärme drang Grundwasser in eine

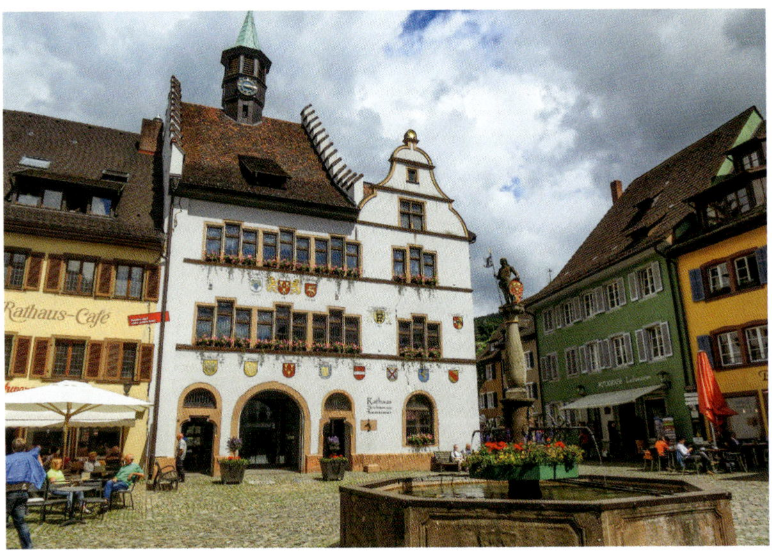

Schicht aus Gips-Keuper, was eine starke Quellung bewirkte. Staufen hob sich zu Beginn der Katastrophe monatlich um einen Zentimeter. Das führte zwangsläufig zu den großen Rissen an über 200 Häusern. Eine Stiftung zum Erhalt der historischen Altstadt Staufens soll finanzielle Mittel für Hilfsmaßnahmen beschaffen und die Solidaritätskampagne »Staufen darf nicht zerbrechen« wurde angestoßen. Die roten Aufkleber auf den Häusern sollen die Risse symbolisch kitten. Inzwischen hat sich die Hebung im Untergrund fast beruhigt, aber die Schäden an den Häusern sind geblieben.

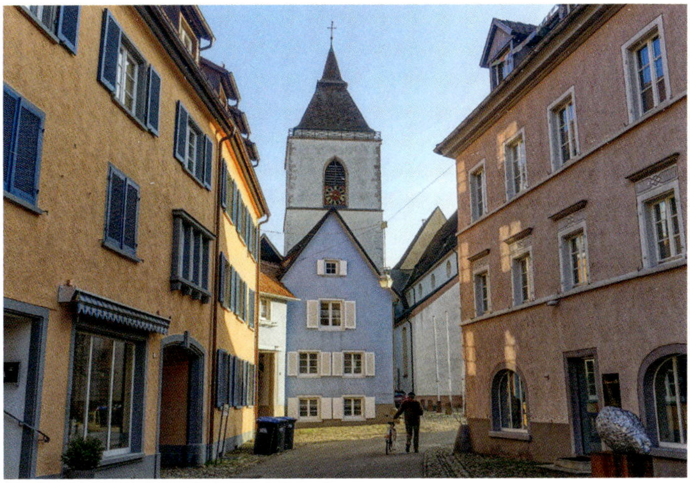

Im authentischen Hinterstädtle Staufens

Linke Seite: Das historische Rathaus am Marktplatz in Staufen

Der Hauptstraße mit den liebenswerten offenen Bächle folgen wir nach links an schönen Geschäften, Gasthäusern, Cafés und am beliebten Weinausschank ❶ **Weinbrunnen** vorbei.

Zur Burgruine Weiter auf der Hauptstraße steigen wir vor der freizügigen Bacchus-Figur mit Blick auf die Ruine rechts in der Sixtgasse hinauf. Der kegelförmige Burgberg sieht aus wie ein Vulkan, ist aber nur eine frei stehende Scholle der Vorberge des Schwarzwalds. Der Name Staufen ist auf das althochdeutsche Wort »Stauf« für Bergkegel zurückzuführen.

An der Weggabel gehen wir rechts und an der Schloßgasse links. An dem modernen dicken Steinkreuz aus Granit geht es nochmals nach links hinauf. An der Kreuzung mit der Bank vor der Mauer steigen wir links den Weg hoch. Am Aussichtsplatz mit dem Fernrohr können wir über Staufen bis zum Blauen mit der Antenne und hinüber

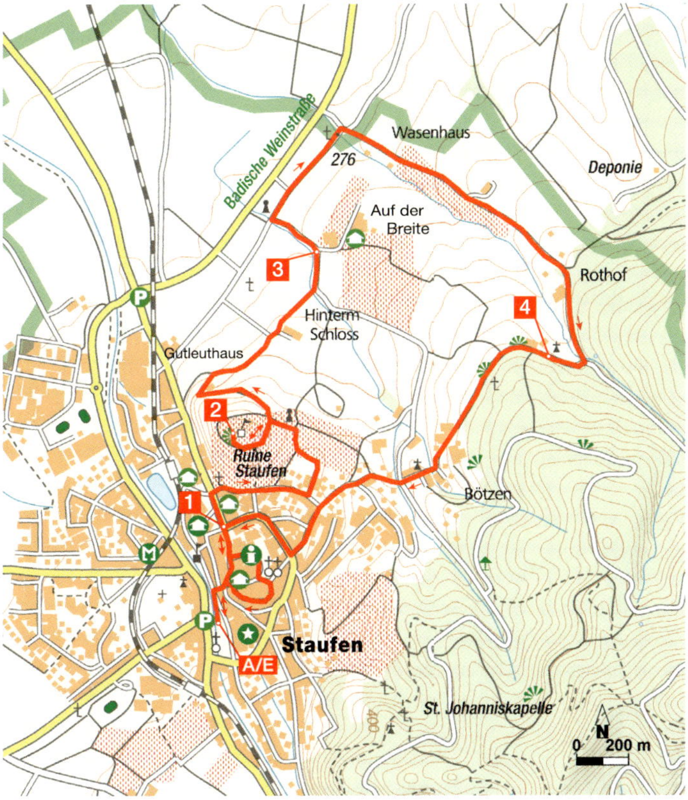

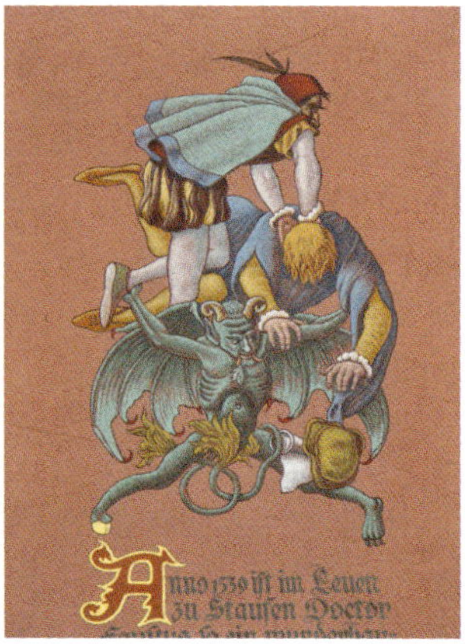

zu den Vogesen schauen. Aber wir steigen noch höher in die **2** **Burgruine** hinauf. Auch der Turm ist zu besteigen und bietet eine unvergleichliche Aussicht. Die Burg der Herren von Staufen wurde erstmals 1248 schriftlich erwähnt, aber vermutlich bereits um das Jahr 1100 erbaut. Sie wurde auf einer älteren Befestigung der Zähringer gebaut, die wiederum auf römischen Mauern ruhte. Mit der Burg konnten die Herren von Staufen ihre Silbererträge aus dem Münstertal absichern. Zerstört wurde die Anlage 1633 im Dreißigjährigen Krieg von den Schweden, aber bereits vorher vom letzten Burgherrn Georg Leo von Staufen zugunsten seines bequemeren Stadtschlosses verlassen.

Zum Winzerhof Kerber Es geht wieder auf gleichem Weg hinunter, aber an der Wegkreuzung an der Bank vor der Mauer geradeaus in Richtung Burggärtchen. Unten in der Ebene wandern wir an einer T-Kreuzung nach rechts durch die Reben. An der Weggabel vor dem Zaun wenden wir uns nach links und bleiben an einem ersten Hof geradeaus auf den Feldweg. An der nächsten T-Kreuzung geht es auf dem Asphaltsträßchen links. An der Kreuzung mit einem Strommast in der Mitte wandern wir vor dem **3** **Winzerhof Kerber** wieder links.

Zur Gotthardkapelle An der folgenden T-Kreuzung in den Feldern laufen wir rechts auf der Straße mit einer Allee sehr alter Birnbäume weiter. An der nächsten T-Kreuzung steigen wir rechts mit der Markierung gelbe Raute hinauf in Richtung Ehrenstetten. Am Weg erfreuen wir uns an dem hübschen Damwild und Nandus in einem Gehege. Kurz vor dem Rothof gesellen sich von links der Jakobsweg, der Bettlerpfad und das Markgräfler Wiiwegli zu unserem Weg, wir bleiben aber geradeaus aufwärts. An der T-Kreuzung am Waldrand wandern wir nach rechts zur **4** **Gotthardkapelle** hinauf. An dieser Stelle gab es schon im Jahr 1553 eine Kapelle. Das daneben stehende Gasthaus ist leider nicht mehr in Betrieb, geblieben ist das bemerkenswerte Panorama.

Die Sage über Doktor Faust

Eine Legende berichtet über Doktor Faust. Der Alchemist sollte für seinen Herrn Gold herstellen. Weil er das nicht konnte, bat er den Teufel Mephisto um Hilfe. Der kam, brach ihm das Genick und zog seine Seele in die Hölle. Bildlich dargestellt ist die Sage an der Fassade des Gasthauses Der Löwen in der Hauptstraße. Ungläubige können sich von der Geschichte im Treppenturm des Rathauses überzeugen. Dort hat Mephisto einen Hufabdruck hinterlassen.

Johann Wolfgang von Goethe ließ sich von dieser Sage inspirieren und schrieb bis 1831 seinen Faust. Doch nicht nur Goethe, sondern über zwanzig Autoren und Komponisten griffen den reizvollen Stoff auf. Historisches Vorbild soll ein Georg Faust aus Knittlingen sein, der dort um 1480 geboren wurde. Es gibt auch andere Varianten eines angeblichen historischen Musters. So liegt das meiste um Doktor Faust wohl doch im Dunkel.

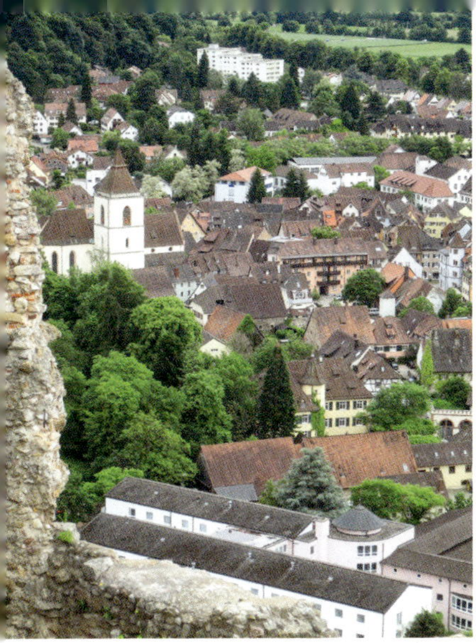

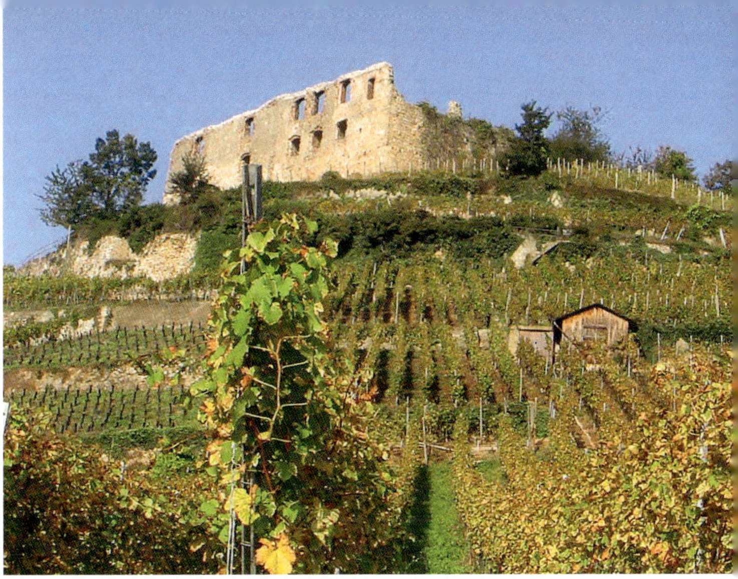

Blick auf den Staufener Schlossberg

Links: Aussicht von der Burgruine auf die Stadt Staufen

Linke Seite: Der Tod des Doktor Faust, wie ihn ein Künstler auf die Wand malte

Zum Weinbrunnen Auf der aussichtsreichen Bötzenstraße geht es weiter am Waldrand entlang und schließlich immer geradeaus nach Staufen hinab. Am Ende der langen Bötzenstraße müssen wir auf der Straße Auf dem Rempart rechts hinunter. Die Straße endet unten an der Hauptstraße am beliebten Staufener 1 **Weinbrunnen**, an dem sich alle Genießer treffen.

Zum Parkplatz am Schladererplatz Auf der Hauptstraße wandern wir links nach Süden und biegen nach dem Staufener Stadtschloss aus dem Jahr 1566 nach links in die Jägergasse ein. Die Gasse schwenkt in den stilleren Bereichen Staufens nach Süden und endet an der Kirchstraße, der wir nach links an der Kirche Sankt Martin vorbei folgen. Wir sind nun im authentischen Hinterstädtle, dem ältesten Stadtteil von Staufen, mit einer meist noch gut erhaltenen Bausubstanz. Die Kirchstraße beschreibt einen Bogen und geht in die Spitalstraße über. An der Kreuzung laufen wir vor dem Café Rombach-Scheuer rechts in die Adlergasse und kommen direkt wieder zum Rathaus. Vom Marktplatz schlendern wir auf der Hauptstraße nach Westen und am Café Decker links zum Parkplatz am E **Schladererplatz** zurück.

Auf dem Weg vom Hinterstädtle zum Staufener Rathaus

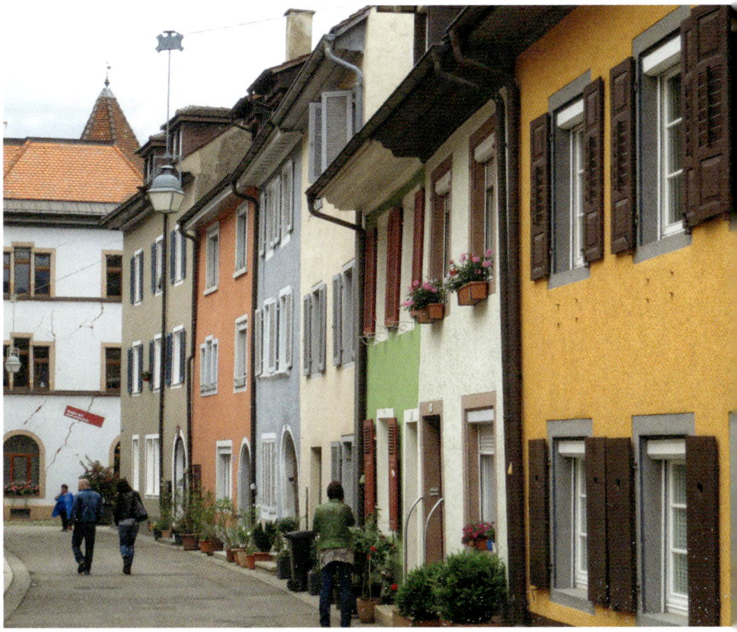

30

Römische Spuren in Heitersheim

Villa urbana und Malteserschloss

Leicht | 3:10 Std. | 100 Hm | 7,4 km

Besonderer Genuss: Kultur am Wegrand

Tourencharakter
Leichte, vorwiegend sonnige Tour auf befestigten Wegen durch Weinberge, Felder und Ortsgebiet

Ausgangs-/Endpunkt
Parkplatz am Sportplatz in Heitersheim
GPS N47°52'05.1" E07°40'26.3"

Anfahrt
Auto Auf der A5 Ausfahrt 64b Hartheim/Heitersheim und auf der L134 nach Heitersheim
Bahn Von Freiburg oder mit dem **Bus** Linie 261 von Müllheim bis Heitersheim (www.bahn.de)

Gehzeiten
Parkplatz am Sportplatz – Malteserschloss 0:10 Std. – Altes Rathaus 0:30 Std. – Ruschgraben 0:40 Std. – Kirche Sankt Ägidius in Betberg 0:20 Std. – Sulzbachstrauße 1:20 Std. – Parkplatz am Sportplatz 0:10 Std.

Einkehr in Heitersheim
Sulzbach-Strauße, Am Sulzbach 114, Tel. 07634/4272, www.weingut-lampp.de
Landhotel Gasthaus Krone, Hauptstraße 12, Tel. 07634/51070, www.landhotel-krone.de

Karten
Kompass 890, 1:25 000

Touristinformation
Hauptstraße 9, 79423 Heitersheim, Tel. 07634/40212, www.heitersheim.de

Hinweis
Ein guter Abschluss ist das Schwimmbad am Sportplatz. www.sport-freizeitbaeder.de

Im sympathischen Heitersheim warten die berühmte römische Villa urbana und das Malteserschloss auf die Besichtigung. Von Heitersheim verläuft diese Wanderung durch die Bugginger Reben zur ältesten Kirche des Markgräflerlands im kleinen Betberg.

Zum Malteserschloss Vom Parkplatz am Ⓐ **Sportplatz** gehen wir nach Nordosten über die Johanniterstraße (K4941) zum nahen Römermuseum. Die unter einem modernen Glasgebäude geschützte römische Villa ist die bedeutendste Sehenswürdigkeit der Gegend. Das Anwesen mit einer Umfassungsmauer von einem Kilometer Länge wurde im 1. Jahrhundert n. Chr. von einem römischen Großgrundbesitzer errichtet und bestand bis 260 n. Chr. Im Wohnbereich befand sich im Atrium ein etwa 18 Meter langes Wasserbecken, das rekonstruiert wurde. Das Museum informiert über das Leben vor 2000 Jahren.
Nördlich der Villa urbana gibt es die Villa artis, die der Kunst und einem Café als Räumlichkeit dient. Das Gebäude ist einem römischen Getreidespeicher nachempfunden, der an dieser Stelle

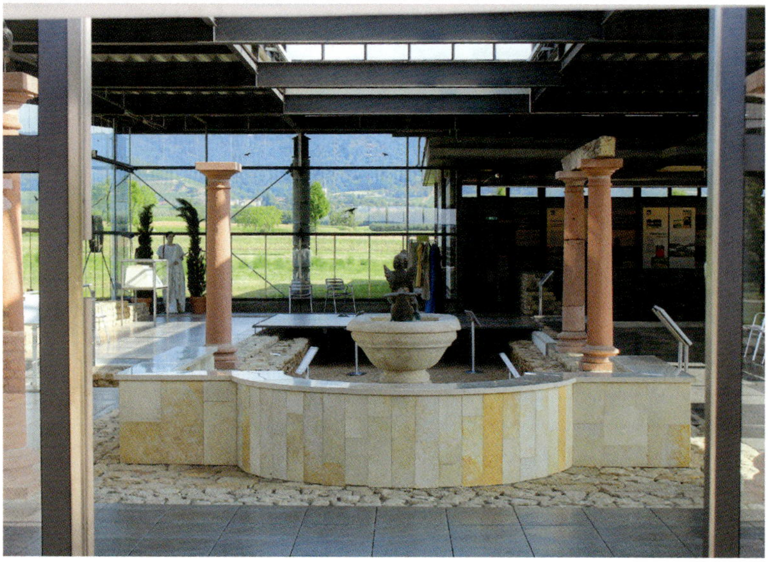

stand. Von der Villa artis gehen wir zurück zur Straße und dort rechts zum ❶ **Malteserschloss**. Das Schloss Heitersheim ist eine der schönsten Schlossanlagen im Markgräflerland. Es war Residenz des Reichsfürsten und Sitz des Priors des Malteserordens (die Johanniter nannten sich ab 1524 fortan Malteser). Ringmauern und Gräben der einstigen Wasserburg sind noch erkennbar. Später wurde die Burg zu einer repräsentativen Schlossanlage ausgebaut. Heute besitzt der Orden der Barmherzigen Schwestern vom heiligen Vinzenz von Paul die Anlage. Sehenswert ist der Ruhe ausstrahlende Innenhof.

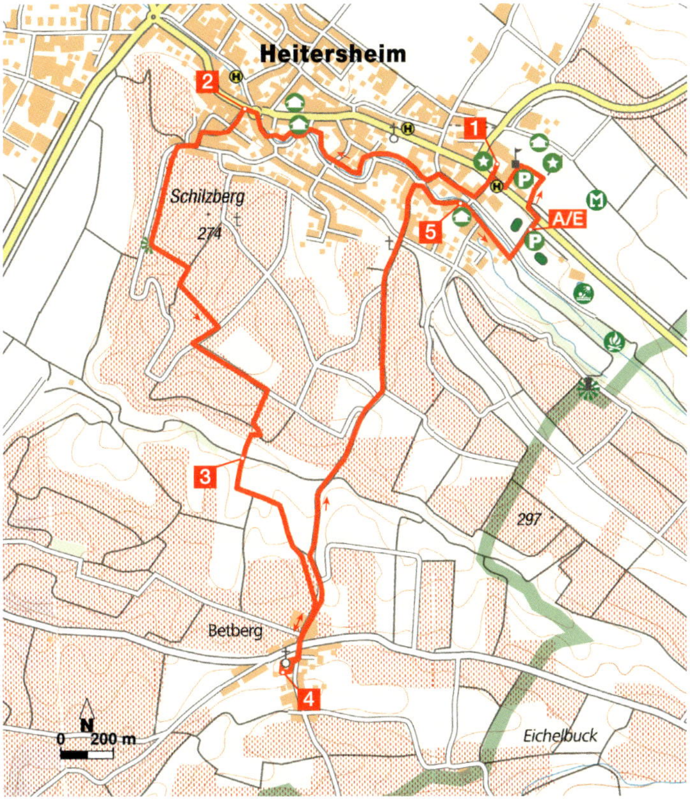

Zum alten Rathaus Am besten gehen wir dann gegenüber dem Haupteingang des Malteserschlosses auf der Straße Schloßbuck hinunter an historischen Häusern vorbei und am Badhaus auf der Badhausstraße rechts. An einer Straßengabel knickt die Badhausstraße nach links und dann gehen wir vor dem Sulzbach rechts auf der Mühlenstraße

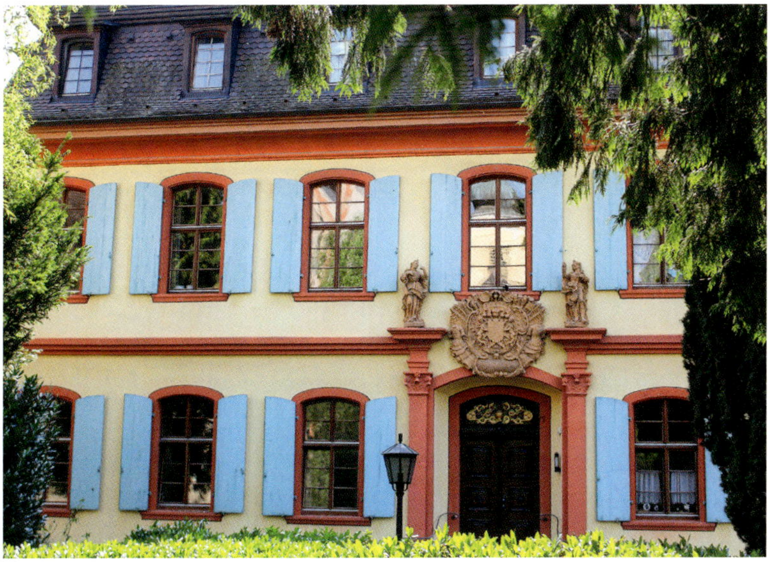

Linke Seite: Das Wasserbecken im Atrium der Villa urbana in Heitersheim ist rekonstruiert.

Das Malteserschloss ist eine der schönsten Schlossanlagen im Markgräflerland.

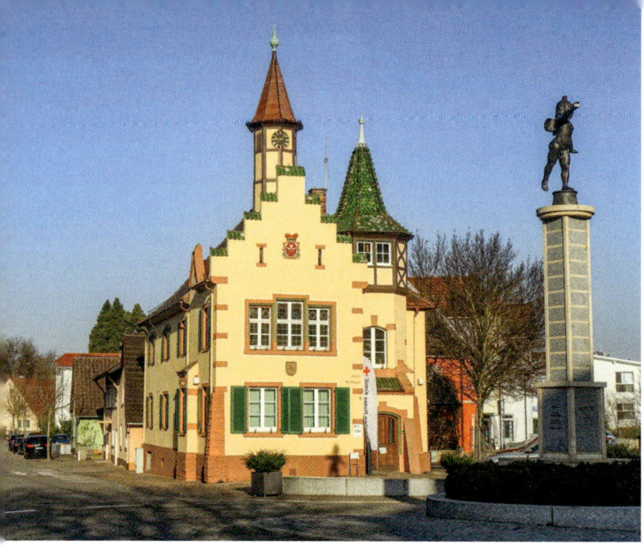

und später auf einem Gehweg. Nach Möglichkeit bleiben wir auf dieser Seite des Sulzbachs bis zum Kreisverkehr, an dem das **2 Alte Rathaus** steht. Das Standbild in der Mitte des Kreisverkehrs zeigt den Gott Amor. Das schmucke Alte Rathaus mit der neogotischen Fassade mit Türmchen und Staffelgiebel hat einen pittoresken Ausdruck. Das spätbarocke Stadtwappen am Giebel stammt von 1847.

Das Alte Rathaus in Heitersheim gibt sich pittoresk.

Zum Ruschgraben Vom Alten Rathaus wandern wir am Brunnen aus rotem Sandstein das Basler Gässle nach Südwesten hoch, das weiter oben In der Ziegelei heißt. An einer T-Kreuzung gehen wir links die Straße Am Lehenbühl aufwärts und an einer weiteren T-Kreuzung rechts in die Weinbergstraße. Noch in der Linkskurve steigen wir links zu den Reben hinauf und können so geradeaus auf einem Wiesenweg auf der Geländekante weiterlaufen. Bald ist voraus Seefelden mit den Abraumhalden zu sehen. Dort erinnert ein Museum an das Kalibergwerk, das von 1964 bis 1973 betrieben wurde.

Der Weg schwenkt entlang eines Tals auf der Geländekante nach links, und wir schauen auf die Kirche in Betberg vor dem Blauen mit der Antenne. Auf einer Asphaltstraße gehen wir nach rechts und an der T-Kreuzung nach den Reben nach links hinauf. Am dritten Abzweig am Ende der Felder geht es auf einem Wiesenweg rechts hinunter. Am Ende des Wegs laufen wir vor der Hecke links hinab, nach 60 Metern in spitzem Winkel nach rechts und dann gleich nach links hinunter in den **3 Ruschgraben**.

Die Betberger Kirche ist die älteste des Markgräflerlands.

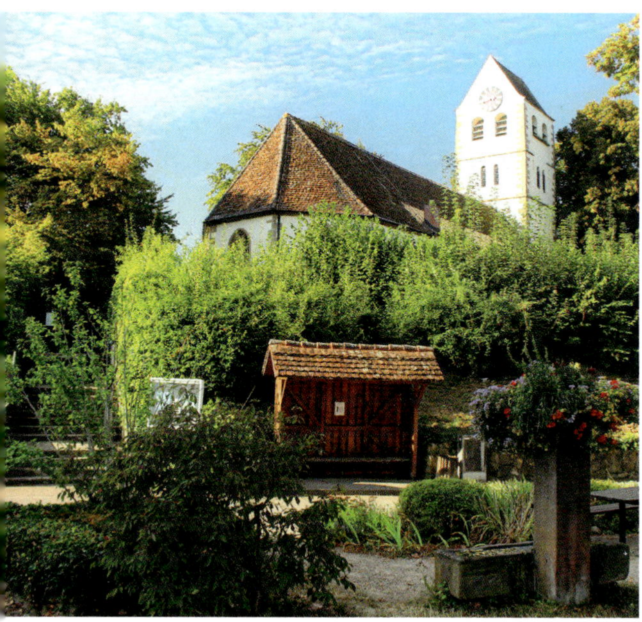

Zur Kirche Sankt Ägidius in Betberg Geradeaus kommen wir aus dem Ruschgraben wieder hoch. In den Feldern beschreibt der Weg eine Linkskurve und vor der Böschung eine Wende nach rechts. Schließlich stößt der Feldweg auf eine Asphaltstraße, der wir in einem Abstecher geradeaus in das alte Dorf Betberg folgen. Die **4 Kirche Sankt Ägidius** ist eine der ältesten Kirchen des Markgräflerlands. Ein erstes romanisches Gotteshaus wurde

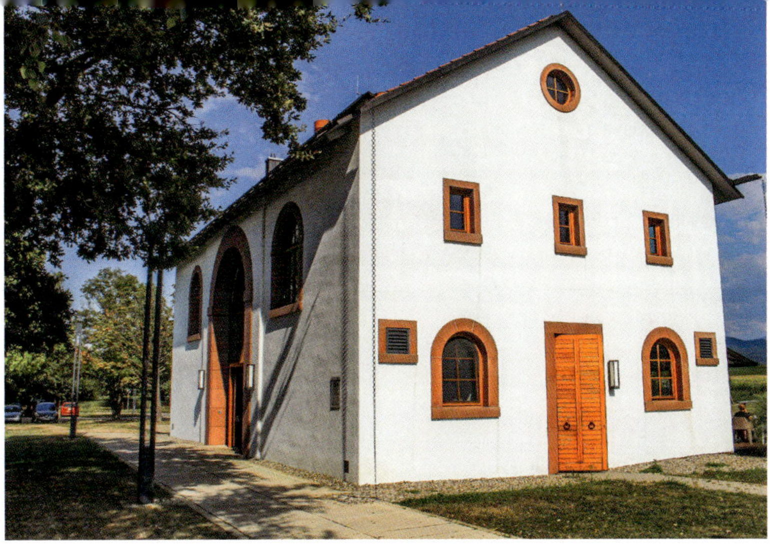

Das Kulturhaus Villa artis ist einem römischen Getreidespeicher nachempfunden.

im 8. Jahrhundert von einem alemannischen Adligen erbaut und Betberg diente ihm als Herrensitz. Der jetzige Bau stammt aus der Zeit um das Jahr 1100, wenn auch der Turm erst 100 Jahre später entstand. Der spätgotische Chor hat schöne Fenster in feiner Steinmetzarbeit mit alten farbigen Glasfenstern. Die Orgel aus dem Jahr 1790 entstammt der Silbermann-Schule.

Zur Sulzbachstrauße Geradeaus gehen wir auf der Malteserstraße, auf der wir auch gekommen sind, in Richtung Heitersheim. 130 Meter nach dem letzten Haus nehmen wir den linken Arm der Gabelung der Asphaltsträßchen mit dem grünen Radwegschild. Wir sind nun auf dem Markgräfler Römerweg unterwegs. Nach 1,4 Kilometern laufen wir in Heitersheim auf der Honiggass ein. An der Honiggassbrücke gehen wir vor dem Sulzbach rechts und kommen an einer weiteren Brücke an die beliebte 5 **Sulzbachstrauße**.

Zum Parkplatz am Sportplatz Vor der Strauße bleiben wir auf der Straße Am Sulzbach und gehen nach dem Haus Nr. 142 links auf dem Fritze-Steg über den Sulzbach. Geradeaus kommen wir wieder an den Parkplatz am E **Sportplatz** zurück.

Villa urbana und Café Villa artis

Im Jahr 70 n. Chr. eroberten die Römer unter Kaiser Titus Flavius Vespasianus das Gebiet am Rhein. Verdiente Kriegsveteranen erhielten große Grundstücke in den besetzten Bezirken. Auf strategisch günstigen Hügeln errichteten die Neuansiedler Besitztümer. Die Römer brachten den Wein, ihre luxuriöse Lebensweise und Kultur mit. Die Gehöfte wurden mit allem erdenklichen Luxus ausgestattet, wie zum Beispiel Bädern und beheizten Fußböden. Eines der bedeutendsten Güter ist die Villa urbana in Heitersheim, die neben dem Malteserschloss ausgegraben wurde. Das landwirtschaftliche Gut war über fünf Hektar groß. Im heutigen Museum sind rekonstruierte Teile des Wohnhauses und Ausgrabungsfunde zu besichtigen. Neben dem Museum befindet sich die Villa artis, die einem römischen Kornspeicher nachempfunden wurde. Darin befinden sich das Café artis und ein Kulturzentrum. Das Café wird von Menschen mit und ohne Behinderung betrieben (Café artis, Tel. 07634/6949895).

31

Von Sulzburg nach Laufen

Bergbaustadt, Wein und Blumen

Leicht | 2:20 Std. | 150 Hm | 6,7 km

Besonderer Genuss: Kultur am Wegrand

Tourencharakter
Leichte, vorwiegend sonnige Tour, größtenteils auf befestigten Wegen durch Weinberge, Wälder und Ortsgebiet

Ausgangs-/Endpunkt
Parkplatz am Marktplatz in Sulzburg GPS N47°50'25.7" E07°42'28.7"

Anfahrt
Auto Auf der A5 Ausfahrt 64 b Hartheim/Heitersheim, auf der L134 und L125 über Heitersheim nach Laufen
Bus Mit der Linie 261 von Müllheim (www.bahn.de)

Gehzeiten
Parkplatz Marktplatz in Sulzburg – Wasserbehälter Sulzburg 0:40 Std. – Winzerkeller Laufen 0:35 Std. – Staudengärtnerei Zeppelin 0:10 Std. – Wasserbehälter Laufen 0:15 Std. – Stadttor Sulzburg 0:25 Std. – Sankt Cyriak 0:10 Std. – Parkplatz Marktplatz in Sulzburg 0:05 Std.

Einkehr in Sulzburg
Lilien-Café, Weinstraße 2, Tel. 07634/5503922, www.graefin-von-zeppelin.de
Landgasthof Rebstock, Hauptstraße 77, Tel. 07634/503140, www.kellers-rebstock.de

Karten
Kompass 890, 1:25000

Touristinformation
Hauptstraße 60, 79295 Sulzburg, Tel. 07634/560040, www.sulzburg.de

Hinweis
Die Staudengärtnerei ist ein beliebter Ausflugsort. Besser Wochenenden meiden.

In Sulzburg, einer der ältesten Bergbaustädte Europas, beeindruckt die romanische Kirche Sankt Cyriak. Der Weg führt durch Wald und Reben hinüber in den Weinort Laufen. Die Staudengärtnerei der Gräfin von Zeppelin ist ein blühendes Juwel.

Zum Wasserbehälter Sulzburg Am **Ⓐ Marktplatz in Sulzburg** steht die ehemalige Stadtpfarrkirche, in der heute das Landesbergbaumuseum und die Touristinformation untergebracht sind. Schon die Römer suchten in Stollen in den umliegenden Wäldern nach wertvollen Erzen. Ein bergbaugeschichtlicher Wanderweg führt an Stollen und Plätzen vorbei, die heute noch Zeugnis geben von dem ehemals regen Bergbau im Sulzbachtal. 1798 wurde der Bergbaubetrieb nach einem großen Brand eingestellt.
Wir starten nach Südwesten in die Markgrafenstraße in Richtung SOS-Kinderdorf. Bei der Feuerwehr schlendern wir links in die Straße Im Brühl. Vor dem SOS-Kinderdorf laufen wir rechts in die Bugginger Gasse und gehen nach dem letzten Haus auf der zweiten Brücke rechts über den Fliederbach in Richtung Laufen auf-

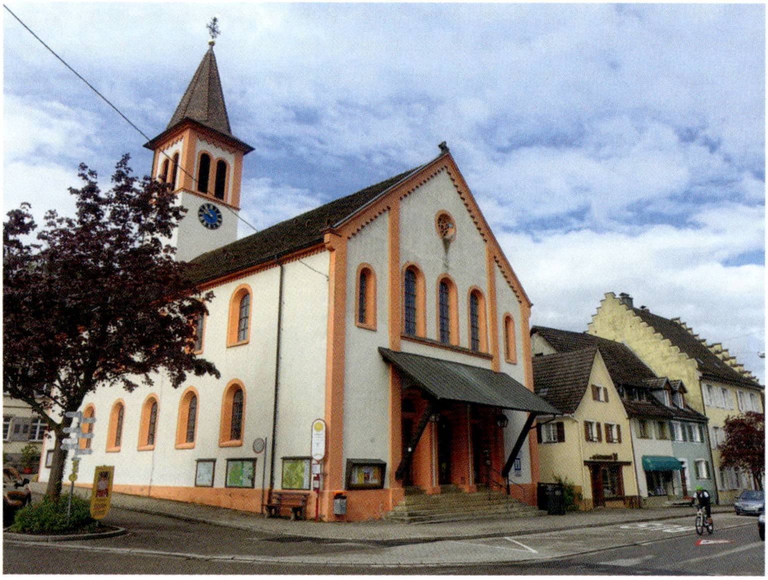

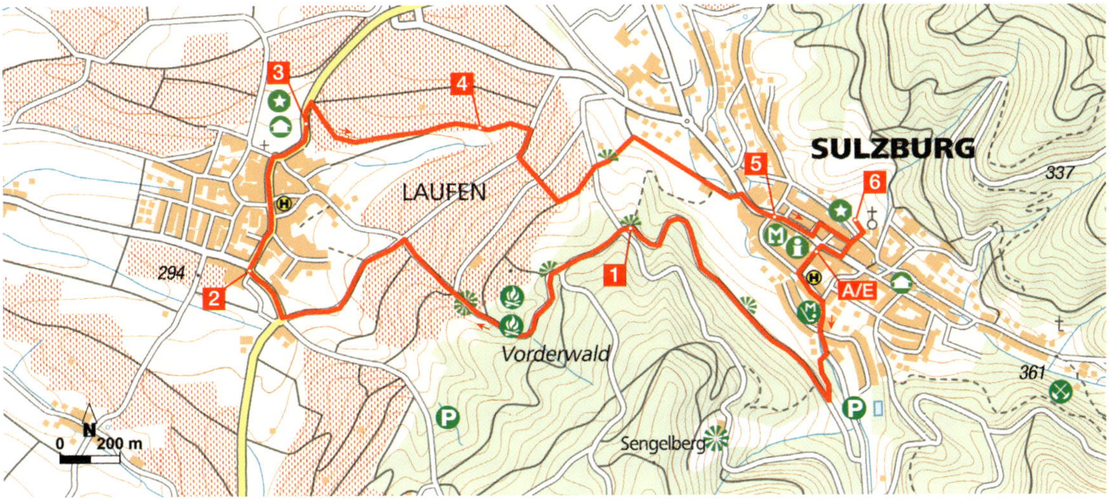

wärts. Nach 180 Metern wandern wir an der T-Kreuzung rechts auf dem Panoramaweg über Sulzburg nun eben dahin. Die Wegmarkierung ist das Wappen des Zähringer Wanderwegs und die gelbe Raute. Am ❶ **Wasserbehälter Sulzburg** besteht gute Aussicht über die Streuobstwiesen nach Ballrechten-Dottingen.

Zum Winzerkeller in Laufen Vom Wasserbehälter gehen wir in Richtung Muggardt und Laufen nach Südwesten in den Wald hinein. An einer Wegspinne im Wald bleiben wir geradeaus auf dem Mietertalweg in einen Graben hinunter, verlassen den Wald und wandern geradeaus durch Weinberge nach Laufen hinab. Über dem Winzerdorf Laufen ist die Kirche von Betberg zu sehen (Tour 30). An einer Kreuzung mit einem erhöht stehenden Picknicktisch und einer Informationstafel müssen wir nach links. An der Straße L125 können wir rechts vor der Hecke zum ❷ **Winzerkeller in Laufen** hinabgehen. Die Winzergenossenschaft ist bekannt für ihre hervorragenden Gutelweine.

Zur Staudengärtnerei Zeppelin Vom Winzerkeller wandern wir hinunter durch den netten Ort und an der Kirche rechts hinauf zur ❸ **Staudengärtnerei Zeppelin**. Helen Gräfin von Zeppelin legte mit ihrer Leidenschaft für Pflanzen den Grundstein für den heutigen Familienbetrieb. Die Vision einer weltweit bekannten Spezialitätengärtnerei auf dem ehemaligen Weingut hat sich erfüllt. Neben Schaubeeten locken ein großes Verkaufsgebäude, die Fachbuchhandlung und das Lilien-Café.

Zum Wasserbehälter Laufen Am Haupteingang der Staudengärtnerei queren wir die Straße L125 und laufen am Parkplatz rechts auf dem Kiesweg entlang der Hecke abwärts. In dem kleinen Tal

Linke Seite: In der ehemaligen Stadtpfarrkirche ist das Landesbergbaumuseum untergebracht.

Ein Blütenmeer in der Staudengärtnerei Gräfin von Zeppelin.

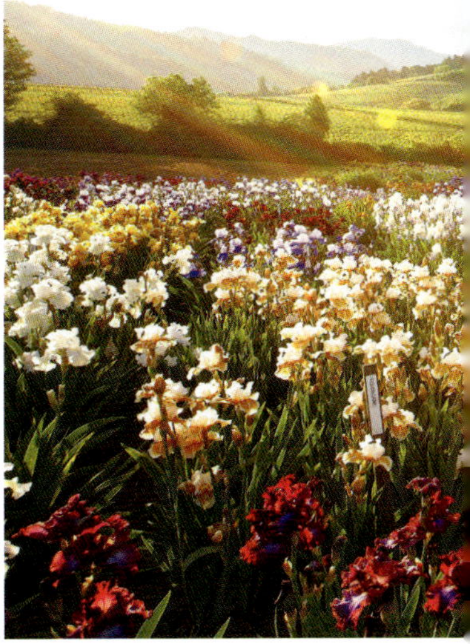

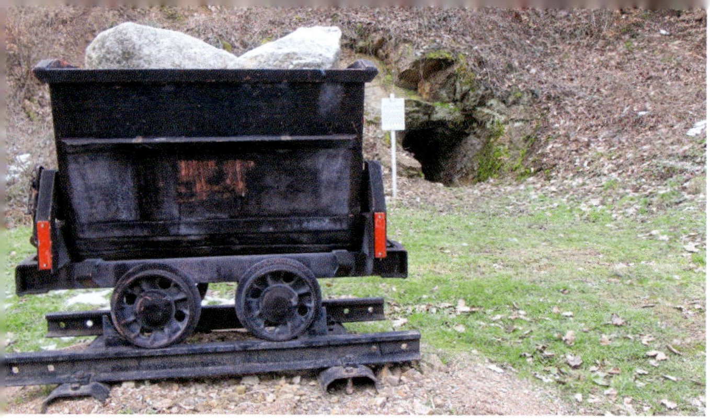

In Sulzburg finden sich überall Spuren des Bergbaus.

bleiben wir am Rand der Reben. Ein markanter Punkt ist der 4 **Wasserbehälter Laufen**.

Zum Stadttor in Sulzburg Dann steigt der Weg etwas an und an der T-Kreuzung marschieren wir mit der Markierung gelbe Raute rechts leicht abwärts. Nach 100 Metern steigen wir links zwischen den Reben hinauf, queren ein Asphaltsträßchen und wandern an der T-Kreuzung vor der Trockenmauer nach links mit Blick auf den Castellberg. Einen asphaltierten Weinbergweg queren wir und gehen zwischen Streuobstwiesen hinab auf Sulzburg zu. An der T-Kreuzung vor Hausgrundstücken können wir angenehm rechts an den Zäunen entlanglaufen. Der Weg endet an der Hauptstraße, und wir gehen rechts auf der Brücke über den Sulzbach zum mittelalterlichen 5 **Stadttor in Sulzburg**, in dem einst das Gefängnis einquartiert war. Auf der Stadtseite des Stadttors ist das Stadtwappen zu sehen, auf dem ein Bergmann in einen Stollen einfährt.

Zur Kirche Sankt Cyriak Kurz vor der alten Stadtkirche gehen wir links in die Ernst-Bark-Gasse und nach 60 Metern rechts in die Gustav-Weil-Straße. Gleich links steht die ehemalige Synagoge, die als einzige der Architekturschule Friedrich Weinbrenners nicht zerstört wurde. Sie entstand 1822 in spätbarock-klassizis-

Geschichte der Kirche Sankt Cyriak

Die Kirche Sankt Cyriak wurde 993 erstmals urkundlich erwähnt und ist eine der ältesten Kirchen Deutschlands. Die Basilika wurde zunächst als Kanonikerstift erbaut und das zugehörige Kloster später von Benediktinerinnen bewohnt. Romanische Schlichtheit prägt den Bau. Der ottonische, vorromanische Kirchturm stammt mindestens aus dem 10. Jahrhundert und ist damit der älteste Kirchturm Südwestdeutschlands. Holzteile aus dem Turm wurden mittels Jahresringchronologie auf das Jahr 996 datiert. Bedeutend ist auch die Holzdecke aus dem Jahr 1510. Markgraf Ernst von Baden hat 1523 das Kloster schließen lassen. Die Klostergebäude wurden nach einem Brand im Jahr 1769 nicht mehr aufgebaut. Nachdem die Kirchengemeinde die neu erbaute Stadtkirche bezog, wurde Sankt Cyriak nur noch als Lagerhalle genutzt. In den 1950er-Jahren entdeckte man dieses bedeutende Bauwerk wieder und begann mit der langjährigen Renovierung. Ab 1963 wurde Sankt Cyriak wieder zur evangelischen Gemeindekirche von Sulzburg.

tischem Mischstil. Durch den Engstand mit den umgebenden Häusern konnte sie nicht einfach angezündet werden. Nach 1940 wurde sie abwechselnd als Stall, Lagerplatz und Fabrik genutzt. Die Synagoge ist heute Kulturdenkmal und Gedenkstätte zugleich. Einst hatten um das Jahr 1500 kaiserliche Schutzbriefe den ersten Juden erlaubt sich in Sulzburg niederzulassen. Seit damals existierte in der Stadt eine große jüdische Gemeinde. Im 19. Jahrhundert waren über 30 Prozent der Bevölkerung jüdisch. Wegen der Übergriffe der Nationalsozialisten mussten viele Juden fliehen. Die letzten 27 übrig gebliebenen jüdischen Bürger aus Sulzburg wurden nach Gurs in Südfrankreich abtransportiert und dort ermordet. Wir gehen am Ende der Gustav-Weil-Straße nach links über den Sulzbach auf der Klostergasse zur Kirche 6 Sankt Cyriak. Das kulturhistorische Juwel Sankt Cyriak, erstmals im Jahr 993 erwähnt, gehörte zu einem Kloster, das nicht mehr existiert. Die Kirche ist heute die Stadtpfarrkirche von Sulzburg.

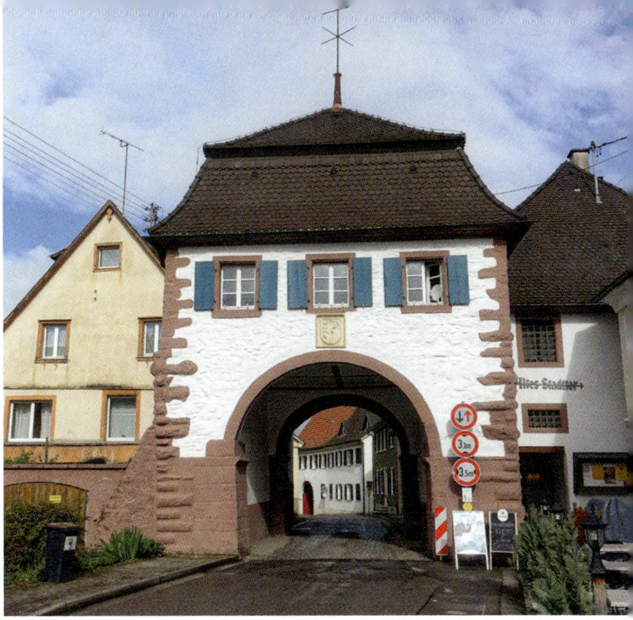

Am alten Stadttor in Sulzburg ist das Stadtwappen angebracht.

Zum Marktplatz in Sulzburg Auf der Klostergasse müssen wir wieder zurück über den Sulzbach zur Hauptstraße und dort nach rechts zum Parkplatz am E Marktplatz in Sulzburg.

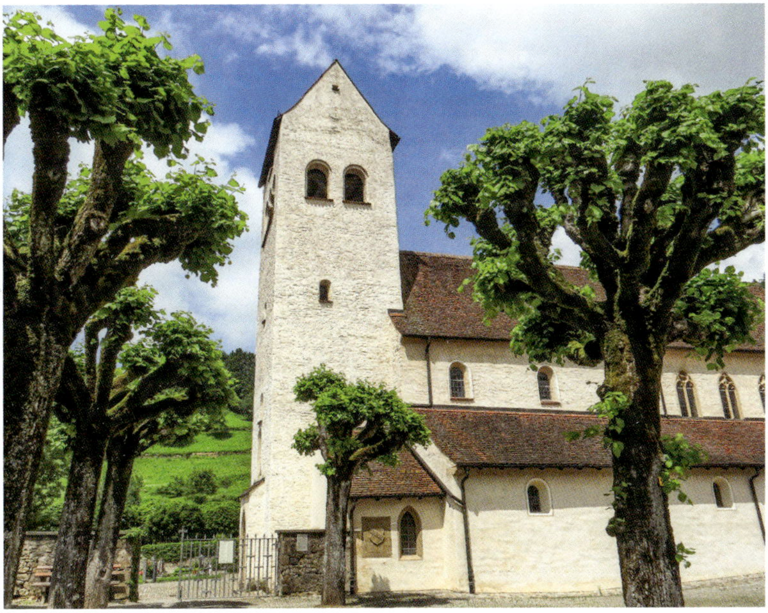

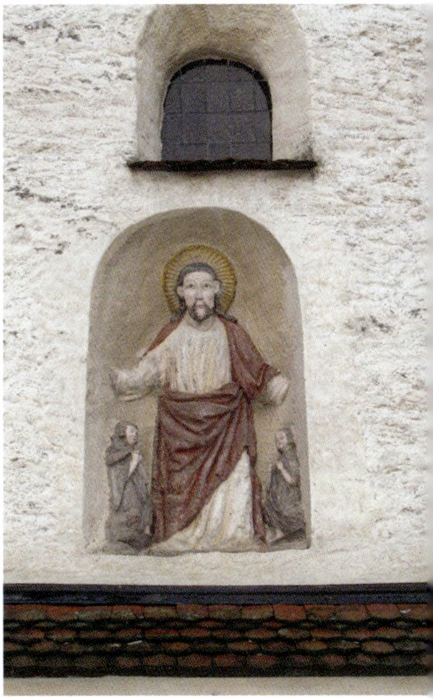

Links: Das kulturhistorische Juwel Sankt Cyriak hat den ältesten Kirchturm Südwestdeutschlands.

Statue an der Fassade der Kirche Sankt Cyriak

32

Zwischen Auggen und Schliengen

Inmitten edler Weinlagen

Leicht	2:50 Std.	160 Hm	9,5 km

Besonderer Genuss: Einkehr

Tourencharakter
Leichte, vorwiegend sonnige Tour auf befestigten Wegen durch Weinberge und Ortsgebiet

Ausgangs-/Endpunkt
Parkplatz am Trottenmuseum bei der Winzergenossenschaft in Schliengen GPS 47°45'30.4" E07°34'40.8"

Anfahrt
Auto Auf der A 5 Ausfahrt 65 Müllheim/Neuenburg und auf der B 3 nach Schliengen
Bahn Von Freiburg nach Schliengen (www.bahn.de)

Gehzeiten
Trottenmuseum der Winzergenossenschaft Schliengen – Rote Weinberghütte 0:55 Std. – Rathaus Auggen 0:15 Std. – Kreuzkirche 0:10 Std. – Kilbergwäldchen 0:25 Std. – Weinberghütte 0:30 Std. – Schloss Entenstein 0:25 Std. – Trottenmuseum der Winzergenossenschaft Schliengen 0:10 Std.

Einkehr
Landgasthof Zur Sonne, Hauptstraße 21, 79424 Auggen, Tel. 07631/2448, www.sonne-auggen.de
Gasthaus Hotel Sonne, Marktplatz 1, 79418 Schliengen, Tel. 07635/20009, www.sonne-schliengen.de

Karten
Kompass 890, 1:25 000

Touristinformation
Hauptstraße 28, 79424 Auggen, Tel. 07631/367721, www.auggen.de,
Schloss Entenstein, 79418 Schliengen, Tel. 07635/31090, www.schliengen.de

Die Weinorte Schliengen und Auggen werden mit aussichtsreichen Wegen durch große Weinlagen verbunden. Auch auf den Weinort Mauchen mit seinen Weinbergen werfen wir einen Blick. Und das Wasserschloss Entenstein liegt am Weg.

Zum roten Weinberghäuschen Vom Parkplatz am Ⓐ **Trottenmuseum** bei der Winzergenossenschaft Schliengen folgen wir der roten Raute des Markgräfler Wiiwegli links hinter der Winzergenossenschaft vorbei nach Norden. Nach den Gebäuden bleiben wir auf dem ebenen Weg geradeaus und steigen nach dem Supermarkt an der Weggabelung rechts hinauf. An der nächsten Gabelung bleiben wir auf dem linken Weg dem Wiiwegli treu und kommen 70 Meter unterhalb des Kilbergwäldchens vorbei. 600 Meter nach dem Wäldchen steigen wir links hinab und schwenken nach rechts in den unteren Weinbergweg ein. So kommen wir zur schon von Weitem zu sehenden ❶ **roten Weinberghütte** in der Weinlage Schäf. Bekannt wurde Auggen hauptsächlich

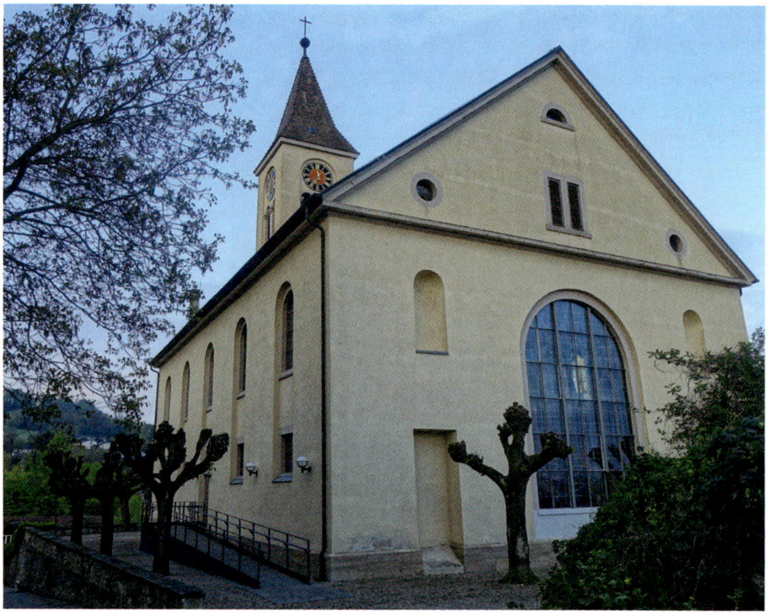

durch die Weinlage Schäf, eine der besten Gutedelweinlagen des Markgräflerlands.

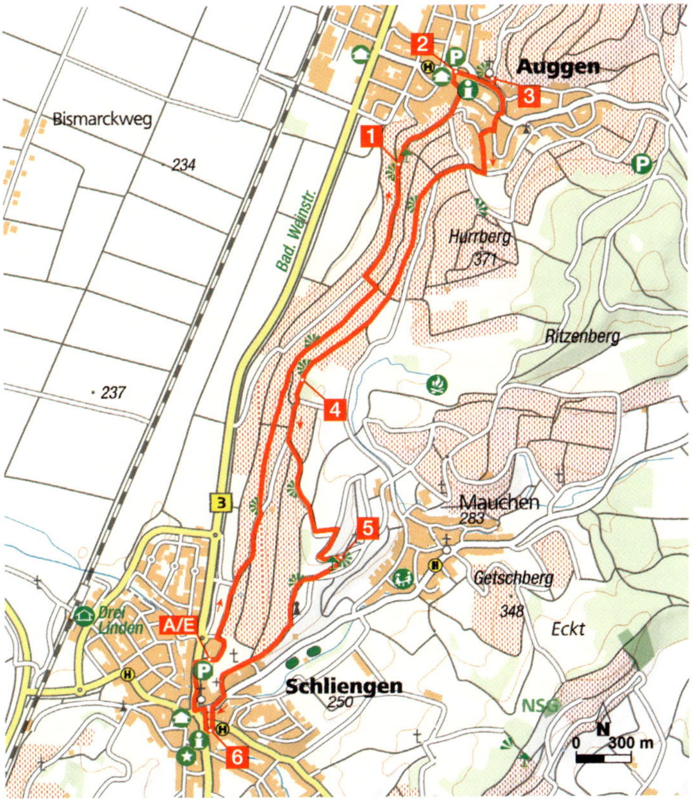

Zum Rathaus in Auggen Nun wandern wir links an der roten Weinberghütte nach Auggen hinunter und bleiben an den ersten Häusern geradeaus auf der Fahrspur zwischen Hausgrundstücken und Reben. Die Spur wird zu einem Wiesenweg und dann zu einem kleinen Pfad, der an der Straße Am Brunnenbuck endet. 40 Meter weiter links stehen wir hinter dem ❷ **Rathaus** Auggen.

Zur Kreuzkirche Wir gehen vor das Rathaus und dann auf der Hauptstraße nach rechts am großen Dorfbrunnen vorbei geradeaus in das Metzgergässle, das als Gehweg wieder an der Hauptstraße endet. Weiter oben steigen wir gegenüber der Feuerwehr links auf der Treppe zur ❸ **Kreuzkirche** hinauf. Die Kirche ist wie so viele im Kaiserstuhl und Markgräflerland im klassizistischen Weinbrenner-Stil erbaut. Auf der Aussichtsterrasse an der Kirche lassen wir den Blick über Auggen und die Rheinebene schweifen. Auggen wurde erstmals als »Anghom« im Jahre 752 namentlich erwähnt und gehört damit zu den ältesten Orten im Markgräflerland.

Linke Seite: Von der Kreuzkirche in Auggen ist der Ort gut zu überschauen.

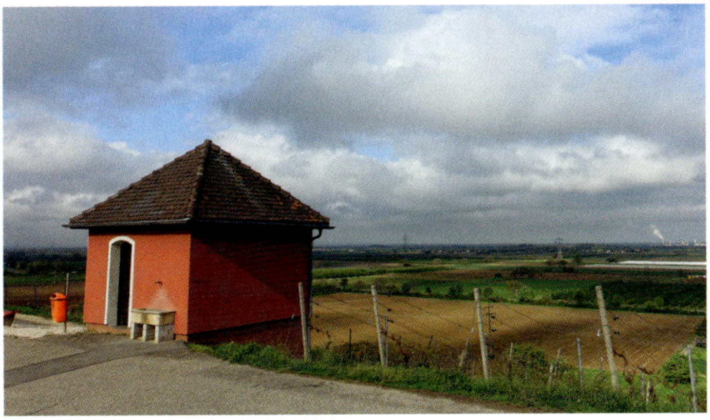

Die rote Weinberghütte steht in der berühmten Gutedelweinlage Schäf.

Zum Kilbergwäldchen Von der Kirche laufen wir auf der Zufahrtstraße hinunter zur Hauptstraße und wandern links weiter hinauf auf der Straße, die nun die Oberdorfstraße ist. In einer Linkskurve biegen wir rechts in die Straße Am Brunnenbuck und gleich nach links in die Dietrich-Koger-Straße ein. Nach 70 Metern geht es rechts auf der Blauen-

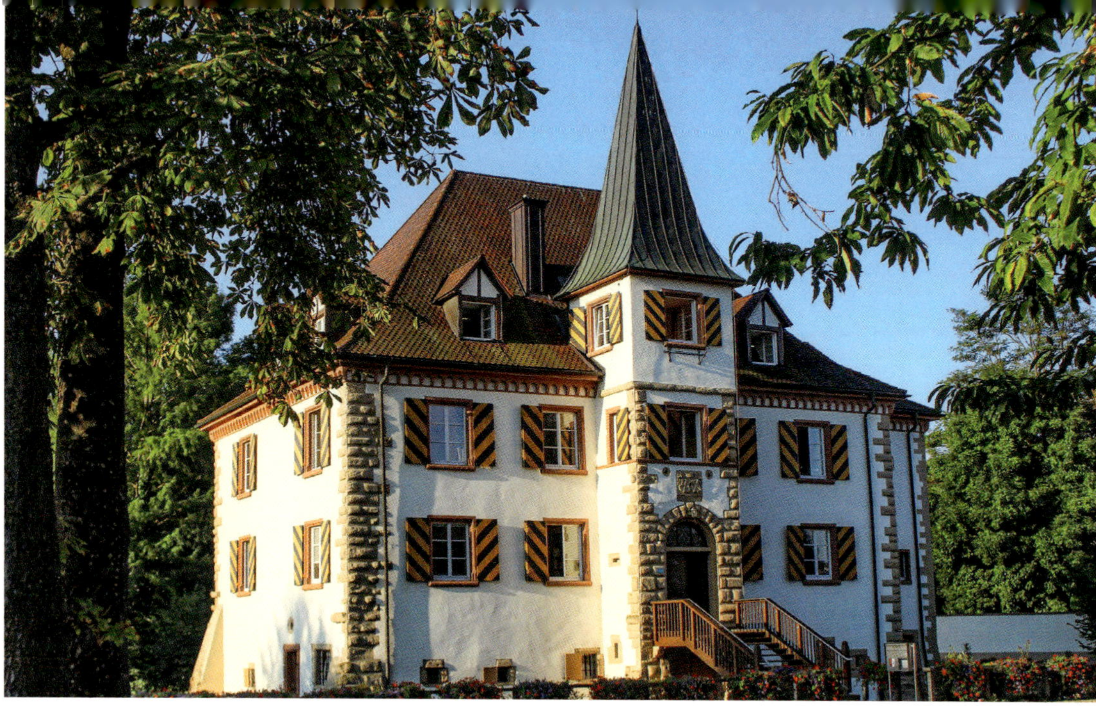

Englischer Stil im Landhaus Ettenbühl

Etwas südlich von Schliengen liegt das Landhaus Ettenbühl. Dies ist ein fünf Hektar großer Landschaftspark im englischen Stil. Viele verschiedene Blumen, seltene Bäume, Gehölze und Sträucher erfreuen das Auge. In den 20 Themengärten gibt es immer wieder Neues zu entdecken. Erwähnenswert sind der Pfingstrosen-, der Lavendel- und der Brunnengarten. In der Rosen- und Staudengärtnerei finden sich über 1000 Rosen- und Staudensorten. Ettenbühl steht aber auch für ein gemütliches Café und Restaurant. Hier werden im englischen Stil zum Beispiel Classic English Teatime und Lunch angeboten (Sommersaison 15.03.–31.10., täglich 9–18.30 Uhr, Wintersaison 01.11.–14.03., täglich 10 bis 17.30 Uhr. Eintritt: 7,– € Sommersaison, 4,– € Wintersaison. Landhaus Ettenbühl, 79415 Hertingen, Tel. 07635/827970, www.landhaus-ettenbuehl.de).

blickstraße weiter, die am Ende zu einem Gehweg wird. Dann müssen wir rechts aufwärts und wandern an der Kreuzung geradeaus in die Reben in Richtung Schliengen, jetzt wieder auf dem Wiiwegli. An einer Weggabel bleiben wir auf dem rechten Weg, der nach über einem Kilometer nun direkt am 4 **Kilbergwäldchen** vorbeiläuft.

Zur Weinberghütte über Mauchen

Schliengen ist nun schon zu sehen, aber der Himmelberg bietet eine schöne Aussicht nach Mauchen und in den Schwarzwald. Daher verlassen wir das Wiiwegli an der zweiten Kreuzung nach dem Wäldchen und steigen nach links in Richtung Himmelberg und Mauchen hoch. An einigen Abzweigen folgen wir der gelben Raute immer aufwärts. An der T-Kreuzung, nach der höchsten Stelle, schauen wir nach Osten auf das nette Winzerdorf Mauchen hinunter und in den Schwarzwald. Dann geht es rechts hinab und in einem Bogen zu der offenen 5 **Weinberghütte**, an der wir wieder über die Dächer von Mauchen blicken.

Zum Schloss Entenstein Nun wandern wir in spitzem Winkel nach rechts nur noch abwärts, bleiben am nächsten Abzweig geradeaus ohne Markierung und kommen zu einer Bank mit herrlicher Aussicht über Schliengen bis hinüber in die Vogesen. Weiter unten am Weg erblicken wir ein Denkmal an einer großen Eiche. Hier steht eine kleine senkrechte Lösswand, in der sich viele Löcher befinden, in denen Solitärbienen und anderen Insekten leben. Wir bleiben auch an einer Kreuzung vor den ersten Häusern des Orts geradeaus abwärts. Der Hohlweg ist die Straße Im Geistergarten. Vor der Trafostation wenden wir uns in die Straße Sankt Alban nach rechts und dann vor dem Gasthaus Adler mit dem schönen Biergarten links die Mauchener Gasse hinunter. Unten an der Altinger Straße wollen wir nach rechts, überqueren aber erstmal die Straße und schauen uns in dem Park das hübsche 6 **Schloss Entenstein** an. Das idyllische Wasserschloss Entenstein besteht in seiner heutigen Form seit Beginn des 16. Jahrhunderts. Doch schon im Hochmittelalter stand an dessen Stelle ein quadratischer Wohnturm, der von einem Wassergraben umgeben war. Das Schloss wird heute als Rathaus und Touristinformation genutzt.

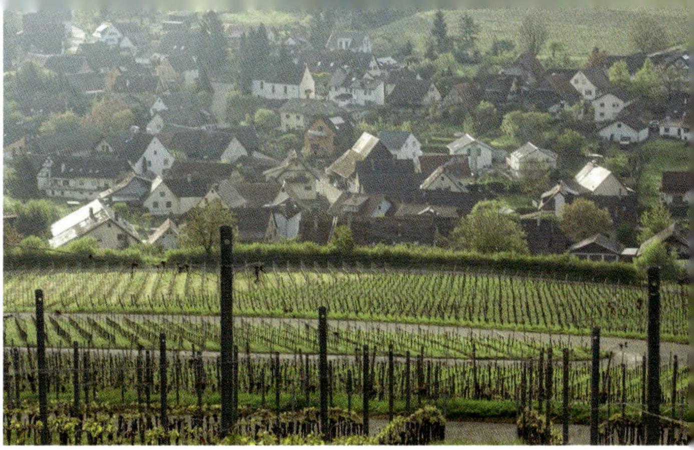

Blick auf das Winzerdorf Mauchen

Linke Seite: Schloss Entenstein ist das Wahrzeichen von Schliengen.

Zum Trottenmuseum An der Kreuzung der B3 vor dem Restaurant Holzschopf gehen wir nach rechts zum Marktplatz und für gut 300 Meter entlang der B3, bis zum dunkelroten Gebäude der Winzergenossenschaft Schliengen-Müllheim. Der Name »Erste Markgräfler Winzergenossenschaft« entstand, weil der Winzerkeller schon 1908 gegründet wurde. Hier sind wir auch wieder am Parkplatz vor dem E **Trottenmuseum** zurück.

Genuss im Gutedelland

Gutedel (in Frankreich *Chasselas* genannt) ist eine uralte Weißweintraube – sie soll 5000 Jahre alt sein. Umstritten ist die ursprüngliche Heimat dieser Sorte. Vermutlich stammt sie aus Oberägypten oder aus dem Jordantal. In dem Dorf Chasselas in Frankreich soll der Gutedel erstmals Anfang des 16. Jahrhunderts angebaut worden sein, daher auch sein Name. Hauptanbaugebiet des Gutedels ist heute das Markgräflerland, wo er auf Lehm- und Lössböden über ein Drittel der Anbaufläche einnimmt. Auch im Elsass und in der Schweiz sind einige Weinberge mit Gutedel bestockt. Der Weißwein ist leicht, säurearm, frisch und fruchtbetont und wird überwiegend trocken ausgebaut. Der Gutedel schmeckt jung getrunken am besten und passt zu Fisch und Käse. Er wird aber auch, weil bekömmlich, gerne als sogenannter Zechwein außerhalb des Essens getrunken.
In Auggen besteht Gelegenheit, den Gutedel zu verkosten, denn der Auggener Schäf zählt zu den besten Gutedelweinlagen des Markgräflerlands.

33

Zum Schloss Bürgeln in der Höh

Herrliche Kirschblütenzeit

Leicht | 2:40 Std. | 300 Hm | 8,1 km

Besonderer Genuss: Kultur am Wegrand

Tourencharakter
Leichte, vorwiegend sonnige Tour, meist auf befestigten Wegen durch Wiesen, Wälder und Ortsgebiet

Ausgangs-/Endpunkt
Parkplatz hinter der Blauenhalle Rathausplatz 3 Obereggenen GPS N47°45'26.9" E07°38'47.2"

Anfahrt
Auto Auf der A 5 Ausfahrt 65 Müllheim/Neuenburg und auf der L 134 über Schliengen nach Obereggenen **Bus** Mit der Linie 264 von Müllheim nach Obereggenen (www.bahn.de)

Gehzeiten
Parkplatz Blauenhalle Obereggenen – Wasserbehälter 0:15 Std. – Straße L 132 0:15 Std. – Schloss Bürgeln 0:50 Std. – Parkplatz St.-Johannis-Breite 0:35 Std. – Parkplatz Blauenhalle Obereggenen 0:45 Std.

Einkehr in Schliengen
Gasthaus Hirschen, Bürgler Straße 10, Tel. 07635/1372
Schlossrestaurant Bürgeln, Schloss Bürgeln 1, Tel. 07626/293, www.schlossrestaurant-buergeln.de

Karten
Kompass 890, 1:25 000

Touristinformation
Schloss Entenstein, 79418 Schliengen, Tel. 07635/31090, www.schliengen.de

Hinweis
Die Kirschblüte ist Mitte bis Ende April. Das Blütentelefon (Tel. 07635/8249649) gibt ab Mitte Februar die voraussichtliche Blütezeit der Kirschbäume an.

Von Obereggenen verläuft die Wanderung durch Obstbaumwiesen und schattigen Hochwald hinauf zum frühklassizistischen Kleinod Schloss Bürgeln. Zurück geht es über den Pass St.-Johannis-Breite auf dem Panoramaweg wieder auf Obereggenen zu.

Zum Wasserbehälter Vom Parkplatz hinter der Ⓐ **Blauenhalle** am Rathausplatz in Obereggenen wandern wir auf der Bürgler Straße nach Osten bergauf. Schon fast am Ende des Orts verlassen wir an einer Straßengabelung die Bürgler Straße nach rechts in die Straße Im Pfaffenholz, überqueren einen Bach und kommen an einem ❶ **Wasserbehälter** mit Picknicktisch vorbei.

Zur Straße L 132 Weiter oben an einer Gabelung in den Obstwiesen, mit Aussicht zurück über Obereggenen, gehen wir mit der Markierung gelbe Raute nach rechts in Richtung Schloss Bürgeln. Zur Zeit der Kirschblüte, Mitte bis Ende April, ist das

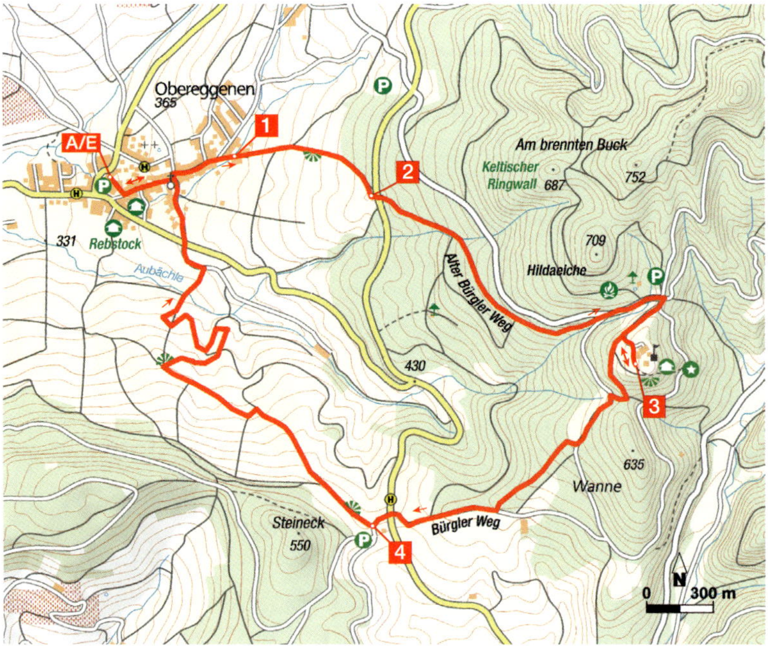

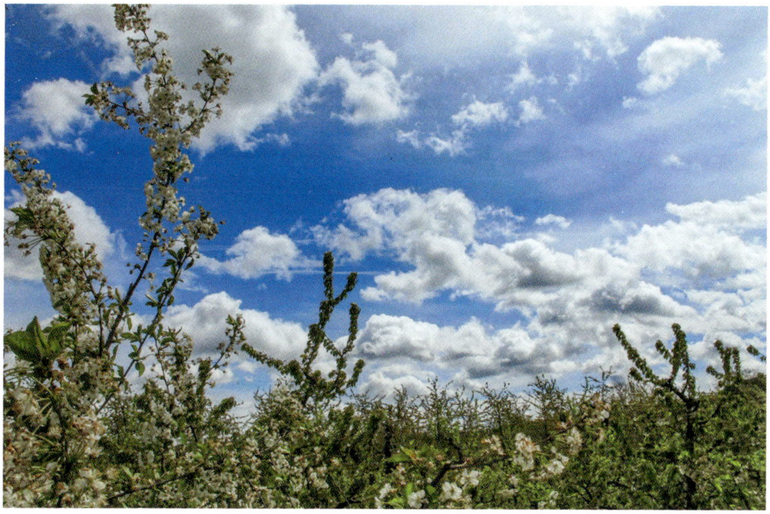 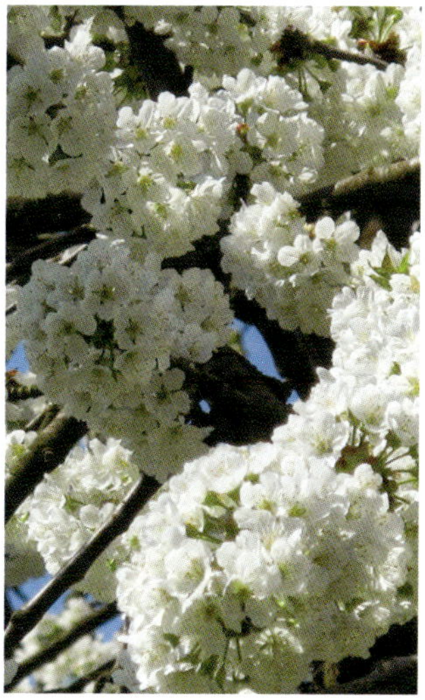

ganze Eggenental mit blühenden Bäumen besetzt. Ein herrlicher Anblick. Bald überqueren wir die ❷ **Straße L132**, die von Schallsingen heraufkommt.

Berühmte Kirschblüte im Eggenental

Links: Die Obstbaumwiesen ziehen im Frühjahr alle Blicke auf sich.

Zum Schloss Bürgeln Gleich umfasst uns auf dem alten Bürgler Weg dichter Hochwald. An einem Feuchtbiotop kommt uns ein winziges Bächlein entgegen. An einer Kreuzung nahe der Zufahrtsstraße zum Schloss bleiben wir auf dem Rüttibodenweg parallel zur Straße geradeaus. In einer Rechtskurve des Forst-

Das Schloss Bürgeln wurde im frühklassizistischen Stil mit Rokokodekor erbaut.

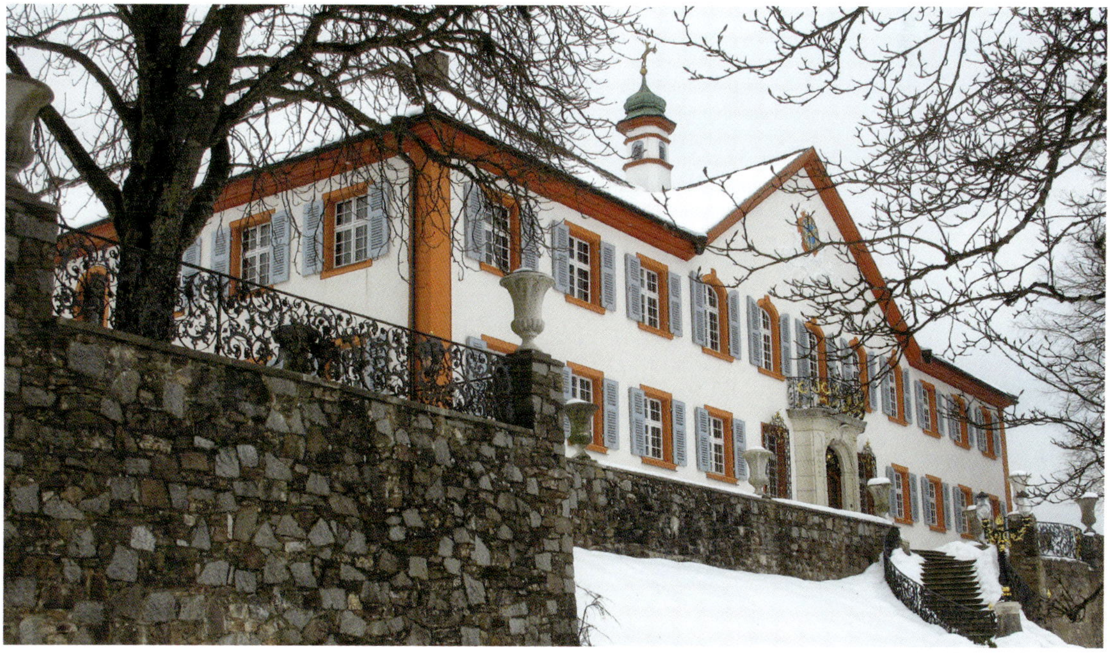

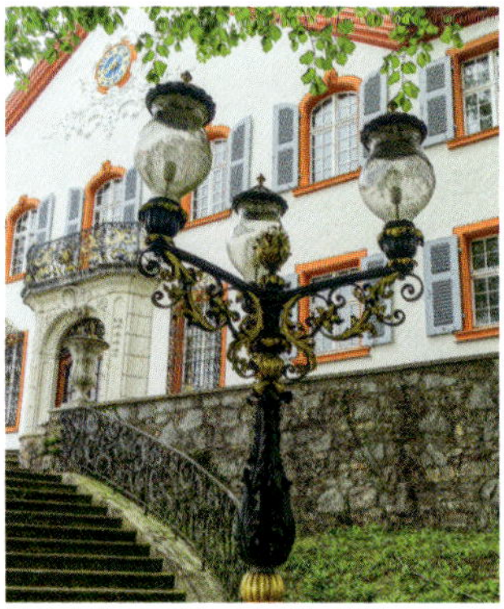

wegs müssen wir auf einem Pfad links in einem Graben hinauf. Der Steig endet an der Straße, der wir noch 250 Meter nach rechts bis zum Parkplatz vom Schloss Bürgeln folgen.
Durch eine Toreinfahrt gehen wir zum noch nicht sichtbaren Schloss hinauf. 50 Meter vor dem Schloss neigt sich rechts an dem historischen Brunnen ein Weg in den Wald hinab zum Wanderparkplatz am Pass St.-Johannis-Breite, den wir später benutzen wollen. Zuerst ist aber das herrliche 3 **Schloss Bürgeln** im frühklassizistischen Stil mit Rokokodekor zu besichtigen. Es finden regelmäßig Führungen statt (Tel. 07626/237, www.schlossbuergeln.de). Von der Terrasse des Schlosses bietet sich eine weite Sicht zu den Vogesen nach Südwesten. Der Blick reicht bis hinüber in den Schweizer Jura. Bei guter Sicht auch in die Schweizer Alpen. Im Süden liegt unten im Tal das Dorf Sitzenkirch.
Dort, wo heute das Schloss steht, wird eine frühe Kultstätte vermutet. Der Ritter Werner von Kaltenbach errichtete Ende des 11. Jahrhunderts eine Johanneskapelle. Im 12. Jahrhundert gründete der Abt des Klosters Sankt Blasien eine Propstei. Die Propstei hatte die Verwaltung des klösterlichen Grundbesitzes im Markgräflerland, die Betreuung des nahen Frauenklosters Sitzenkirch und mehrerer Gemeinden im Umland zu betreuen. Aber Bürgeln war auch eine Klosterzelle des Benediktinerordens. Im Bauernkrieg und im Dreißigjährigen Krieg wurde die Propstei weitgehend geplündert und zerstört. 1762 entstand dann der heutige Repräsentationsbau für das Kloster Sankt Blasien. Es ist eine zweigeschossige Dreiflügelanlage mit Ausstattung im Rokokostil, die von einem kleinen Park umgeben wird. Kloster Sankt Blasien wird noch heute an dem Wappentier in Form des springenden Hirsches auf dem Dach des Schlosses sichtbar. Nach der Säkularisation zu Beginn des 19. Jahrhunderts fiel das Schloss dem Großherzogtum Baden zu, wurde danach an private Personen verkauft und verkam dabei immer mehr. 1920 sollte es erneut verkauft werden. Heimatverbundene Bürger aus dem Markgräflerland gründeten den sogenannten Bürgeln-Bund.

Johann Peter Hebel und das Schloss Bürgeln

Der berühmte Schriftsteller Johann Peter Hebel, 1760 geboren, war ein deutscher und vor allen Dingen ein alemannischer Schriftsteller und Dichter der Biedermeierzeit. Seine Bekanntheit als Autor basiert auf zahlreichen Gedichten und Kalendergeschichten. Hebel verstand es, das Volkstümliche mit tieferen Gedanken und Aussagen zu verbinden. Goethe, Tolstoi und Hesse bewunderten ihn. Marcel Reich-Ranicki stellte Hebels Werke in seinen Kanon der deutschen Literatur. Johann Peter Hebel war gern gesehener Stammgast im Schloss Bürgeln. Er widmete dem Schloss Bürgeln ein alemannisches Gedicht:
»Z`Bürgle uf de Höh – Nei, was cha me seh. O wie wechsle Berg un Tal – Land un Wasser überall. Z`Bürgle uf der Höh«.
Es ist genussreich, über sein Leben und sein Werk in der Alemannischen Wikipedia zu lesen (als.wikipedia.org/wiki/Johann_Peter_Hebel).

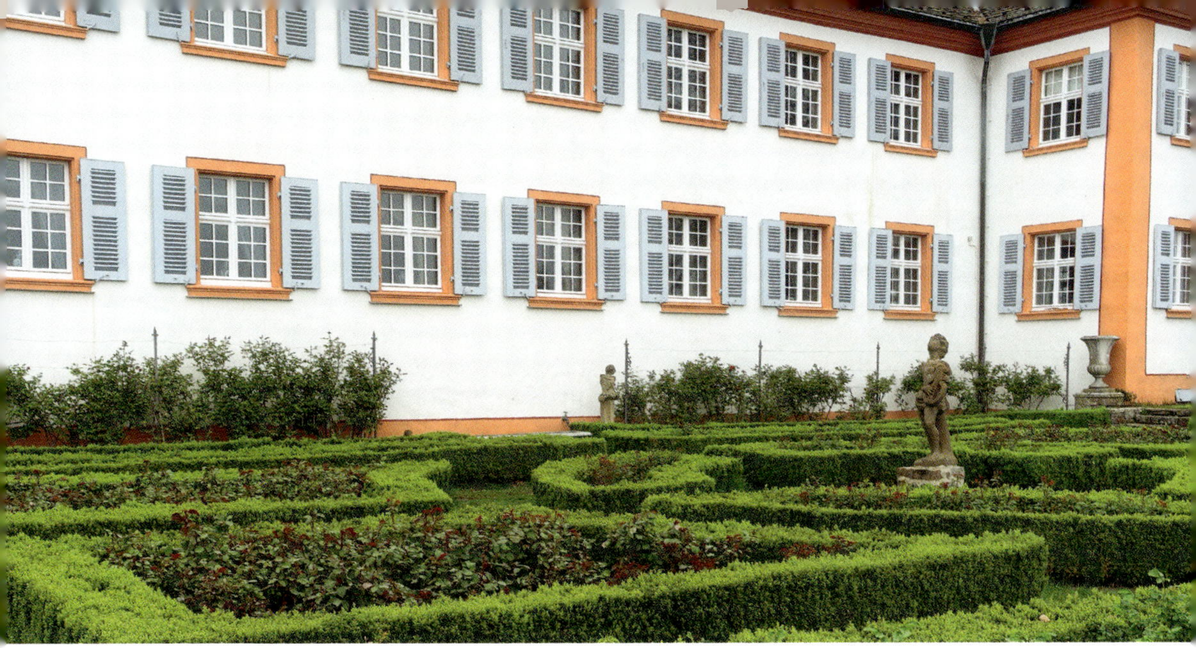

Mit ihren finanziellen Mitteln konnte die Gemeinde Obereggenen das Schloss kaufen. Ein privater kunstliebender Mäzen finanzierte die umfangreiche Renovierung. Der Bürgeln-Bund betreut das Schloss bis heute.

Im Schlossgarten von Schloss Bürgeln

Zum Wanderparkplatz St.-Johannis-Breite Nach der Schlossbesichtigung und vielleicht nach der Einkehr im Schlossrestaurant gehen wir 50 Meter zurück und steigen am Brunnen den Schlossweg links hinunter in Richtung St.-Johannis-Breite. An einem Abzweig folgen wir der Kehre nach rechts und dann am nächsten Abzweig am Beginn einer langen Wiese nach links hinunter. Am Ende der Wiese folgen wir der gelben Raute auf einem Pfad nach rechts in den Wald hinab. Am Passübergang St.-Johannis-Breite überqueren wir die Straße L 132 von Kandern nach Marzell geradeaus bis zum 4 **Wanderparkplatz St.-Johannis-Breite**.

Linke Seite: Prachtvolle Laternen säumen den Treppenaufgang zum Schloss.

Zum Parkplatz hinter der Blauenhalle An dem alten Grenzstein vor dem Parkplatz wandern wir rechts auf dem Panoramaweg über die Weiden und Obstwiesen hinunter. Der Weg ist einfach zu finden, weil wir bei allen Abzweigen auf dem asphaltierten Sträßchen bleiben, das immer nur abwärtsleitet. Nur nach der Brücke über das Aubächle steigt der Weg nochmals etwas an, und wir bleiben an zwei Abzweigen nach der Brücke immer geradeaus. Kurz vor Obereggenen ist noch die Landstraße K 6342 zu überqueren, bevor wir dann auf dem Kreuzweg zur Kirche kommen. Auf der Bürgler Straße geht es dann links abwärts und gleich sind wir zurück am Parkplatz hinter der E **Blauenhalle** am Rathausplatz.

Tierische Begegnung oberhalb von Obereggenen

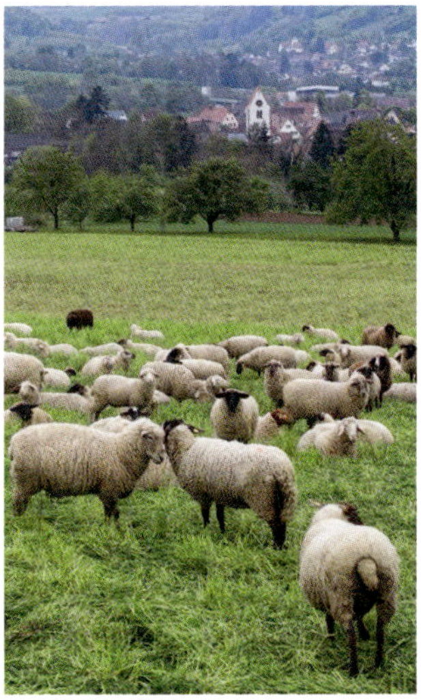

34 Auf den markanten Isteiner Klotz

Kliff am Rhein ohne Loreley

Leicht | 2:00 Std. | 150 Hm | 5,5 km

Besonderer Genuss: Ruhe und Natur

Tourencharakter
Leichte, vorwiegend sonnige Tour, meist auf befestigten Wegen durch Weinberge, Wiesen und Ortsgebiet

Ausgangs-/Endpunkt
Parkplatz St.-Veits-Kapelle am Kapellenweg in Istein
GPS N47°39'42.3" E07°31'53.6"

Anfahrt
Auto Auf der A5 Ausfahrt 67 Efringen-Kirchen und auf der L137 nach Istein
Bahn Von Freiburg nach Istein (www.bahn.de)

Gehzeiten
Parkplatz St.-Veits-Kapelle – Feuerplatz 0:30 Std. – Sportplatz Huttingen 0:40 Std. – Bammerthüsli 0:25 Std. – Schlossgut 0:10 Std. – Parkplatz St.-Veits-Kapelle 0:15 Std.

Einkehr
Sportgaststätte Rheinblick, Am Sportplatz, 79588 Huttingen, Tel. 07628/466, www.fc-huttingen.de
Gasthaus Zum Sternen, In der Vorstadt 36, 79588 Istein, Tel. 07628/1350, www.zum-sternen-istein.de
Gasthaus Baselblick, Britschen 7/1, 79588 Efringen-Kirchen, Tel. 07628/339, www.baselblick.de
Landgasthof Engemühle, Engemühle 1, 79588 Efringen-Kirchen, Tel. 07628/2873, www.engemuehle.de

Karten
Kompass 897, 1:25 000

Touristinformation
Hauptstraße 26, 79588 Efringen-Kirchen, Tel. 07628/8060, www.efringen-kirchen.de

Von der Felsenkapelle St. Veit führt die Wanderung auf den markanten Jurakalk-Rücken Isteiner Klotz, der auf der Isteiner Seite ein steiles Kliff bildet. Auf der Hochfläche über dem Rhein und durch das hübsche Istein verläuft der Rückweg.

Zum Feuerplatz Vom Parkplatz am Kapellenweg unterhalb der Ⓐ **St.-Veits-Kapelle** beginnen wir die Wanderung, steigen aber zuerst zur kuriosen Felsenkapelle hinauf. Die heutige Kapelle wurde im Rahmen einer Bürgerinitiative in den 1980er-Jahren wieder aufgebaut, denn nach dem Zweiten Weltkrieg wurde sie mit den Resten der ehemaligen Burg gesprengt. Die ursprüngliche Kapelle soll als eine von zwei Burgkapellen der Burg Istein entstanden sein. Schon im 11. Jahrhundert war die Burg von den Bischöfen von Basel erbaut worden und erstmals 1185 als castrum Istein erwähnt. Im Ersten Weltkrieg wurde die Burgruine als Festung ausgebaut und ab 1936 in den Westwall mit einbe-

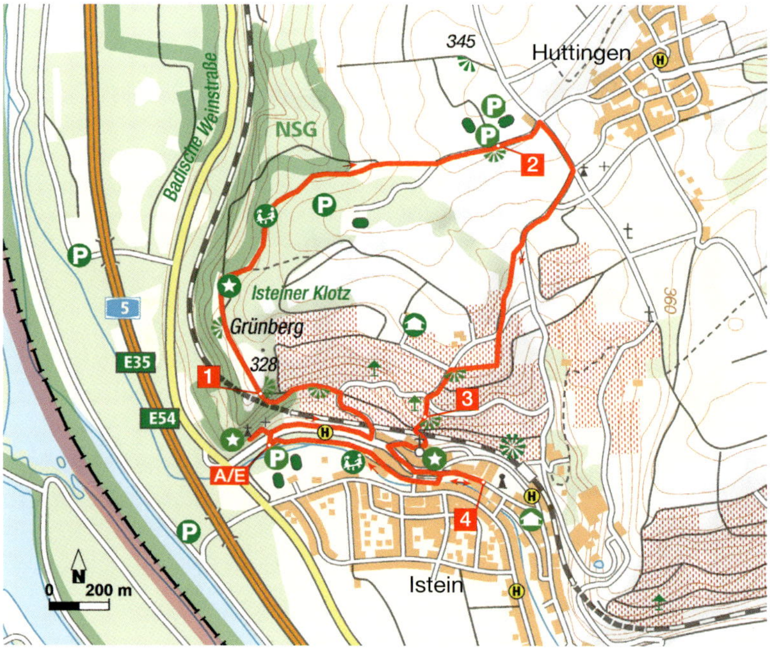

zogen, daher die Sprengung durch die französische Besatzungsmacht nach dem Krieg. Direkt unterhalb der Kapelle ist die Felswand ausgewaschen. An dieser Stelle floss der Rhein vor seiner Begradigung vorbei und grub sich in den Kalksteinblock ein. Auf der Wiese unterhalb der Kapelle soll der Fluss öfter Ertrunkene angeschwemmt haben, die gleich hier begraben wurden. Heute ist der Platz der Friedhof des einstigen Fischerdorfs Istein. Die Kapelle im Isteiner Klotz regte die Fantasie der Menschen zu vielen Sagen an.

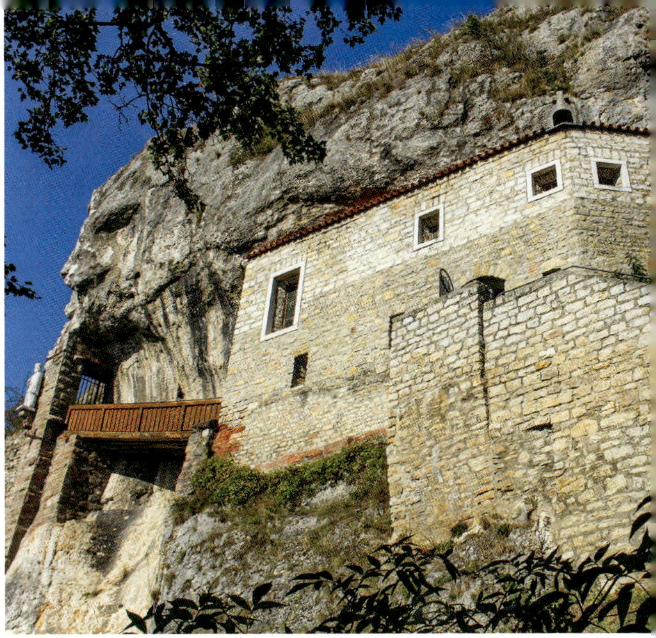

Die St.-Veits-Kapelle »klebt« im Fels des Isteiner Klotzes.

Vom Friedhof wandern wir nicht auf dem hier abgehenden Gehweg, sondern auf der Straße nach Osten in Richtung Istein. Vor den ersten Häusern wenden wir uns nach links unter der Bahn hindurch in Richtung Isteiner Klotz. Nach einer Rechtskurve in den Weinbergen halten wir uns mit der Markierung gelbe Raute links auf dem Kiesweg weiter aufwärts. Der Weg verläuft entlang von alten aus Kalkstein aufgeschichteten Trockenmauern, die ein Paradies für wärmeliebende Echsen, Schlangen, Insekten und Pflanzen sind. Der Blick zurück schweift über Istein und das darüber liegende Kalkwerk Istein.

Vor einem Gedenkstein im Wald halten wir uns links auf den kleinen Pfad am Zaun entlang. Wegen des Artenreichtums wurde der Isteiner Klotz zum Naturschutzgebiet erklärt. Die offen liegenden Jurakalkfelsen bilden einen besonderen Trockenstandort mit interessantester Botanik, die auf Schautafeln erklärt wird. An einem Picknicktisch bietet sich ein Weitblick über den Rhein. Ein Stückchen weiter oben in den Reben müssen wir an der T-Kreuzung nach links in Richtung Sportplatz Huttingen. Aber wir steigen zuerst noch zehn Meter weiter hinauf auf den 1 Feuerplatz auf dem Isteiner Klotz, mit guter Aussicht über Istein und über den Rhein. Genau im Süden sind die Isteiner Schwellen im Rhein, verursacht durch die Reste eines Jurafelsens. Die Stromschnellen sind zu einem beliebten Badeplatz mit Aussichtsplattform und Picknickplatz geworden. Zum dortigen Parkplatz kommt man durch die Markgrafenstraße in Efringen-Kirchen.

Am Bammerthüsli über Istein

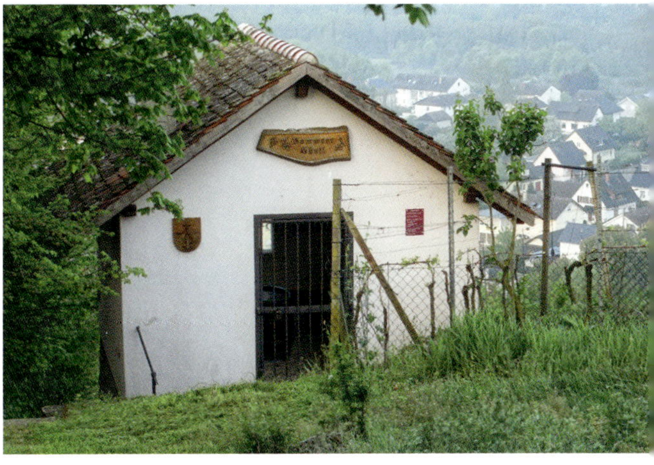

Zum Sportplatz Huttingen Jetzt gehen wir also vom Feuerplatz aus gesehen an der T-Kreuzung nach rechts auf dem Panoramaweg, durch Weinberge mit Sicht auf den Rhein und die Vogesen in Richtung Sportplatz Huttingen. Am Ende der Reben wandern wir rechts in den Wald, in dem Überreste der gesprengten Bunkeranlagen des Westwalls liegen. Der Isteiner Klotz war zu allen Zeiten ein strategisch wichtiger Bergsporn. Nach dem Wald begleiten Felder und Kirschbaumplantagen den Weg auf der Hochfläche. Am Parkplatz vor dem 2 **Sportplatz Huttingen** ist im Süden die Silhouette von Basel zu sehen.

Zum Bammerthüsli Wir bleiben geradeaus in Richtung Huttingen und gehen an der nächsten Kreuzung auf der Römerstraße rechts nach Istein hinunter. Weiter unten an der nächsten Kreuzung biegen wir am Huttinger Friedhof nach rechts ab in Richtung Reiningerhof. Am Ende des Hohlwegs bleiben wir geradeaus auf den Kiesweg, der später eine Asphaltstraße geradeaus quert. An der nächsten Kreuzung wandern wir auf einem Asphaltsträßchen wieder mit der Markierung gelbe Raute links hinunter und können gleich auf das Kliff des Isteiner Klotzes schauen. Eine Loreley gibt es dort nicht, aber die Loreley am Mittelrhein ist ja auch nur eine Erfindung des Dichters Brentano.
An der Kreuzung nahe eines hölzernen Weinberghäuschens mit Balkon gehen wir links und benutzen dann zehn Meter nach dem Weinberghäuschen rechts die Treppe hinunter. Weiter unten steht das nette 3 **Bammerthüsli**, in dem einst der Wächter der Weinberge Schutz fand.

Zum Schlossgut Neben dem Bammerthüsli geht es auf der Treppe weiter hinab bis vor die Kirche Sankt Michael, die 1819 im Weinbrenner-Stil erbaut wurde. Rechts, beginnend auf der Stra-

Feuersteine im Isteiner Klotz

Bei archäologischen Grabungen am Isteiner Klotz konnte Bergbautätigkeit aus der Jungsteinzeit von etwa 4200 bis 4100 v. Chr. nachgewiesen werden. Gewonnen wurde unter anderem der begehrte Feuerstein. Feuerstein ist eine sehr dichte und harte Quarzart, die aber nicht in Schichten, sondern in Knollen oder Linsen in Kreidekalken vorkommt. Aber wie kommen die Feuersteinlinsen in den Kalkfelsen? Feuerstein ist eine Calcedon-Quarzart die aus aufgelösten Skeletten von Kieselorganismen entstanden ist. Das Aggregatgestein wurde zu amorphem Opal und dann zu Calcedon umgewandelt. Der Flintstein, wie er auch genannt wird, war während der Steinzeit ein wichtiger Werkstoff für Handwerksgeräte, Waffen und Funkenschlag.

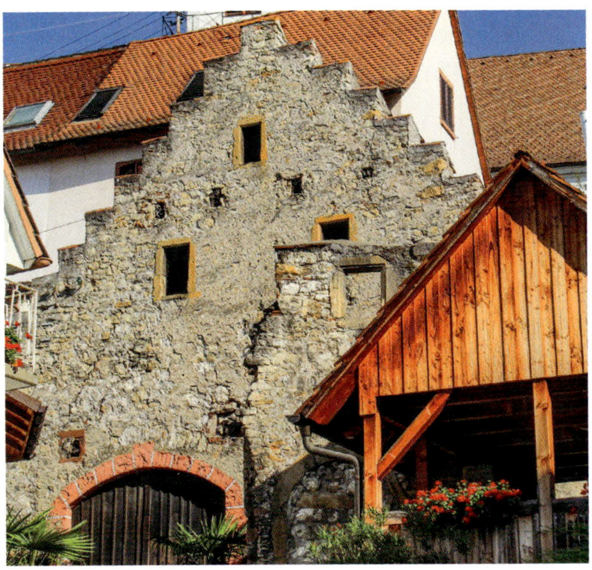

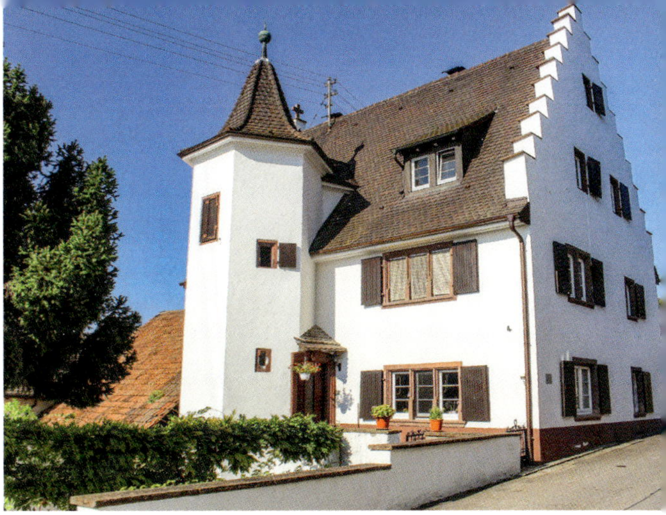

ße, die nur 1,90 Meter breit ist, erkunden wir nun das hübsche Istein. Beim Gang durch den schönen Ortskern von Istein sollten wir uns reichlich Zeit nehmen und die historischen Häuser betrachten, an denen zum Teil Informationsschilder angebracht sind. Weiter unten stoßen wir auf die Straße Im Innerdorf. Weiter vorne steht das historische Stapfehus, ein Herrenhaus mit Treppengiebel aus dem 17. Jahrhundert. Hier biegen wir in spitzem Winkel nach links ab. Das Haus Arche auf der linken Seite ist das älteste Haus Isteins aus dem Jahr 1535. Der Scholerhof stammt aus dem Jahr 1580. Dann machen wir geradeaus noch einen Abstecher bis zum 4 **Schlossgut** Freistedts Schlössli, das bis auf das 12. Jahrhundert zurückgeht. Heute werden die Gebäude durch das Weingut Schlossgut Istein genutzt.

Das historische Stapfehus ist ein ansehnliches Herrenhaus aus dem 17. Jahrhundert.

Zum Parkplatz an der St.-Veits-Kapelle Nun müssen wir zurück bis zum Fachwerkhaus Scholerhof und kurz danach links hinunter und auf der Straße Fischerau nach rechts. Hier stehen noch kleine Häuser der Isteiner Rheinfischer. Schließlich wird die Straße zu einem Gehweg am Bach Hod entlang, der direkt am Parkplatz an der E **St.-Veits-Kapelle** endet.

Linke Seite: Altes Gemäuer in Istein

Die Kirche Sankt Michael ist im typischen Weinbrenner-Stil des Markgräflerlands erbaut.

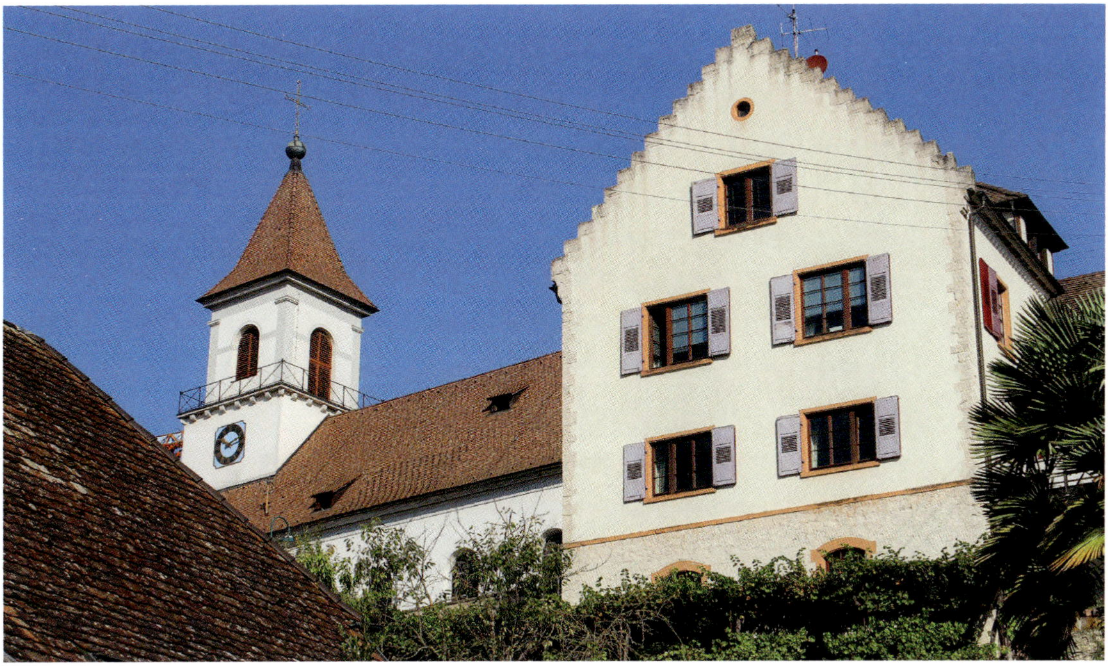

35

Leicht | 1:50 Std. | 110 Hm | 5,4 km

Besonderer Genuss: Einkehr

Tourencharakter
Leichte, vorwiegend sonnige Tour, meist auf befestigten Wegen durch Weinberge, Felder und Ortsgebiet

Ausgangs-/Endpunkt
Parkplatz Weingut Fünfschilling, Binzener Straße in Fischingen
GPS N47°38‘47.1“ E07°36‘05.1“

Anfahrt
Auto auf der A 5 Ausfahrt 68 Dreieck Weil am Rhein, dann auf der A 98 Ausfahrt Eimeldingen und auf der L 134 nach Fischingen
Bahn Von Freiburg nach Eimeldingen und mit dem **Bus** Linie 15 nach Fischingen (www.bahn.de)

Gehzeiten
Weingut Fünfschilling – Kirche 0:15 Std. – Hütte Kirchener Letten 0:15 Std. – Wasserbehälter 0:15 Std. – Schützenhaus 0:15 Std. – Hütte mit Brunnen 0:15 Std. – Weingut Fünfschilling 0:35 Std.

Einkehr
Bistro Hofladen Weingut Fünfschilling, Binzener Straße 1, 79592 Fischingen, Tel. 07628/ 942 36 70, www.fuenfschilling.de
Hotel Restaurant Tanne, Dorfstraße 31, 79592 Fischingen, Tel. 07628/805 58 89, www.landidylle-tanne.de
Café Inka, Dorfstraße 95, 79576 Ötlingen, Tel. 07621/589 86 01, www.cafeinka.de

Karten
Kompass 897, 1:25 000

Touristinformation
Basler Straße 170, 79539 Lörrach, Tel. 07621/41 51 20, www.loerrach.de

Fischingen im Dreiländereck

Auf Hügeln über dem Meeresboden

Die ebene Landschaft des Meeresbodens der Jurazeit zwischen Efringen-Kirchen und Weil am Rhein überschauen wir von den südlichsten Hügeln des Markgräflerlands bei Fischingen. Hier werden auch noch die guten Markgräflerweine angebaut.

Zur Kirche Vom Parkplatz am **A Weingut Fünfschilling** starten wir nach Norden zur Ortsmitte Fischingen. Die gerade Verlängerung der Binzener Straße ist die Dorfstraße, die an dem Brunnen unter der großen Kastanie von rechts herunterkommt. Das Haus rechts mit der Nr. 22 ist das ehemalige Vogtshaus aus dem Jahr 1607. Das Gebäude mit mächtigem Walmdach gehörte der Deutsch-Ordens-Kommende Basel. Auf der rechten Seite folgt ein herrliches, alemannisches Fachwerkhaus. Es gibt drei Stilrichtungen in Fachwerkbauten. Das Niedersächsische Fachwerk kommt im norddeutschen Raum vor. Vom Fränkischen Fachwerk spricht man von den Stilrichtungen, die in Franken, Thüringen, Hessen,

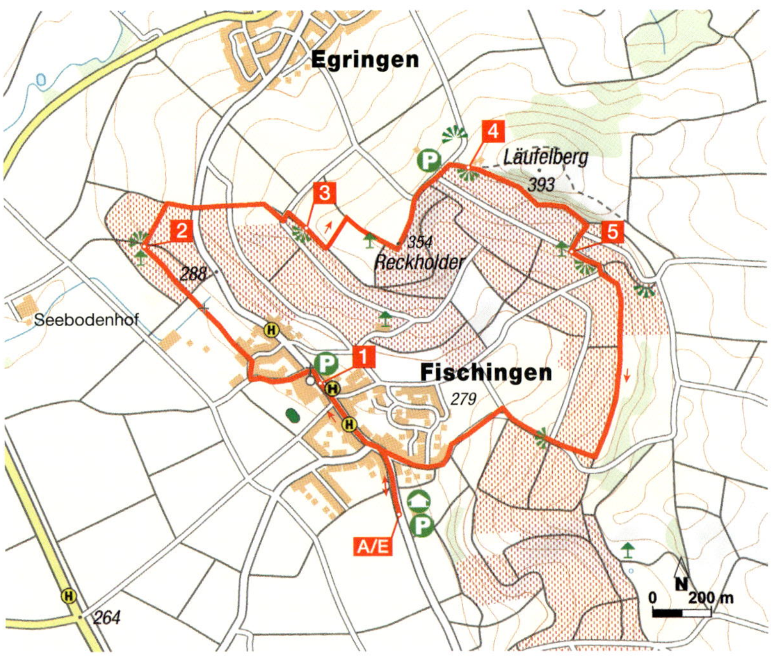

Nordrhein-Westfalen und Rheinland-Pfalz verbaut worden sind. Das Alemannische Fachwerk ist vor allem im süddeutschen Raum und im Elsass zu finden. Die Unterschiede zeigen sich in der Technik der Verzapfung und in der Anlage des Holzskeletts. Eine Sehenswürdigkeit ist die Evangelische ❶ **Kirche** aus dem 8. Jahrhundert. Sie enthält Fresken mit biblischen Szenen aus dem 14. Jahrhundert. Neben der Kirche steht das Fischinger Rathaus, das einst als Schulhaus genutzt wurde.

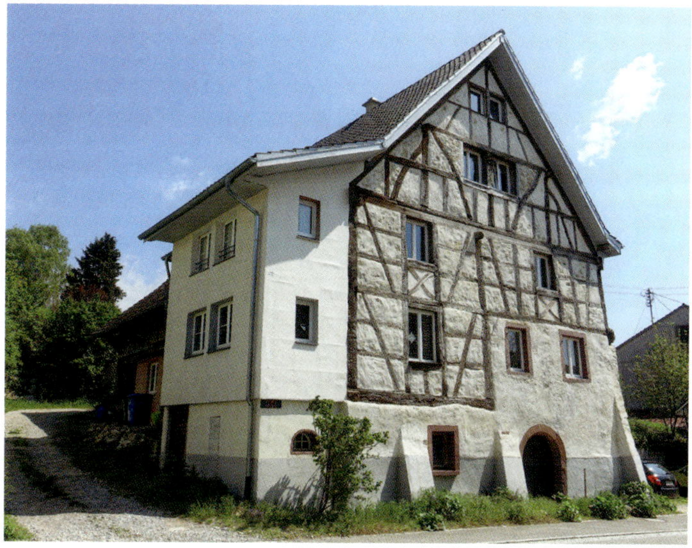

Typisches Fachwerkhaus in alemannischem Baustil in Fischingen

Zur Hütte im Kirchener Letten Nach dem Rathaus schwenken wir links in die Kirchenstraße hinunter, in der Kurve vorbei an einem hübschen, kleineren Fachwerkhaus. An der T-Kreuzung gehen wir geradeaus in die Gartenstraße hinauf. Nach 70 Metern biegen wir links in die Straße Im Letten, die bald zu einem Kiesweg wird. In den Weinbergen wandern wir geradeaus bis zur ❷ **Hütte im Kirchener Letten**.

Zum Wasserbehälter Hier gehen wir in spitzem Winkel rechts auf dem Markgräfler Wiiwegli, markiert mit der roten Raute mit der Weintraube in Richtung Schützenhaus hinauf. Links schauen wir auf Efringen-Kirchen und den Leuselberg. Die Landstraße K 6325 überqueren wir geradeaus und haben bald einen umfassenden Blick über Fischingen und noch weiter oben links über Egringen. Bald sehen wir im Hintergrund auch den Blauen im Schwarzwald. An einer Kreuzung gehen wir links und nach 20 Metern rechts an einem ❸ **Wasserbehälter** vorbei. An einer Bank genießen wir den Blick bis nach Basel und bei gutem Wetter bis in die Alpen.

Die Kirche in Fischingen beherbergt einige Kunstschätze und auch brütende Störche.

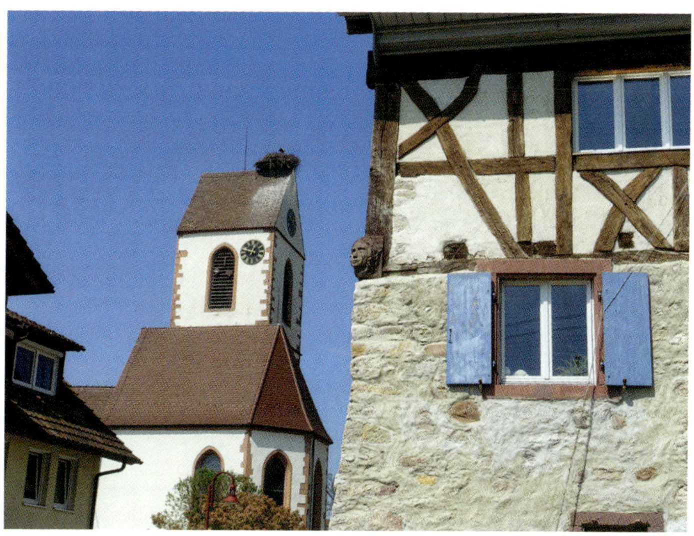

Zum Schützenhaus Am ersten Abzweig nach dem Wasserbehälter steigen wir links auf dem Wiesenweg noch höher hinauf und biegen an der unsere Route querenden Kiesstraße nach rechts ab. An einer Kreuzung mit Picknickplatz müssen wir uns links halten und sehen weiter oben schon das Schützenhaus als nächstes Zwischenziel. Wir sind jetzt wieder auf dem Markgräfler Wiiwegli, markiert mit der roten Raute mit der Weintraube. Der am 4 **Schützenhaus** angeschriebene Name »Schützenhaus Dreiländerblick« ist ganz richtig, denn Frankreich, Deutschland und die Schweiz bilden mit ihren Grenzen unten bei Weil am Rhein ein Dreiländereck. Bei guter Sicht reicht denn auch von hier der Blick weit über den Schweizer Jura bis hinein in die Alpen.

Zur Hütte mit Brunnen Weiter gehen wir am Schützenhaus geradeaus vorbei auf dem Weg des Natur-Erlebnis-Lehrpfads, der entlang den Rebfächen verläuft. Kurze Zeit später kommen wir an einem Picknickplatz mit wunderbarer Aussicht vorbei. Die Kulturlandschaft der Weinberge zieht sich bis Fischingen hinunter. Der artenreiche Wald auf dem mit Löss überdeckten Läufelberg wird von wärmeliebenden Baum- und Straucharten dominiert. Die Robinie sticht dabei besonders hervor. Dann stehen am Wegrand offene Felsbänke an, die aus Kalk und Molassesanden bestehen. Wir befinden uns hier an der Abbruchkante der Ablagerungen des einstigen Jurameers aus der Zeit vor 150 bis 200 Millionen Jahren, dessen damaliger Meeresboden noch heute rechts unten in der Ebene um Eimeldingen zu sehen ist. Die Stufe wurde durch die Erosion des Rheins während der Würmeiszeit gestaltet. Die unzähligen im Gestein sichtbaren Einbohrlöcher werden von solitär lebenden Wildbienen geschaffen und als Bruthöhlen genutzt. Allein an dieser Felswand wurden 47 Wildbienenarten nachgewiesen, von denen es in Baden-Württemberg 300 gibt. Von den Felswänden aus wenden wir uns rechts hinunter auf eine offene 5 **Hütte mit Brunnen** zu, nach der wir links weitergehen.

Schlemmertempel Fünfschilling

Seit Langem baut die Familie Fünfschilling rund um Fischingen Weintrauben, Obst und Gemüse an. Vor über zwanzig Jahren eröffnete der Winzerhof eine Strauße, die inzwischen zu einer ganzjährig geöffneten Winzerschenke geworden ist. Die angenehme Atmosphäre ist gut für eine Auszeit vom Alltag bei ausgezeichneten frischen und leckeren Speisen und Weinen.
Nach wie vor stehen im riesigen, doch bodenständig gebliebenen Bauernladen Weine und Sekte sowie Obst und Gemüse im Vordergrund, aber auch Produkte aus der eigenen Bäckerei sind im Angebot. Ob Bauernbrot oder handgeschöpfte Schokolade, bis hin zu köstlichen Torten wird hier alles angeboten, was das Herz begehrt. An der Eistheke gibt es hausgemachtes Eis. Fünfschilling ist im Dreiländereck eine Größe in Sachen Genuss geworden (Bistro Hofladen Weingut Fünfschilling, Binzener Straße 1, 79592 Fischingen, Tel. 07628/9423670, www.fuenfschilling.de).

Zum Weingut Fünfschilling An der folgenden Kreuzung geht es rechts hinunter und nach 50 Metern links auf dem Kiesweg durch die Reben immer geradeaus. Ein Blick zurück zeigt den geologischen Aufschluss an der Abbruchkante am Läufelberg. Erst an der Kreuzung mit dem Asphaltsträßchen laufen wir mit der Markierung der gelben Raute rechts hinunter. Es zeigen sich immer wieder schöne Blicke über Fischingen in die Rheinebene. Erste archäologische Funde von Pfeilspitzen und Steinbeilen deuten auf prähistorische Besiedlungen der Fischinger Gemarkung hin. Der Ort Fischingen wurde zur Zeit der alemannischen Landnahme im 3. bis 4. Jahrhundert gegründet.

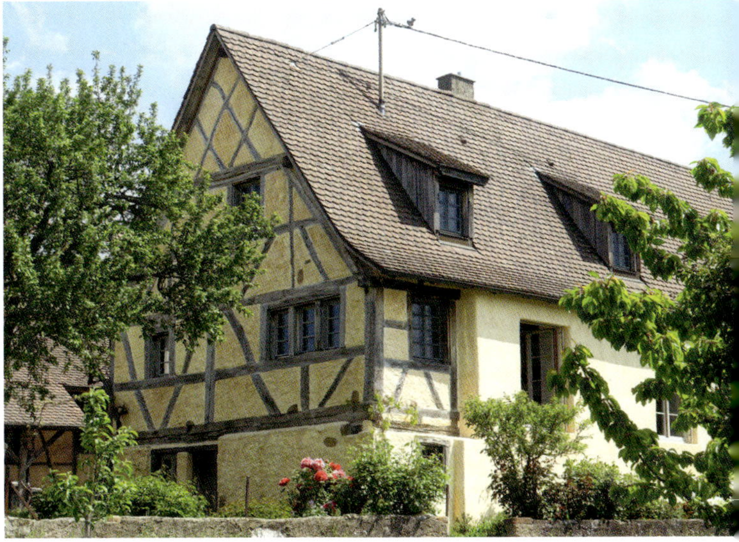

Liebevoll restauriertes Fachwerkhaus in Fischingen

Der Hauptweg nach Fischingen hinunter beschreibt eine Linkskurve und wird zur Dorfstraße. An dem Brunnen unter der großen Kastanie gehen wir in spitzem Winkel nach links zum E **Weingut Fünfschilling** zurück.

Blick aus den Weinbergen über Fischingen

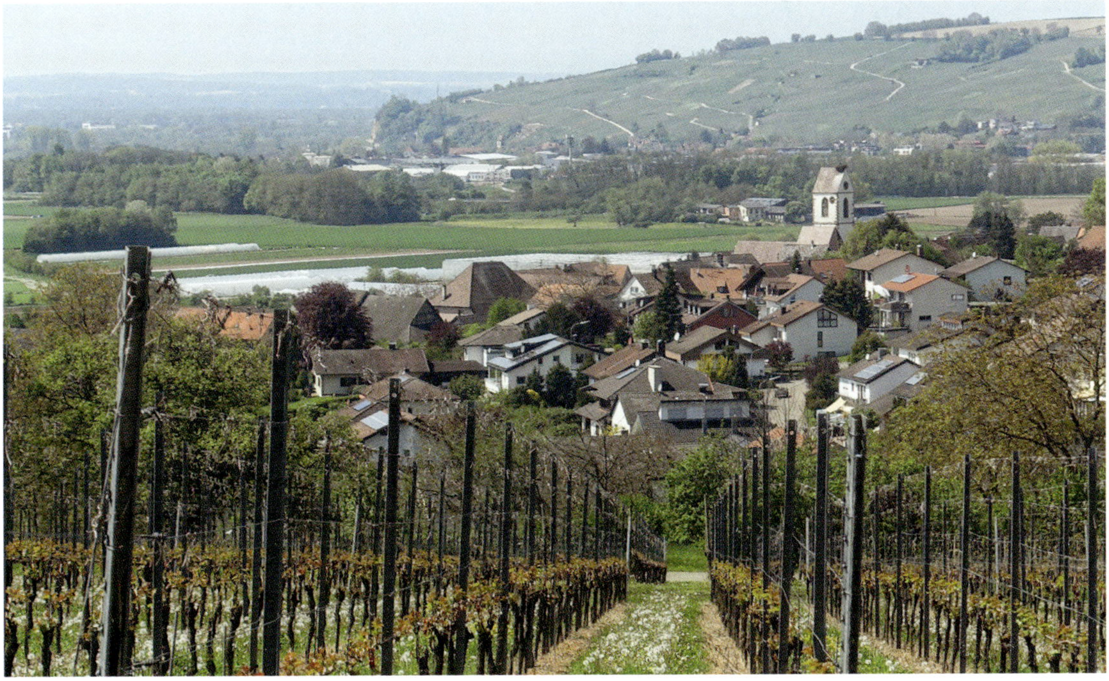

36

Aus dem Kandertal nach Rötteln

Dampflok und Burgruine

Leicht | 2:30 Std. | 200 Hm | 6,7 km

Besonderer Genuss: Kultur am Wegrand

Tourencharakter
Leichte, vorwiegend schattige Tour, meist auf Naturwegen durch Wälder, Wiesen, Felder und Ortsgebiet

Ausgangs-/Endpunkt
Parkplatz am Sportplatz Mattentalweg Rümmingen
GPS N47°38‘33.8“ E07°38‘18.15“

Anfahrt
Auto Auf der A5 Ausfahrt 68 Dreieck Weil am Rhein, dann A98 Ausfahrt 4 Kandern und auf der Lörracher Straße nach Rümmingen
Bahn Von Freiburg nach Lörrach und mit dem **Bus** Linie 2 nach Rümmingen (www.bahn.de).

Gehzeiten
Parkplatz am Sportplatz Rümmingen – Wasserbehälter 0:25 Std. – Burgruine Rötteln 0:40 Std. – Kreuzung oberhalb Kirche 0:25 Std. – Fohrenbuck 0:25 Std. – Parkplatz am Sportplatz Rümmingen 0:35 Std.

Einkehr
Landgasthof Sonne, Wittlinger Straße 3, 79595 Rümmingen, Tel. 07621/161 69 64, www.landgasthotel-sonne.de
Café Biergarten Fräulein Burg, Röttelnweiler 47, 79541 Lörrach, Tel. 07621/706 90 66, www.fräulein-burg.de
Café Inka, Dorfstraße 95, 79576 Ötlingen, Tel. 07621/589 86 01, www.cafeinka.de

Karten
Kompass 897, 1:25 000

Touristinformation
Basler Straße 170, 79539 Lörrach, Tel. 07621/41 51 20, www.loerrach.de

Die imposante Burgruine Rötteln, mit großartiger Aussicht über Lörrach bis nach Basel, und die beliebte Kandertalbahn liegen auf der Wanderroute.

Zum Wasserbehälter Vom Ⓐ **Sportplatz** starten wir in östliche Richtung nach Rümmingen und überschreiten die Schienen der Kandertalbahn. Die große Kreuzung überqueren wir an der Ampel und laufen geradeaus auf der Lörracher Straße weiter. Nach 60 Metern biegen wir links in die Dorfstraße in Richtung Rötteln ein und folgen nach der Kirche der Straße nach links. Dann benutzen wir rechts aufwärts die Webergasse und gehen am Feld und an den Reben links weiter. Vor dem ❶ **Wasserbehälter** wandern wir nach rechts in Richtung Burg Rötteln.

Zur Burgruine Rötteln An der Kreuzung Rüttlimatt im Wald geht es links und später queren wir den Binzerweg. Am Ende des Nikolausgrabens gehen wir links und nach 80 Metern rechts. Dann stehen wir plötzlich vor der mächtigen ❷ **Burgruine Rötteln**.

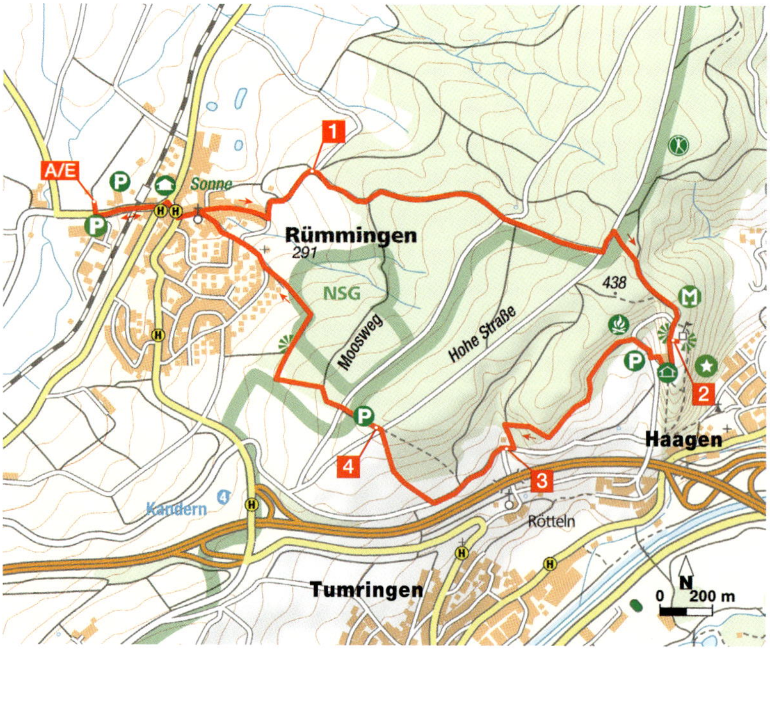

Durch das obere Tor betreten wir die Vorburg und können links oben die Oberburg mit Museum besichtigen. Von den hohen Türmen lassen sich die Basler Bucht sowie das Schweizer Jura bis zu den Vogesen hin überblicken. Die Burganlage bestand seit dem 11. Jahrhundert. Letztlich wurde sie 1678 während der Erbfolgekriege Ludwigs XIV. zerstört. Heute sind die Burg und der schöne Biergarten ein beliebtes Ausflugsziel.

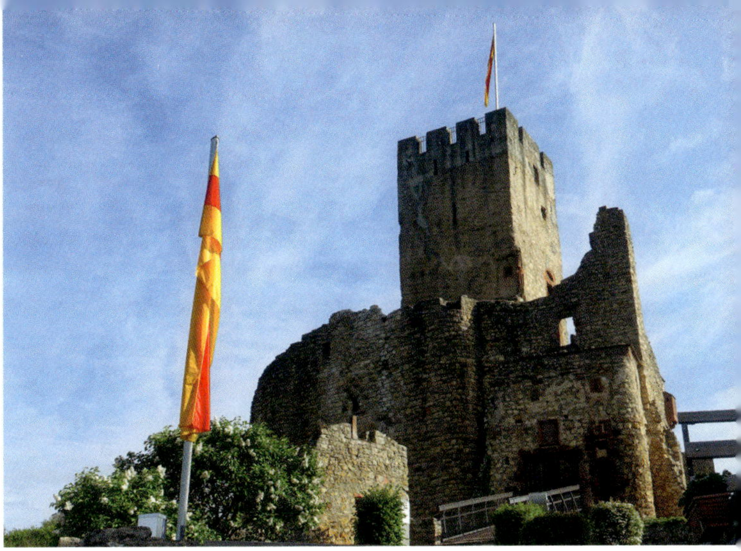

Von der Burgruine Rötteln gibt es weite Aussicht über das südliche Markgräflerland.

Zur Kreuzung oberhalb der Kirche Rötteln Durch das untere Tor verlassen wir die Vorburg und laufen auf der Straße hinunter. Vor dem Parkplatz wandern wir rechts hinauf und an der Gabelung am Waldrand links. An einer Gabelung vor einen Gartengrundstück geht es rechts. An der T-Kreuzung des Pfads müssen wir links hinunter und auf der querenden Straße nach rechts. An der ❸ **Kreuzung oberhalb der Kirche** von Rötteln bleiben wir geradeaus.

Zum Fohrenbuck An der zweiten T-Kreuzung vor der Leitplanke steigen wir rechts zum Knickpunkt der großen Stromleitungen hinauf und bleiben dann immer am Waldrand bis zum ❹ **Fohrenbuck**.

Zum Sportplatz in Rümmingen In Richtung Rümmingen geht es geradeaus über den Parkplatz und wieder über den Binzerweg. Hinter der Rechtskurve weist ein Holzschild links den Fußweg nach Rümmingen aus. An einer Gabelung der Pfade im Wald wählen wir den linken und setzen unseren Weg am Feldrand nach rechts fort. An einer Bank bleiben wir rechts am Waldrand. Die asphaltierte Straße in Rümmingen bringt uns abwärts, vorbei an Wohnblöcken, zur großen Kreuzung und zum Ⓔ **Sportplatz** zurück.

Das Chanderli

Die Kandertalbahn (Alemannisch: *Chanderli*) ist eine private Museumseisenbahn mit einer 13 Kilometer langen Strecke zwischen Haltingen und Kandern. Die Bahn übernahm ab 1895 den Güterverkehr aus den umliegenden Steinbrüchen. Der Personenverkehr war schon immer gering. 1985 wurde die Bahn eingestellt. Danach übernahmen der Zweckverband Kandertalbahn und der Verein Kandertalbahn e.V. die Bahn und betreiben sie nun mit alten Dampfloks. Die Saison startet traditionell am 1. Mai jeden Jahres und geht bis Ende Oktober. Es wird jeden Sonntag dreimal zwischen Kandern und Haltingen gependelt. Kultstatus hat der zweimal im Mai verkehrende Weinexpress (Tel. 07626/97 23 56, www.kandertalbahn.de).

Für jeden Tag die richtige Tour

1	●	Im Weisweiler Urwald am Rhein	2:20 Std.	20 Hm	7,6 km	●	●		●		●	●	●	
2	●	Von Wyhl nach Venezuela	1:30 Std.	20 Hm	5,2 km	●	●		●		●		●	
3	●	Zum strategisch wichtigen Limberg	2:20 Std.	110 Hm	6,9 km	●	●	●	●	●		●		●
4	●	Burg Sponeck und Burkheim	3:00 Std.	120 Hm	9,4 km	●	●	●	●	●		●	●	●
5	●	Panoramaweg um Bischoffingen	2:20 Std.	160 Hm	6,6 km	●	●		●	●			●	●
6	●	Oberbergener Rundblick	2:50 Std.	210 Hm	8,3 km	●	●		●	●			●	
7	●	Königschaffhauser Kirschenwelt	2:30 Std.	180 Hm	8,5 km	●	●	●	●	●				●
8	●	Panoramaweg um Schelingen	1:50 Std.	160 Hm	5,5 km	●	●		●	●			●	
9	●	Das charmante Endingen erleben	3:00 Std.	290 Hm	9,9 km		●	●		●		●		●
10	●	Geschichte und Kunst in Riegel	2:00 Std.	80 Hm	5,7 km	●	●	●	●	●				●
11	●	Bahlinger Sehenswürdigkeiten	1:50 Std.	90 Hm	6,0 km	●	●	●	●	●				●
12	●	Der ewige Zankapfel Breisach	2:20 Std.	80 Hm	7,8 km	●	●	●	●	●		●		●
13	●	Niederrotweil und Achkarren	2:40 Std.	240 Hm	8,3 km	●	●	●	●	●			●	●
14	●	Die Lösshohlgassen bei Bickensohl	2:10 Std.	210 Hm	6,5 km	●	●	●	●	●			●	●
15	●	Der Vulkanfelsgarten bei Ihringen	1:40 Std.	120 Hm	5,0 km		●	●	●	●				●
16	●	Vom Liliental auf den Totenkopf	3:20 Std.	350 Hm	10,0 km	●		●			●			●
17	●	Wandern über Wasenweiler	1:40 Std.	180 Hm	5,0 km	●	●	●	●	●				●
18	●	Auf dem heißen Badberg	1:40 Std.	160 Hm	4,3 km	●	●	●	●	●			●	
19	●	Vom Vogelsangpass zur Eichelspitze	1:20 Std.	150 Hm	3,2 km		●	●		●				●

Nr.		Tour	Gehzeit	Höhenunterschied	Länge	Einkehr	kindergeeignet	Sehenswürdigkeit	wintergeeignet	viel Sonne	schattiger Weg	Bademöglichkeit	Busverbindung	Bahnverbindung
20	●	Bötzinger Lebenselixiere	2:10 Std.	120 Hm	7,2 km	●	●	●	●	●		●		●
21	●	Eichstettener Besonderheiten	2:40 Std.	110 Hm	8,4 km	●	●	●	●	●				●
22	●	Zur Bergkirche auf dem Nimberg	2:40 Std.	130 Hm	8,3 km	●	●	●	●	●				●
23	●	Von Gottenheim auf den Tuniberg	2:40 Std.	100 Hm	9,1 km	●	●	●	●	●				●
24	●	Von Munzingen auf den Tuniberg	3:20 Std.	160 Hm	10,6 km	●	●	●		●			●	
25	●	Zur Schneeburg auf dem Schönberg	2:00 Std.	260 Hm	5,7 km	●	●	●		●			●	●
26	●	Von Wittnau nach Bollschweil	3:00 Std.	150 Hm	9,4 km	●	●	●	●	●			●	
27	●	Batzenberg und Schneckental	2:40 Std.	180 Hm	7,9 km	●	●	●	●	●			●	
28	●	Auf den Ölberg über dem Hexental	2:10 Std.	140 Hm	6,6 km	●	●	●	●	●			●	
29	●	Staufen und seine Burgruine	2:40 Std.	170 Hm	7,4 km	●	●	●	●	●		●		●
30	●	Römische Spuren in Heitersheim	3:10 Std.	100 Hm	7,4 km	●	●	●	●	●		●	●	●
31	●	Von Sulzburg nach Laufen	2:20 Std.	150 Hm	6,7 km	●	●	●	●	●			●	
32	●	Zwischen Auggen und Schliengen	2:50 Std.	160 Hm	9,5 km	●	●	●	●	●				●
33	●	Zum Schloss Bürgeln in der Höh	2:40 Std.	300 Hm	8,1 km	●	●	●	●	●			●	
34	●	Auf den markanten Isteiner Klotz	2:00 Std.	150 Hm	5,5 km	●	●	●	●	●				●
35	●	Fischingen im Dreiländereck	1:50 Std.	110 Hm	5,4 km	●	●		●	●			●	●
36	●	Aus dem Kandertal nach Rötteln	2:30 Std.	200 Hm	6,7 km	●	●	●	●		●		●	●

Piktogramme erleichtern den Überblick

Gehzeit — Einkehr — wintergeeignet — Bademöglichkeit

Höhenunterschied — kindergeeignet — viel Sonne — Busverbindung

Länge — Sehenswürdigkeit — schattiger Weg — Bahnverbindung

PS: Fortbildung für Genießer

Grauburgunder, Spätburgunder und Gutedel

Nach der Genussregion Mainfranken durfte ich nun auch in der Genussregion Kaiserstuhl und Markgräflerland einen Wanderführer mit dem Thema »Wandergenuss« ausarbeiten. Neben lieblichen Landschaften und Weinorten führen die Wanderwege unweigerlich durch Weinberge und vorbei an Weingütern. Viele Winzer hängen einen Besen mit bunten Bändern vor die Tür und schenken ihren Wein aus. Dazu gibt es deftige Brotzeiten zur Stärkung. Für durstige und hungrige Wanderer wirken solche Besen wie Magnete und sie werden in die Straußenschenken gezogen. So ist es auch mir im Kaiserstuhl mit seinen kräftigen Burgunderweinen und hervorragenden Grauburgundern ergangen. Das Markgräflerland im Süden ist Gutedelland und lockte mich mit seinen Winzerschenken nicht weniger.

Andere Aspekte der Genüsse auf den Wanderungen liegen in der Betrachtung der Natur, vielleicht ein kultureller Genuss oder das Vergnügen an der Einsamkeit und Stille. Etwas Besonderes sind die herrlichen Aussichtspunkte im Kaiserstuhl und Markgräflerland. Für das Foto auf Seite 38 bin ich am Abend zum Aussichtspunkt Mondhalde (Tour 5 und Tour 6) hochgestiegen, um den Sonnenuntergang über den Vogesen festzuhalten. Andere Genießer hatten die gleiche Idee und bildeten schöne Silhouetten vor der untergehenden Sonne. Diese Leute waren doppelte Genießer und hatten eine Flasche Wein und Gläser dabei. Da habe ich wieder etwas dazugelernt. Ich möchte meine neu erworbenen Genusserlebnisse in diesem Paradies nicht missen.

Hinter einem Buch steckt viel mehr als nur Zeit und Arbeit.

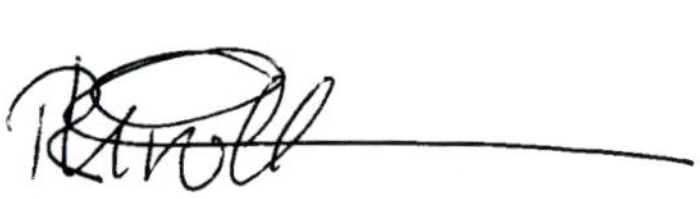

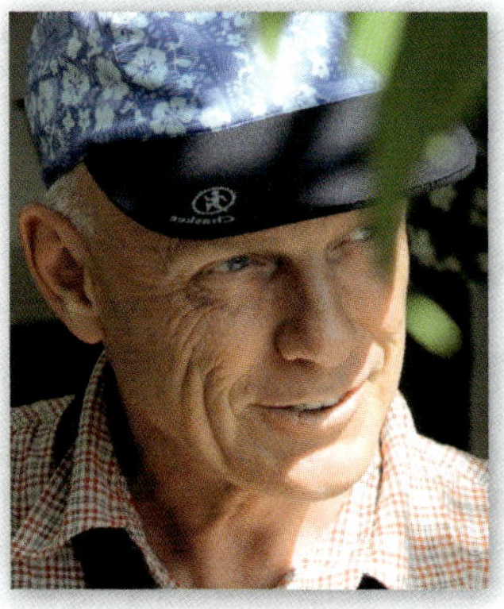

Rainer D. Kröll

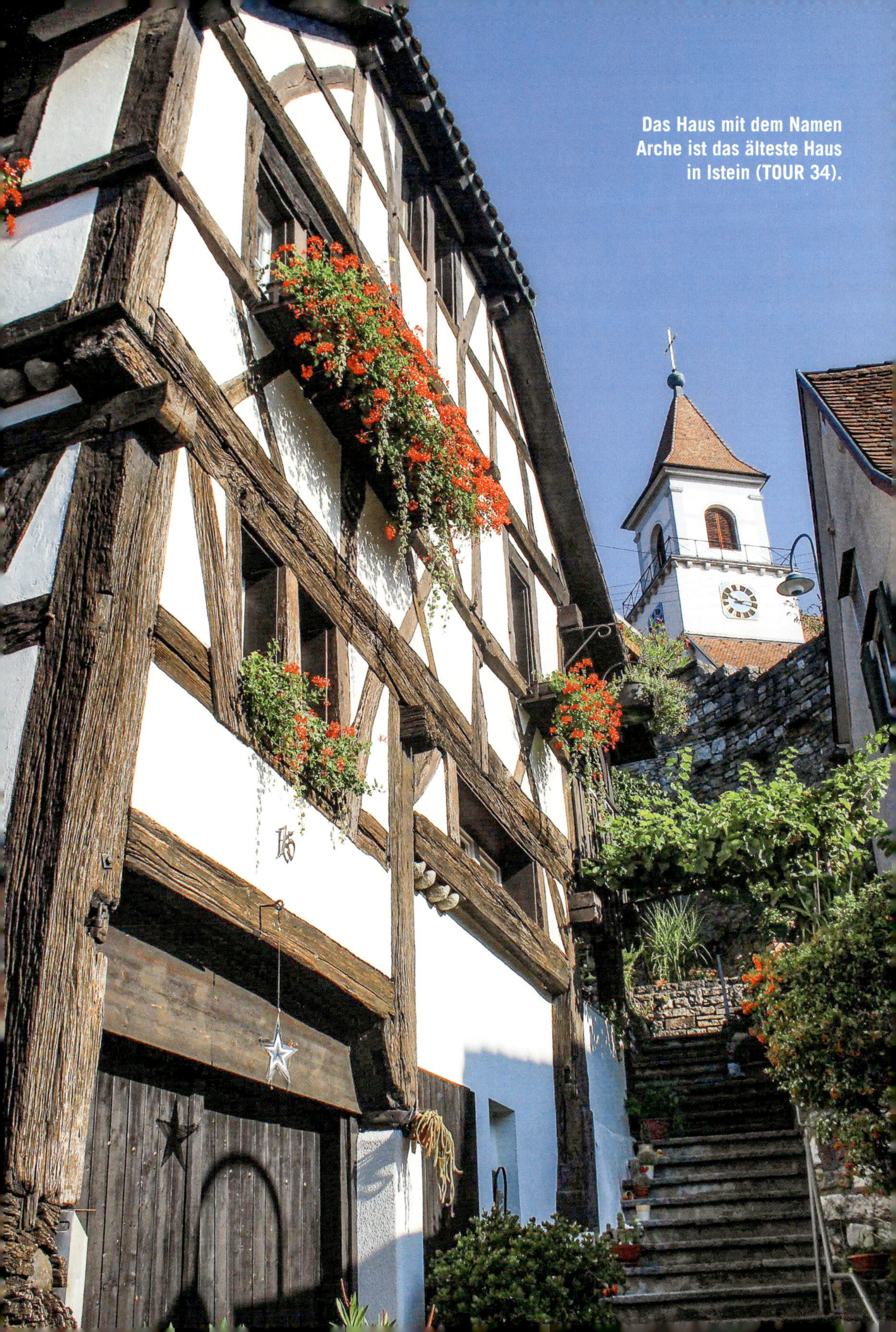

Das Haus mit dem Namen Arche ist das älteste Haus in Istein (TOUR 34).

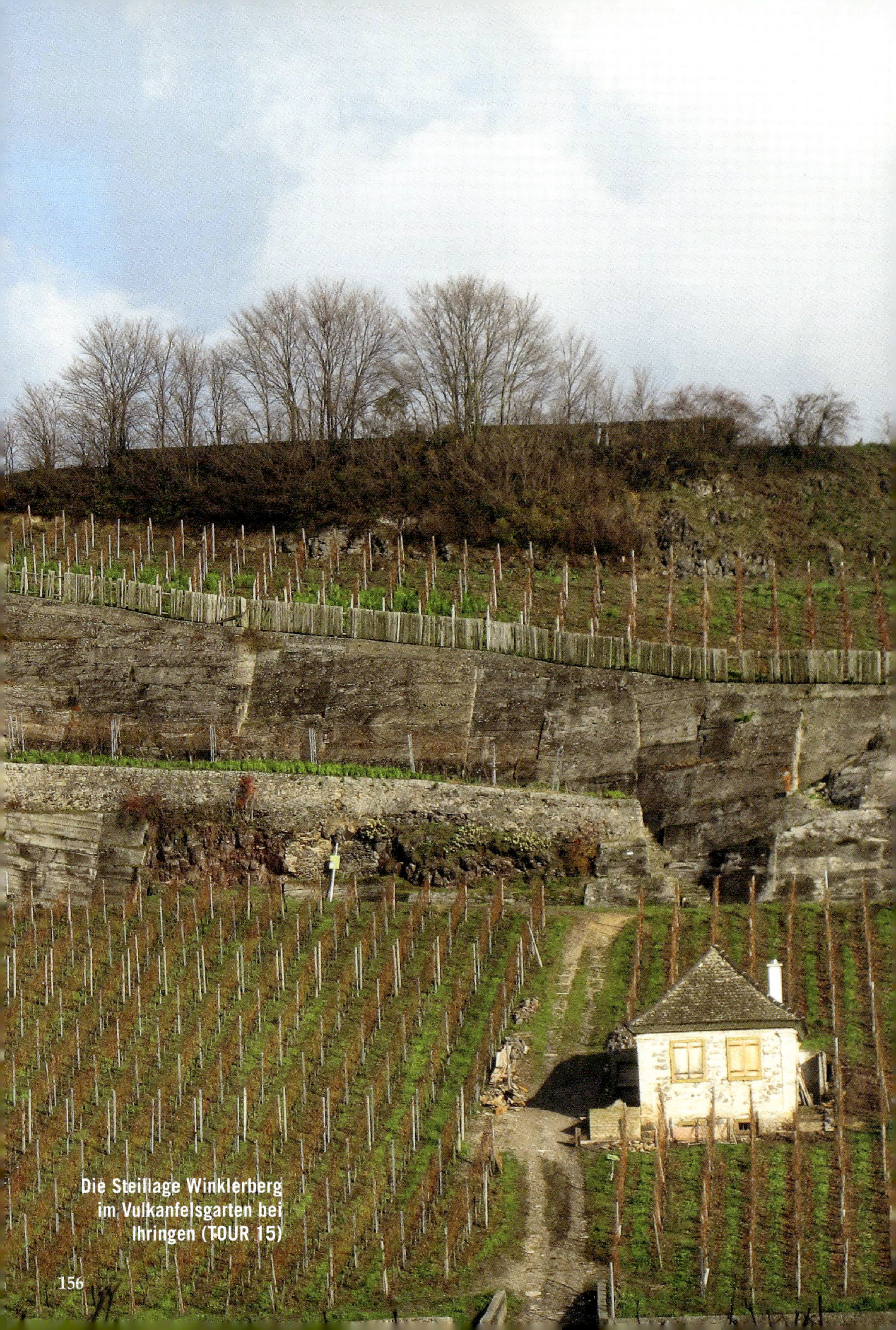

Die Steillage Winklerberg im Vulkanfelsgarten bei Ihringen (TOUR 15)

Register

Ebenfalls erhältlich ...

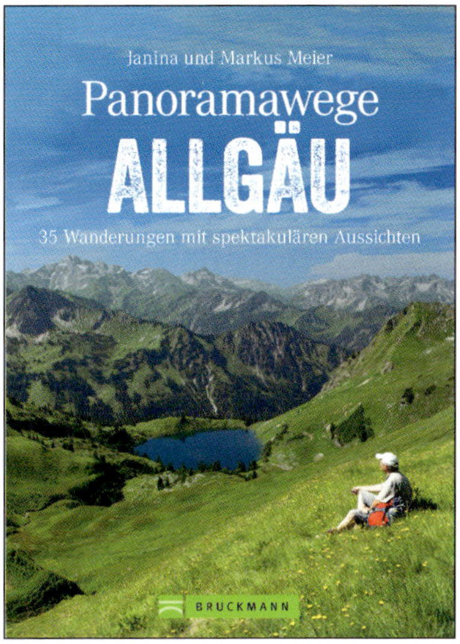

ISBN 978-3-7343-1502-2

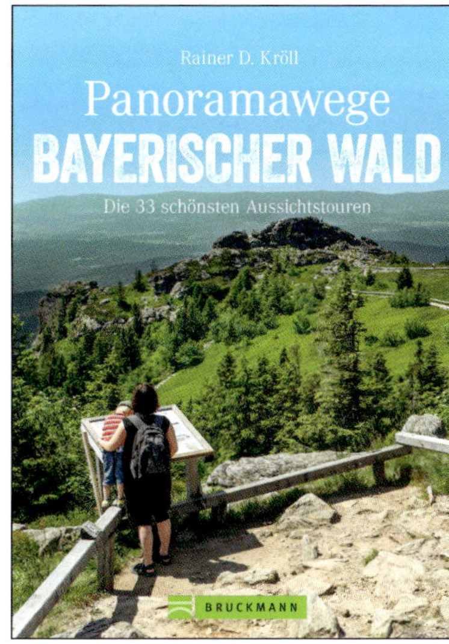

ISBN 978-3-7343-1069-0

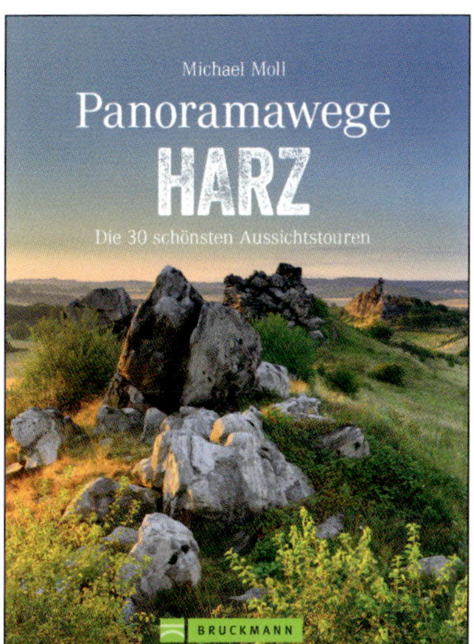

ISBN 978-3-7654-5201-7

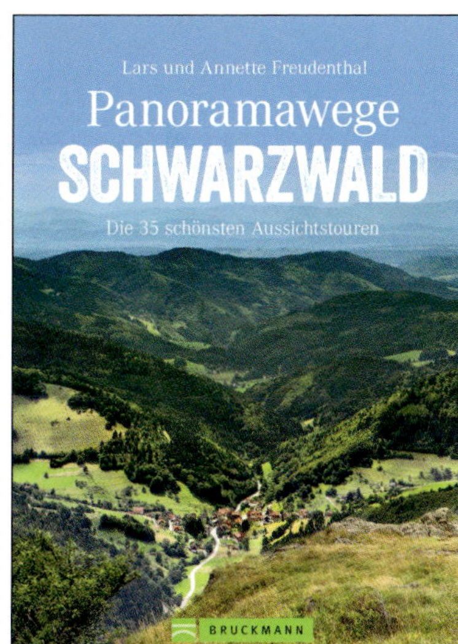

ISBN 978-3-7654-6551-2

BRUCKMANN

www.bruckmann.de

Impressum

Verantwortlich: Stefanie Krüger
Redaktion, Lektorat und Satz: mcp concept GmbH
Layout: Eva-Maria Klaffenböck
Repro: Cromika, Verona
Kartografie: Bruckmann Verlag GmbH, Heidi Schmalfuß
Herstellung: Alexander Knoll
Printed in Slovenia by Florjancic

★★★★★

Sind Sie mit diesem Titel zufrieden? Dann würden wir uns über Ihre Weiterempfehlung freuen.
Erzählen Sie es im Freundeskreis, berichten Sie Ihrem Buchhändler oder bewerten Sie bei Onlinekauf. Und wenn Sie Kritik, Korrekturen, Aktualisierungen haben, freuen wir uns über Ihre Nachricht an Bruckmann Verlag, Postfach 40 02 09, D-80702 München oder per E-Mail an lektorat@verlagshaus.de.

Unser komplettes Programm finden Sie unter www.bruckmann.de

Alle Angaben dieses Werkes wurden vom Autor sorgfältig recherchiert und auf den neuesten Stand gebracht sowie vom Verlag geprüft. Für die Richtigkeit der Angaben kann jedoch keine Haftung übernommen werden, weshalb die Nutzung auf eigene Gefahr erfolgt. Insbesondere bei GPS-Daten können Abweichungen nicht ausgeschlossen werden. Sollte dieses Werk Links auf Webseiten Dritter enthalten, so machen wir uns die Inhalte nicht zu eigen und übernehmen für die Inhalte keine Haftung.

Sie sind auf der Suche nach weiterführender Literatur? Dann empfehlen wir Ihnen den Titel »Zeit zum Wandern Südschwarzwald« von Chris Bergmann, erschienen im Bruckmann Verlag (ISBN 9783734312373). Oder Sie werfen einen Blick in die Zeitschrift »Bergsteiger«. Hier werden Sie bestimmt fündig.

Bildnachweis: Alle Fotos im Innenteil und auf dem Umschlag stammen vom Autor, mit Ausnahme des Bildes auf Seite 131 (Staudengärtnerei Zeppelin).
Umschlagvorderseite: Kaiserstuhl und Weinberge (travelpeter/shutterstock.com)
Umschlagrückseite: Amoltern ist eines der kleinsten und ruhigsten Dörfer im Kaiserstuhl (Tour 9)

Die Deutsche Nationalbibliothek verzeichnet diese Publikation in der Deutschen Nationalbibliografie; detaillierte bibliografische Daten sind im Internet über http://dnb.d-nb.de abrufbar.

ISBN 978-3-7343-1364-6